Not in Your Genes

天生非此

家是如何影响我们一生的

Oliver James

[英]奥利弗·詹姆斯 著
贾萱 魏宁 译

江西人民出版社

免责声明

如您及亲友患有书中提到的心理疾病或精神疾病，请优先与医生或专家做好商量和讨论，而不是轻易中断治疗或放弃就医。本书中的信息不是要取代或反对正规、可靠的心理治疗。出版方不对任何使用本书资料的人承担任何直接或间接的责任。

目 录

前　言 …………………………………………………………… 1

引　言 …………………………………………………………… 1

第一章　为什么我们总和父母一样 ………………………… 1
　　三种行为机制——言传、身教、身份认同　4
　　虐待是父母子女拥有相似之处的一大成因　13
　　到底该如何做？三条建议　23

第二章　14年后，皮驰斯像母亲那样死去 ……………… 31
　　皮驰斯的童年　35
　　皮驰斯的少年时期与成年时期　41
　　为何皮驰斯的死因与葆拉如此相似？　43
　　为何比起两个姐妹，皮驰斯与母亲更为相像？　47
　　到底该如何做？三条建议　48

第三章　你不是生来如此 …………………………………… 57
　　人类基因组计划（HGP）研究发现的共识　59

基因之外　62

　　到底该如何做？三条建议　68

第四章　"小恶魔"是如何养成的？ …………… 73

　　虐待或关爱造成同胞间的差异　78

　　精神疾病的真正成因　81

　　出生前经历的影响　84

　　幼年时期至关重要　86

　　早期照料对皮质醇调节的影响　88

　　不同形式的虐待如何将我们塑造为不同的成年人　92

　　与童年虐待有关的广阔社会环境　99

　　到底该如何做？三条建议　104

第五章　我们在家中扮演的角色 …………… 113

　　出生顺序（家中排行）　116

　　性别　124

　　偏爱　127

　　偏爱与同胞竞争　131

　　蒙上污名　135

　　到底该如何做？三条建议　142

第六章　当年的父母可能和我们一样 …………… 147

　　性格特征如何在家族中传递　152

　　父母养育造成性格特征的代际传递　160

　　到底该如何做？三条建议　167

第七章　"天才"必然不快乐吗? ……………… 173
　　能力养成　176
　　成功者的心理健康与心理病态　211
　　总结　215
　　到底该如何做？三条建议　216

总　结　傻瓜，都是环境惹的"祸" ……………… 225

附录 1　对遗传性的科学探讨 ……………………… 233

附录 2　对双胞胎研究的 7 项质疑 ………………… 259

附录 3　明尼苏达双胞胎分开抚养研究的漏洞 …… 267

附录 4　相信孩子，才可以改变 …………………… 273

致　谢 ………………………………………………… 283

出版后记 ……………………………………………… 285

前 言

人类基因组计划（HGP）的最新研究证明，基因并非是心理特征在家族中世代相传的原因。诸如身高、相貌及眼睛颜色等生理特征的确会在基因的作用下由父母遗传给子女，而现在的研究似乎在极大程度上表明，诸如精神疾病、高智商以及内向羞涩这些特征则与子女遗传自父母的基因序列联系不大，或者可以说基本毫无关联。

换言之，后天培养的模式才是让我们与父母或祖父母相似的真正原因。准确来说，在家族中世代相传的是诸如斤斤计较、幽默感、尖酸刻薄、厨艺精湛、棍棒教育、爱的感召又或者是暴躁易怒等特征。

为什么你会成长为现在这样的人？这是因为无论是在积极方面还是消极方面，某些特别的方式让你与父母双方联系了起来。在自己成为父母之后，你的所作所为有可能与父母毫无二致或极为相似，但也有可能刻意反其道而行之。

养育方式，尤其是幼年时期的养育对你的成长至关重要。而父母对你的养育方式则受到他们接受的养育方式影响，我们可以将根源追溯到祖父母，甚至是更早的祖先那里。有力的证据表明，90%的受虐儿童在成年之后会患上精神疾病；而70%的受虐儿童在成为父母后，也会虐待自己的孩子。

当然，后天养育大部分都是积极正面的，比如父母表现出的关爱体贴、亲自传授技能或是建立亲密无间的关系，但几乎所有家庭的养育模式中都免不了消极阴暗的部分。在此我要强调的是，重复过去完全没有必要。

　　我们常常希望通过改善物质条件为孩子提供更加富足的生活，而政客则对我们的这种心理大加利用。如果我们能够明白这点，就知道一旦物质生活的基本需要得到满足，那么，比起为子孙后代留下房产、股票、股份这些物质层面的东西，将爱传递下去才更加重要。

引 言

一直以来，我只擅长一种技能，就是足球盘带。唉，可惜我从来算不上什么出色的球员，原因很简单——这项运动需要团队合作。没错，我曾经带球接连越过 10 名球员，最后成功射门。不过，在和朋友们一起参加训练时，他们经常调侃我："自私的詹姆斯从来得不到分。"

我的儿子自两岁起就表现出了高超的盘带水平，大约在他 5 岁那年，我发现他盘带的方式同我过去惊人地相似。他 7 岁时，我偶尔还会看到他带球越过对方所有球员，最后成功射门得分。

有趣的是，要说这些是从我这里学到的，却毫无可能。

儿子 9 岁那年，曾努力想证明这完全是由基因遗传造成的，还故作老成地用我的手机录下了下面这段采访。

儿子：奥利弗·詹姆斯，听说你年轻时的盘带方式和我现在一模一样，事实是这样的吗？

我：差不多就是这样，没错。

儿子：明白了。我还听说因为你的残疾，我从来都没见过你踢球，是这样吗？

我：对。

儿子：我也从来没有见过你踢球的任何照片或是录像吧？

我：没错。

儿子：所以说，尽管我从来、完完全全、在任何时候都没有见过你踢球，你还是得承认我盘带的样子和你完全相同，那么盘带技能就是由基因决定的没错喽？

我：不能这么说。

儿子：为什么不对？为何？

我：呃……

儿子：好了，我的问题问完了。

（感兴趣的读者可以登录 www.selfishcapitalist.com/ 收听这段采访的录音，同时可以观看我儿子盘带的一段视频剪辑。采访是在我开车时录的，里面还不时插入了 GPS 导航提示方向的声音。我儿子将这段采访命名为"奥利弗·詹姆斯之错"。）

我患上多发性硬化症已经 27 年了。最近 15 年来，这种病甚至对我的行走造成了一定影响。早在我儿子出生前 10 年，我就完全无法再盘带了，也没有与那时踢球相关的影像资料或照片。而不论我还是妻子都没有在儿子小时候培养他盘带的技能，可以说，他天生就是个盘带高手。

或许你们与他的想法相同，也认为他一定是遗传了某种盘带的基因密码。然而，事情的奇怪之处就在于，尽管他与我有一半基因完全相同，但他的盘带技能却几乎不可能是基因遗传造成的。曾有种说法认为基因会对父母遗传给子女的某些心理特征（而盘带在极大程度上可以算作一种心理事件）产生重要影响，然而最近的研究却无法找到这些特定的基因。无论是特定的某种基因、基因组或大量基因变异，目前都无法有力解释我们的智商、性格或精神问题的成因。

读者可能会质疑上文的最后一句话，关于这一点我感到无比欣慰。然而，这是一项既定事实，而非我的个人理解。科学界早已达成共识：基因变异至多可以阐明我们心理特征中极其微小的一部分（约1%~5%）。科学家们创造出一种名为"遗传性缺失"的说法来描述这项发现。

　　由于他们过去十分确信基因能够解释清楚与心理特征有关的一系列问题，因此对于所有基于同卵双胞胎的研究，科学家们得出结论——这样的基因仍旧存在，只是尚未被我们发现。

　　在这里，我要插入一些个人理解。通常来说，当一项理论受到上百项研究驳斥时，人们最终会放弃这种理论。我坚持认为，基因的影响并非尚未被彻底发现，人类基因组计划（HGP）已经证明了那样的基因完全不存在。目前多项研究结果已经足以让我们得出这样的结论。保守地说，在我们与父母或兄弟姐妹相像或不同这些方面，基因几乎无法造成任何影响。

　　以精神疾病为例，截至2011年，人类基因组计划共计开展了115项精神疾病研究，最终发表的也有几十项之多。科学家千方百计地想要找到那些可能对精神疾病产生影响的基因，并搜索它们可能存在的所有位置，然而就连最初的支持者也开始发现自己是错误的。现在几乎没有一位科学家认为我们会找到能够对人类心理特征产生直接影响的基因密码，唯一的疑问则是这些基因是否会对人类心理特征产生间接的影响。

　　我会在第三章充分说明我的观点，大多数读者可能没兴趣考证更多的细节。想要深入探究其科学原理的，可以立刻参考附录1。那是一篇经过我的同僚审校、最终得以出版的论文。其中列出了相关的科学理论根据，而我再次对它进行了阐述。如果你认为同卵双胞胎的研究已经证明了基因的重要性，可能就要三思了：附录2向读者解释了为何这些研究几乎完全是错误的。而如果你被美国大肆鼓吹的关于假定同卵双胞胎被分开抚养的研究蒙蔽了双眼，则应该读一读附录3——这项研究受到了孤陋寡闻又故作聪明的记者和电视制作人的大肆宣扬，而实际上它纯属弄虚作假。如果你还想了解更进一步的细节，请参考我即将出版的科学专著《傻瓜，都是环境惹的"祸"》（It's The Environment, Stupid!），书中会提出进一步的科学实证。

当然了，即使我们认为基因无法阐明与人类心理特征相关的一系列问题，父母仍会将一系列生理特征遗传给下一代。举例来说，许多自闭症（ASD）患儿的大脑在出生时就没有发育完全——这种情况十分普遍，从而患上先天性自闭症（大致说来就是无法明白其他人拥有思维）。

但这不一定是基因造成的，该症状极大程度或者说完全是由胎儿在母亲子宫内的遭遇所致。如今一些实例已经能够对此进行证明。这与三分之一的婴儿是先天性"难相处"的事实如出一辙，实际上基因并非导致这种情况的主要原因，而且人们也早已接受了这样的观点：新生儿的坏脾气其实是由怀孕和生产导致的。

我们再回到儿子盘带这一话题。该特征是由一种生物机制导致的，对此我毫无疑问。有一种说法认为，我之所以能成为出色的盘球手，是由于我的身体释放了某些特定的化学物质，这些化学物质能够激活或关闭特定基因。这种化学物质的运行模式（而非任何特定基因），可以通过一种被我们称为表观遗传的机制遗传给我的儿子，尽管这种理论大体上还只是一种推测。

因此，我们讨论的结果就是：基因无法造成我们的个性差异。尽管可能还有其他物理原因尚待发现，但是大量实证表明，养育方式对我们最终会成为什么样的人有极大的影响，无论结果是好是坏。

说到足球，儿子的表现比我好很多。他在7岁那年就被南安普顿球队看中，并在那里接受了两年训练。他还加入了全英最好的9岁以下青少年球队之一。之后不久，南安普顿球队曾两次邀请他参加正式成员的选拔。

这是因为他的适应能力比我更强。尽管他小时候踢球时也显得很自我，然而与我不同的是，他慢慢发现了与队友合作的必要性。我有理由认为，他健全的人格与健康的心理状态要归功于我妻子对他无微不至的照料，同时还有父母双方的关爱。正因如此，他才会创造机会让其他队友射门得分，也能够明白如果他把球传给队友，之后队友同样会把球传给他，让他有机会出风头。

与他的情况相反，在我幼年时期，父母对我的态度多是置之不理甚至排斥抗拒的，因此我有时会显得易怒暴躁。稍大一些的时候，尽管父母多次试图说服我多与队友合作，而我也尽全力尝试了，结果却是屡试屡败。现在回想起来，我想这种运球方式大概能算作一种获取掌控感的行为，母亲总是对我的这种行为大加鼓励，也明显表示十分满意。可实际上，她急躁甚至有些暴力的养育方式造成了我童年暴躁却软弱的性格，而这正是我这种踢球方式的根源所在。（千万不要误会，其他时候她对我十分关爱也十分支持）。如果说由于表观遗传学的影响，我将这种技能传给了儿子，那么其根本原因并非基因，而是我母亲对我的养育方式。

值得一提的是，我女儿小时候的盘带技能也同儿子一样出色。

如果这个社会对女孩踢足球的态度能和对男孩一样推崇，或者我和妻子（特别是我）对她踢足球的重视程度和对儿子一样的话，她也一定会成为一名杰出的女子足球运动员，对此我毫不怀疑。因此，可以说我的一对儿女天生就拥有了生理上（但非基因上）的潜能，这种潜能使他们能够成为出色的运球队员，然而潜能最终能否得到充分发挥，则完全取决于父母的态度（特别是我，我一直希望儿子成为一名球员，实现我未竟的梦想）以及整个社会的重视程度。接下来，一系列的故事都会告诉你，儿童长大后会成为什么样的人是由父母造成的。他们对子女未来发展所造成的影响十分特别，然而就一些先天因素来说，它们不是由基因遗传造成的，关键在于父母对子女的态度与反馈。

理查德·道金斯（Richard Dawkins）认为，人类不过是行尸走肉，空有躯体而毫无灵魂，我们繁殖培养后代也不过是 DNA 的单纯传递。然而，只要心理特征仍然世代相传，人类基因组计划就能够证明他的观点是完全错误的。事实上，你最终会成为什么样的人，在极大程度上都取决于你受到的养育方式。这一结果令人十分振奋。对父母来说，如果我们以正确的方式养育子女，那么结果也会让我们满意。大量证据表明，童年期遭受虐待是造成精神疾病的主要原因，甚至连国际卫生组织都宣称，29% 的精神疾病是虐待造成的，然而这个数字只是冰山一角，完全低估了它的巨大危害。

举例来说，一项可靠的研究发现，90% 的受虐儿童到 18 岁时都会患有精神疾病。认真想想：10 个受虐待的儿童中有 9 个会患上精神疾病。这意味着几乎所有受虐儿童在成年后都会遭受病痛折磨。同样的例子还有很多。童年受到的虐待越多，受虐程度越严重，长大后患上精神疾病的风险就越大。

另一方面，没有受过虐待的儿童长大后患有精神疾病的比率则极低。幼年时期受到的关爱和体贴能够为儿童带来心理健康，同时避免他们今后遭受精神疾病的折磨。不论关爱抑或虐待，父母对待子女的方式会影响家庭中一代又一代的人。

先天基因的作用如此微不足道，而后天养育的作用又是如此至关重要，这种论调暗含的内容让人震惊不已甚至无法理解。如果你已为人父母，那么当你改变自己的观点，不再认为孩子"生来如此"时，你就会发现自己完全有可能改变他们的人生轨迹，而这样做最终还能够改变孙辈的命运。简单来说，一个孩子只要相信自己的能力并非固定不变，就可以提升自己的学习成绩，父母或者老师对孩子们的看法也会产生相同的效果（见附录4）。不要再试图通过基因测试来确认自己的心理特征了，那是科幻小说中才有的情节。通过基因疗法来治愈精神疾病或是其他心理问题的情况也永远不会出现。精神疾病在家族中世代相传是养育方式造成的，而非基因。这种不幸的模式一旦被打破，就不会继续对下一代造成影响。

如果你是一个饱受这种痛苦折磨的成年人，认为这是基因决定的宿命，或者一直受到一些恼人怪癖的困扰，认为这是基因遗传带来的，那么以上的观点能让你清醒过来。我们的大脑比过去认为的更加灵活可塑，纵使过程艰辛无比，我们依旧能够在成年时期做出改变。研究显示，确诊患有精神疾病的患者如果认为自己的疾病是遗传造成的，他们的状况会变得更加糟糕。如果他们的亲朋好友或是专业护理人员抱有这样的想法，前景则更不乐观（见附录4）。

20世纪80年代，我曾同鲍勃·盖尔多夫共事，他的前妻是已故的电视节目主持人葆拉·耶茨（Paula Yales），葆拉笃信精神疾病是基因遗传造成的，而她正是这种偏见的牺牲品。我们熟悉之后，她曾告诉我，自己从不饮酒。因为她的父亲患有精神疾病，她认为自己身体里也有同样的基因，因此深信自己患病的风险很高。实际上，她在生命的最后几年的确遭受着精神疾病困扰，并染上了吸毒的恶习。然而，这与她的父系DNA毫无关系。事实上，抚养葆拉长大的杰斯·耶茨并非她的生父（她的生父其实是电视节目主持人休吉·格林）。葆拉之所以会如此轻易地被疾病打到，真正的原因是她在童年时期受到的养育方式，而这种错误观念让治愈病症变得更加困难。

我们所有人都受到强大的代际影响控制，这种影响几乎支配着我们每个人的生活轨迹。只有我们最终醒悟，才能掌控它并做出相应改变。本书第六章以一个家族4代母亲为例，她们全都抱怨自己的女儿难以管教，却完全没有意识到正是自己对女儿的养育方式造成了这些问题。通过治疗，最年轻的那位母亲打破了这种恶性循环，她的女儿也得以摆脱宿命。

如果孩子让你头疼不已，伴侣也不太正常，那么希望寻求明确的医学解释或更进一步——寻求改变现状的药物的想法就完全合乎情理。心理医生、精神病专家和制药公司十分清楚这一点，并无情地对这种心理大肆利用。一些面向公众的网站给出了关于精神疾病的解释，但这些网站中的40%都在暗中接受制药公司资助。他们精心筹划，耗资甚巨，通过各种营销手段，向公众宣传精神病由基因决定的论调，并说服他们接受药物治疗。

我的意思不是说基因在塑造人类的过程中没有起到任何作用。基因的遗传作用决定了我们不会长出长颈鹿的长脖子或是企鹅的鳍状肢。除了生理特征，它们还赋予人类基本的心理特征，例如语言、幽默感和换位思考。而人类基因组计划研究的结论是，这些心理特征和其他特征并非由特定基因变异决定的。这一点符合进化论原则。

正如本书第五章所言，人们出生的时间点分别处于父母关系的不同阶段，这也影响了父母对待我们的态度。出生的顺序决定了我们在家中的不同位置。孩子的性别对父母来说也有独特的含义，他们可能对每个孩子有不同的期望。为了获得父母的关注和偏爱，我们生来就拥有极强的适应能力，并会根据具体情况不断地做出调整，努力达成父母的期望。如果父母想要聪明的孩子，而孩子却生来很笨；如果父母期待一个安静的孩子，孩子却天生外向活泼，那么孩子获得父母喜爱的概率就会大大降低，而极强的适应能力则可能提高孩子受父母喜爱的可能性。

基因使几乎所有人都能掌握语言。然而，人最终使用哪种语言则完全取决于父母和社会对我们的教育。同样地，诸如活泼、高智商、抑郁症等，几乎所有人都拥有获取这些心理特征的潜力，然而这些特征的最终发展程度和具体呈现形式则在很大程度上，或者说几乎完全取决于后天养育。

泛泛的话我就不多说了，再磨蹭下去不进入主题也没有什么意义。我只需简单向大家解释一些细节及其他附注解释，之后你们便很快能了解子女与父母相像的真正原因了。

其他名人例证

这本书的大部分内容与精神疾病相关，它所占的比例远远超过个性特征及能力的相关问题——即使在重点分析为什么有些人能力出众的最后一章，也是分析虐待对这种能力的形成起到较大的作用。不过，我要传达的主要信息仍是正面的。每章结尾处都有一个专门的部分，即"到底该如何做？三条建议"。这些内容并非积极心理学盲目乐观的那种论调："嘿，只要你每天坚持训练，做做冥想瑜伽，然后早餐再多吃点甜菜，问题就得到解决啦。"相反，我给出的建议是有科学依据且非常实用的。

在本书中，我引用了大量真实病历。有一些来自我之前的患者（当然事先征得了他们的同意），还有一些患者主动联系我，通过邮件以及后续的电话、视频聊天讲述他们的经历。他们也同意我在书中对这些事例加以引用。除非特别说明，书中所有病例都对重要细节进行了改动，以保护相关人士的隐私。

同时我还引用一些名人案例以证明我的观点。第二章主要介绍了葆拉·耶茨和她的女儿皮驰斯·盖尔多夫的轶事，本章开篇便说明了这一事例的来源。第五章和第七章也引用了名人事例，大多基于人物传记和人物自传。

像我出版的其他书籍一样，这些心理传记类事例拥有十分可靠的信息来源，例如名人自我叙述，还有一些事例是根据我过去和他们共事的经历，或者我为报纸杂志对他们进行的采访。在引用心理类传记时，我遵循西格蒙德·弗洛伊德（Sigmund Freud）和里顿·斯特拉奇（Lytton Strachey）创造的方法，意在将读者带入名人的生活中。通过媒体、艺术形式或科学创造，读者或许会感到自己与这些名人之间建立了某种特殊的联系。

第 一 章

为什么我们总和父母一样

相比其他物种，人类依靠父母生存的时间最长。尽管大多数哺乳动物都能在出生几周或几个月之后脱离父母独立生存，人类却需要至少5年。正因为如此，人类自出生起就一直努力迎合自己的养育者，期盼赢得他们的关爱并获得其他物质方面的满足。如果我们不这样做，就有可能面临死亡，不论精神上还是肉体上。

孩子努力获取父母关注，并对自己的这种行为无限维护。我将这种普遍趋势称为"后代斯德哥尔摩综合征"（*Offspring Stockholm Syndrome*）。尽管这种说法看起来有些消极，但它不过是父母—子女关系中的一方面而已。

在瑞典首都斯德哥尔摩的一场银行抢劫案中，受劫持的人质对绑匪产生了同情，还认同了绑匪的许多观点，斯德哥尔摩综合征由此出现并得名。在当时的情况下，这是最理性的求生策略。绑匪一旦与人质产生情感上的联系，并将人质视作与他们一样的活生生的人类，他们撕票的可能性就会降低，人质也更有可能活下来。最著名的例子就是美国媒体继承人帕蒂·赫斯特（Patti Hearst），她甚至加入了绑架她的恐怖组织，并成为他们的信徒。她也因此得以幸存。但是，她的行为并非以求生为目的的求生妙法，而是真正认同了恐怖组织的做法，就如同子女对父母的认同。

子女幼年时期受到父母的完全掌控。在这种情况下，他们竭尽所能迎合父母喜好的做法就完全合乎情理。如同那些人质，子女也会采纳"绑匪"的意见。这是因为——尽管我们不愿意这样想，子女实际上冒着被父母宣判死刑的风险。

大多数父母为了能够让孩子得到最好的环境而竭尽所能，随时准备将自己放到次要的位置，或者至少感觉在自我需要和孩子需要之间苦苦挣扎。然而对于父母来说，年幼的孩子的确是一项沉重的负担。在婴幼儿时期，孩子完全依赖他人照料，自己不会动，不会吃饭，也无法自我舒缓，这种过度的依赖也造成了他们内心的强烈不安以及对迎合父母的迫切需要。

因此，多数母亲（大多数情况下，母亲是婴幼儿的主要照料者）有时难免会觉得这些折磨难以忍受。由于这样的压力，一半母亲在孩子一岁之前都真的幻想过自己在某些时候会杀掉孩子（事实上，可能几乎所有父母都有过类似想法，尽管只是一闪念）。对于大多数母亲来说，一天24小时连轴转的强度实在太大，有时甚至会发展成"不是你死就是我亡，必须有个了结"的情况。

照料过年幼儿童的人都会明白，这项工作不论从生理上还是心理上都会让人筋疲力尽。你会睡眠不足、丧失自主，甚至会感觉自己逐渐过时，与文明社会脱节。由于当今社会过度分化，很多母亲在大多数时间里都会感觉分裂孤立、与世隔绝，以及自己不是社会的一员。这样看来，她们普遍患上抑郁症或表现得怒气冲冲也就不足为奇了。绝望加上易怒造成的周期性情绪爆发，会让她们的情绪发展为极端痛苦或无节制的暴怒，在极端的情况下甚至会发展为精神崩溃。这样说来，诸如在短短一周内，英格兰和威尔士有两个婴儿被照料者杀害之类的新闻,以及一岁之前的婴儿最容易被杀害这一事实就没有那么令人奇怪了。

这种说法听起来可能既不可思议又太过可悲。然而,子女变得与父母相像的主要原因就是年幼儿童对父母的全然依赖性。而这种情况对养育者精神造成的威胁,有时会导致他们伤害孩子。子女必须千方百计地赢得父母关注,同时获得生存资料以满足自身需要,否则就可能面临死亡的威胁。对于子女来说,想要获取父母赞同,最简单的方式就是完全复制他们的所作所为。

三种行为机制——言传、身教、身份认同

言传

实际上,父母会用直接或间接的方式教育子女什么是"正确"的言行方式。最初,养育者掌控着婴幼儿的一切事宜。当儿童到了懂事的年龄,父母就会教导他们吃喝拉撒睡的正确方式和正确时间,同时教育他们应该如何回应成年人。随着孩子们渐渐长大,父母会对他们的某些言行大加鼓励,而对其他言行大加抵制。孩子们学会了如何取悦父母,如何避免令父母失望,并学会对父母的话全然照办。举例说,我在写作时会冲孩子们大喊,让他们不要打扰我,而其他时候我会鼓励他们保持活泼好动的性格,充分发挥自己的想象力。

最终结果就是,为了获得父母的赞许,他们会对这些品质十分重视(同时也满怀希望,因为他们能够乐在其中)。同样地,有时我和妻子都会表现得十分争强好胜,我们尽管没有特意教孩子这样做,

却会在不经意间将这种习惯教给他们。我不断激励儿子进行短跑训练，对他进行指导，因为他很想在足球比赛中比其他队员踢得更好（当然了，我也希望他能比别人更优秀）。我曾经直接对他说："打败所有人吧！"孩子们性格的养成，不论积极还是消极的一面，都会受到父母教育的直接影响，包括良好的日常习惯、组织性思维方式、知足常乐的心态，以及那些不良的习惯和态度。

身教

不同于父母的主动教导，孩子从很小的时候起就开始认真学习父母的行为，并对其进行一丝不苟的模仿。在我的女儿6个月大时，我每天清晨会做瑜伽，用鼻子不断快速呼气吸气，发出很重的鼻音。她看到后居然模仿起这种抽鼻子呼气吸气的声音，这让我们感到既惊讶又好笑。随着孩子渐渐长大，他们会不断模仿这种小细节，不论在行为上还是在语言上。在本书开篇我和儿子的那段对话中，他提问时会说"为何？"——这是我提问时偶尔会用到的语言。当然了，他们也会模仿父母的一些较为重要的行为模式，包括守时、好斗及消极情绪。

虽然我会培养孩子活泼好动的性格，教他们学会充满创造力，但我仍要承认自己有时也是一个不那么道德的坏榜样。举例来说，我开车时多少会对交通规则疏忽大意，比如不系安全带、超速，有时甚至在开车时打电话。实际上，这些习惯都源于我的父亲，直到现在我仍能清楚地回忆起当时的情景：那年我7岁，父亲开车送我们上学，因为想抄近路，便违法地选择了一条伦敦的私用公路，而车在那条路上抛锚了。这种身教式的习惯在我们的家族中世代相传。

天啊，我都担心自己的孩子长大后也会习得我这种不遵守交通规则的习惯。然而，有趣的是，看多了我的违规行为，他们自己开车时却表现得完全相反，竭力避免做出这种违法行为，或许是因为他们在潜意识中会结合我妻子截然不同的做法——她绝对算得上一名遵纪守法的好司机。从这件事中我们能够发现，家庭动力结构，也就是家庭成员间的关系模式，对我们的成长影响巨大。

作为父母，我们言传与身教的内容几乎永远不一样："照我说的做，不要照我做的做。"举例来说，大多数父母会教育孩子说谎是错误的，然而，有时孩子去接电话，而我们恰好不想与打电话的人交谈时，就可能奋力摆手示意孩子，让他们告诉对方我们现在不在。通过观察我们的行为，孩子们明白凡事总有例外，规则也可以被打破，我们有时会口不对心，而信息也有混杂的时候。

就父母双方而言，他们的观点产生分歧几乎是无法避免的，例如饮食健康、孩子们看电视的时间，以及我们家的例子——交通规则问题。父母会做出不同的示范，然后孩子们会以如何做能够吸引父母注意和关爱为标准，对这些不同示范进行筛选并做出最终选择。

有时孩子们甚至会完全复制父母的某些行为，人们通常认为这是基因造成的，然而事实绝非如此。我的儿子绝对没有遗传让他说"为何"这句话的基因。孩子们近距离观察父母的个人风格、性格特征及行为模式。作为刻苦勤勉的好学生，他们敏锐无比。有时，我的孩子们在指明我的失误时，尖锐得让人逃无可逃。

身份认同

如果说身教是一种模仿，那么身份认同就是孩子通过代入父母的角色来体验他们的某些方面。孩子将父母的言行代入自身，并将其当作自己本身的一面。

身份认同产生的根源是爱意或恐惧。如果出自对父母的爱意，孩子会通过模仿父母来取悦他们，或者避免不同给他们带来的不快。举例来说，我的儿子在8岁那年，曾就我写的一本关于办公室政治的书的内容向我提问。听了我的解释，他开始将书中的一些观点运用到自己的学校生活中去。比如，出于对逢迎策略的好奇和兴趣，他将这种策略用在一位老师身上。

他对这位老师的领带大加恭维，结果当然也十分喜人（尽管他将这件事告诉我之后，我提醒他不要太言过其实，因为这种逢迎策略一旦被发现，很容易适得其反）。这是儿子在同自己最亲爱的父亲的兴趣产生身份认同，并将之运用到生活中去，变成自己的一部分。因为我对他表现出父亲对儿子的爱，作为儿子，他也很爱自己的父亲，因此想要同爱的人相像。

这种爱的传递会令我们陷入迷失自我的危险中，我同父亲的关系几乎也是这样的。父亲对待女性的态度一直十分矛盾，而面对同性时则显得更加轻松自在。我在家中排行第三，家中还有两个姐姐和一个妹妹，我是唯一的男孩。单纯因为我是男孩，父亲就对我倾注了更多关爱，以及他自己未竟的梦想，这一点一方面给我造成了不少困扰，另一方面也让我受益匪浅。他对待我的方式与对待我的姐妹完全不同。

最小的妹妹出生后，母亲要同时照顾4个不到5岁的孩子，实在是不堪负荷，这也导致我小时候经常脾气暴躁甚至不守规矩。母亲生气时就会掌掴我（有时候会在头上扇一下），有时还会变得急躁易怒甚至抑郁消沉。然而在晚年，她却表现得十分体贴又善解人意。我一直清楚她非常爱我。自我蹒跚学步起，父亲就尽力同我进行情感交流，建立良好的亲子关系。该死的（至少我这么认为）正规学校教育开始之后，我极不情愿上学，他对我的这种行为表现出极大的理解和支持，母亲也是一样。他们认为学校教育会扼杀孩子的创造力，对于这一点他们的憎恶有志一同。实际上，鉴于英国教育组织的可悲现状，我也倾向于认同他们的观点，学校教育的主要目的之一就是为了将孩子集中照看，以便父母腾出手去工作。

然而，父亲对学校教育的态度十分矛盾。他自己就是一位勤奋的学者，对知识十分热爱。更重要的是，这问题涉及我——他唯一的儿子。父亲未竟的梦想之一就是进入一所知名的重点公立中学，因此希望我替他实现这个梦想。他的背景和教育使他遭受阶级观念的轻视，在某些方面，使他变成了一个自命清高的势利眼［这并非个例，乔治·奥威尔幼时在圣居普良学校接受早期教育，5年后父亲也就读于这所学校。在奥威尔的回忆录《这些，这些就是快乐》（Such, Such Were The Joys）中，它被描述为一所令人耻辱、傲慢势利、消磨意志的学校］。

我的祖父有5个兄弟，他本身是一位极其出色的医生兼牙医，性格却残暴专横。他的父亲在北安普顿经营两家杂货商店，因此祖父对自己卑微的出身十分清楚。我父亲的两位兄弟也都和他一样接受培训并成为医生。他们三人都在上流的剑桥大学马德林学院读书，曾就读的中学也十分体面，然而却绝对算不上上流公立中学。

父亲的大学经历告诉他，那些就读名校的学生能享受成日畅饮美酒、纵情享乐的伯蒂·伍斯特式的生活（Bertie Woosterish life）——至少在父亲的想象中是如此。这一模式与父亲自己为了获得医学学位而付出的漫长而艰辛的努力截然不同。因此，他得出结论：如果有一天他有了自己的儿子，一定要让儿子先到重点中学读书，然后再进入剑桥攻读学位，因为只有这样才能让他（他的儿子，同时还有父亲本人——因为作为代理人，父母也会同子女产生认同）成为精英中的一员，同时获得最多快乐。

不幸的是，由于父母这些自相矛盾的观点，我自己的求学之路也变得坎坷起来。我漫长的求学路上，充满了无数失败和挫折，有时几乎和灾难无异，而父亲总是在我身边不断支持和鼓励我，即使面对一个不容置疑的有力事实——我的脑子并不聪明，就如同谚语中所说的那样，我简直是榆木脑袋不开窍。

事情的开端并不完美。时至今日，我还能清楚地回忆起4岁第一天上学的情景。课间休息时，我在操场上随机攻击了两个年长的男孩，理所当然地，他们抓住我的头发拽来拽去，狠狠地欺负了我一番。也正因为这件事，我父母同意让我休学一年。

直到8岁那年，我才进入一所要求比较宽松的学校读书，不过后来我又被送入一所严格无比的学校。事情发生在1961年，我由于行为不端，不服管教，经常被校长用球拍教训。那时我学习不努力，成绩也总是徘徊在班级垫底的几名（每周的成绩排名都会被当众宣读，而垫底的3名永远在阿伦特、卡朋特和詹姆斯——也就是我中排列组合）。在我10岁半的时候，校长将我的父母请到学校，吓唬他们说我"精神异常"，需要接受特殊教育，必须马上离开学校（哈哈，然而多年后，校长和母亲同桌用晚餐时，回答别人询问的"这些年奥利弗过得如何？"一类的问题，总是能让母亲获得极大享受和满足）。后来我被送到位于肯特郡的一所寄宿学校，但我的不良习惯和读书不努力仍旧没有任何改变。

我的成绩实在太过糟糕，因此得到重考的机会时我感到无比幸运。父亲亲自开车送我到一家补习学校，也就是一家傻瓜训练营，恳求重点中学再给我一次机会。他虽然对我的情况表示理解，但警告我说这次机会是我最后的希望了。他迫切地希望我能进入重点中学，这让我也变得迫切起来。在接下来的10周时间里，我每天早上（甚至包括周日）7点起床，早饭前接受法语和拉丁语词汇测试。每周六早上进行一次完整的入学模拟考试，无论进步还是没有任何进步，考试结果都会被无情公开。我的表现仍旧糟糕，也因此受到惩罚，通常是被罚去跑步。在那10周期间，我慢跑的距离肯定超过上百公里，却只挨过一次打（因为我冲池塘里的鸭子丢石子）。补习结束时，我的考试分数几乎翻了一番，最终我以优异的成绩通过了考试。然而，上帝啊，我一进入重点高中就重拾恶习。第一学期结束时，我没有通过学校内部考试，因此不得不退级重修。

就读期间，我每周都会收到父亲至少两三封来信，他语重心长地劝我遵守校规好好表现。参加普通水平考试后不久（也就是现在英国的普通中等教育证书考试GCSE），成绩还没有发布，父亲就带我到一家酒吧喝皮姆酒。他没有冲我大发雷霆，而是十分平心静气，冷静地指出我现在面临的3个选择，现在回想起来那是十分古怪的3个选择。他告诉我，我可以选择现在就辍学，然后到南部斯文顿市的铁路工作（我至今都不明白为什么在他的想象中，那所城市会雇佣那么多铁路工人），或者辍学到伦敦做一名股票证券经纪人，又或者继续留在学校读书，以后考入剑桥大学。

出于对父亲的全然信任，我接受了这道选择题，虽然这其实称不上是个选择题，因为并没有其他选择是正确的。尽管我对到铁路这个选项十分心驰神往，然而对于无休止的体力劳动却没什么兴趣。我们的家族一贯认为：在金融业工作与加入纳粹党黑衫军无异。而成为一名股票经纪人则几乎等同于成为贝尔森集中营的卫兵，所以对于这个选择我丝毫不予考虑。

因此进入剑桥大学读书就是唯一的选择。我对父亲的共鸣式身份认同太过强烈，因此几乎从没想过问他，自己是否能到比剑桥稍差的大学。父亲提醒我说，我考试的机会已经不多了（确实，我的总成绩是 7，每科成绩都很差），因此必须要加倍努力。尽管如此，我还是对这项计划表示赞同，随后两年中我就像个超级大书呆子一样努力念书，有一段时间会用大麻来麻醉自己作为调剂，还有一个小插曲是对平克·弗洛伊德（Pink Floyd）摇滚乐的痴迷。

聊到现在，读者可能也猜到了，我中学单科高水平考试（A level）的结果并不让人满意（我在其他考试中成绩也不理想，不过就像我常对孩子们说的那样，当时的高水平考试是真正意义上的高水平考试，第一名就是真正的第一名，并非现在那些伪造夸大的数据）。幸运的是，我获得了参加剑桥入学考试的资格，还学会了如何回答论述题。最终我以优异的成绩通过了剑桥入学考试，被父亲的母校录取。

然而事情的有趣之处就在于，进入大学后，我并没有实现父亲的梦想，过上伯蒂·伍斯特那种享乐的生活。原因之一便是当时已经是 1973 年了。尽管在短短 10 年之后，由于铁娘子撒切尔夫人（Mrs Thatcher）的统治加上伊夫林·沃（Evelyn Waugh）的小说《故园风雨后》(*Brideshead Revisited*) 完美改编的电视剧的影响，这种潮流又一次流行起来。但在当时，这种行事方式早已过时。更重要的也是最让我父亲感到伤心的是，我对重点中学学生那套行事方式表现出了强烈反对。一种全然不同的身份认同开始逐渐显现，而这来自我的母亲。

母亲出生于一个富有家庭，然而她自幼被一位目不识丁的塔斯马尼亚保姆带大，因此她对自己命名的"工人姐姐的诚实正直"这种观念深信不疑。为了践行这一点，我的间隔年在曼彻斯特边缘的一处住宅区度过（被称作哈特斯莱，5年前臭名昭著的沼泽杀人案就发生于此）。剑桥大学是完全的上流贵族学校，与我一同狩猎、射击、钓鱼的同学都自视甚高而胆大妄为，对于这一点我实在是十分反感（实际上剑桥大学甚至豢养了自己的小猎兔犬群）。相反，我花了很多时间在读书和高谈阔论上。因为我这次的行为几乎算是对父亲未竟梦想的一种背叛，后来我们的关系一直没有能够彻底恢复到从前，尽管由于他对我的身教，我们一直对学业有着共同的热爱。

说了这么多题外话，最重要一点的就是父亲对我从未放弃，这是因为我们父子都深爱着对方，因此我也应父亲的请求重返正轨。爱可能是身份认同的根源所在，我在本书中努力阐释这种观点本身就是对这件事的最大证明：父亲曾是一名精神分析学家，母亲也曾从事这个行业（这对我的思维方式也产生了极大的影响），同时父亲完全赞同后天培养决定人未来发展这一观点。这种对先天—后天辩论的长期痴迷并非是基因遗传造成的，而是我对父母的身份认同决定的。然而，爱并非这种身份认同的唯一成因。

而如果子女对父母的身份认同是为了逃避糟糕的情况，例如训斥、惩罚甚至是体罚，那么与施虐者的身份认同就是一种抚慰他们的方式。这相当于告诉他们，"不要再伤害我了，你让我怎样我就怎样，我其实就是你自己本身啊。"在这种情况下，施虐者伤害他们的可能性就会降低。

虐待是父母子女拥有相似之处的一大成因

除了这三种学习机制（言传、身教、身份认同），虐待是子女同父母相似的最大成因。这是因为，虐待会开启绝望而强制的机制，进而造成人们重蹈覆辙。

我们长大后，很快就会察觉出父母的言传身教会对我们产生影响，因此自主选择是否停止。想要摆脱与父母的身份认同当然要难一些，因为这早已成为我们自身的一部分。然而，最困难的却是克服幼年时遭受虐待对我们造成的影响。

简言之，父母的消极情绪会通过虐待传递给子女。如果我本人悲观抑郁，那我就可能用同样的态度对待孩子。如果你的父母通过某种特别方式让你感到难过，那么这种情绪可能仅仅是对他们的悲观情绪的一种复制。

而让他们感到悲观失望原因很可能是一致的。如果父母因为自己肥胖或智力不足而沮丧，他们就会通过一种高压教学的形式，将这种观念植根于子女的脑海中——"你很胖，你很笨"。他们也可能通过某种行为将这种思想灌输给孩子，比如在众人面前对孩子进行羞辱。"我很好，"这些父母们事后感叹道，"而你不是。"

虐待的形式包括精神虐待（例如受到不当处罚、被粗暴对待、看到其他兄弟姐妹更受父母喜爱）、对精神或身体忽视，以及身体虐待、体罚或性虐待等。如果我们曾遭受虐待，就会产生严重的悲观情绪，而这会决定我们感受整个世界的方式。它们会顽固地留在我们身体内部，变成我们的一部分——因为孩子们对抗这种悲观情绪的方式就是将这种情绪在与其他人的相处中进行重演，包括幼年时与兄弟姐妹和其他同龄人相处，以及长大后与恋人、同事或是朋友相处。

举例来说，一个女孩会从父母双方接收大量负面情绪。父亲在饭桌上反复申述自己在她这个年纪比她聪明太多，而母亲则会不断挑剔说她实在太胖了。实际上，这反而会让她吃得更多，变得更重。这也导致女孩对自己抱有极度消极的看法，认为其他人也不喜欢自己，觉得自己又胖又蠢。不论是年幼时还是长大后，她都会选择与那些骂她胖、不把她当回事的人交朋友，并以此来继续这种虐待。尽管这样的情况会让她难过，但这是她最熟悉的方式，反倒比那些和善的对待更让她感到舒服自在。尽管如此，她也保留着一丝微弱的希望，希望这次，这个新的朋友会让事情变得不同。

研究表明，这种情感虐待是最具毁灭性的虐待。如果我坚持告诉我的孩子他们很蠢、很丑或是很糟糕，他们的内心就会觉得不满和受到伤害。如果我对一个孩子更偏心，对其他孩子来说，伤害也是很深、很难被治愈的。尽管我们不愿承认，但事实上，所有父母都会在无意中对子女进行或多或少的虐待，而大多数人或许完全不曾意识到自己有过这种行为。实际上，所有人际关系中都能发现虐待的影子，包括同事和朋友之间。然而，如果这种反复极端的虐待来自父母，那么它造成的伤害就会尤为强烈，这是后代斯德哥尔摩综合征和双方力量悬殊造成的。

对于这种将自己厌恶的消极情绪投射到他人身上的现象，我把它称为"我很好，而你不是"机制。如果我感到愤怒或悲伤，那么通过激发他人情绪，我可能使自己得以解脱。我们每天都会将彼此当作自我厌恶情绪的垃圾桶。

如果这种事件不常发生或者是十分微小、转瞬即逝的，那么它就不会造成任何长久伤害。因此，你在工作情绪不佳时，就可能会发邮件给同事，催他们交齐早该上交的文件。你自认为这只是在完成一项工作，然而在潜意识中，你选择在这个特定的时刻向他们施压，内心深处也明白自己是在找麻烦。因为这会加大他们的压力，你通过将这种负面情绪发泄到他们身上来减少自己的负面情绪。在潜意识中，你明白当他们看到邮件时，一定会诅咒一句，会因为这种突如其来的额外压力而感到焦虑。你明白他们打开文件后，会心跳加快、血压上升、眉头紧皱，而这会让你在按下发送键的那刻觉得有一些舒缓。你的整个身体都会感到一丝放松，还能够使自己在消极的情绪中得到一丝小小的暂时解脱。

家庭成员之间有时也会这样对待彼此。我在心情不好的时候，会停止写作，给妻子发个短信问她是否记得该给自己的车安排车辆性能检测，从而让她感到烦恼。这其实就是家庭生活的经纬脉络，电视剧《摩登家庭》(Modern Family)将这种论调以一种幽默的方式进行了呈现。当然，这些做法大多是无害的，可能只会造成短暂的情绪低落，然而由于父母和子女力量对比明显不同，如果父母对子女做这样的事，造成的影响就会大得多。

如果我发现孩子已经很累了，一整天都过得很糟却还没有完成作业，这时我可以选择用一种严厉或温和的方式以及时机，告诉他们应该完成自己的作业了。我可以用："我很好，而你不是"的方式，又或是选择尽量不把自己的情绪垃圾发泄到他们身上的方式。如果他们正好要看期待已久的《辛普森一家》的最新一集，而我选择这时候和他们说该做作业了，他们一定会感到懊恼生气。

如果我当时很忙，或者因为工作不顺而心情不好，那我很可能会在潜意识中选择这种不合适的时候和他们说。作为家长，我就能将自己的坏脾气发泄到他们身上，比如直接关闭电视催促他们赶快完成作业。尽管愤怒的哭闹会让我更加生气，但他们却没法用相同的方式对待我。作为家长，将孩子当作自己的情绪垃圾桶，对他们发泄不良情绪对我来说更容易。

这件事本身不是什么大事，但如果我反复如此，孩子们就会准备好做我不良情绪的垃圾桶，而这种模式会演变成一种精神虐待。如果我将"关闭电视"这种压制手段也运用到其他事情中，就会让孩子们生活在一种对于我的坏情绪的无名恐惧中。或许我还会用烹饪来激发他们的消极状态——"爸爸，你知道我讨厌意大利面里放太多罗勒酱的。"我可以将车开得飞快让他们感到恶心甚至害怕，可以在接他们放学时总是迟到，在他们想要待在家中的时候拖着他们陪我到高尔夫球场，用数不清的家庭琐事来一点一点地折磨他们。慢慢地，这会变成一种亲密的家庭恐怖主义，这种情况下我只要随口提一句话或是做出某种动作，他们就能够收到信号：虐待模式开始启动。孩子们觉得自己每天都提心吊胆，要随时留心虐待开始的迹象，因此一直生活在恐惧之中。

对于父母来说，这种模式产生的根源通常是他们从自己的父母那里得到过同样的对待。我的一位患者从很小的时候开始就是这种模式的受害者。我们共同努力，让他得以避免将这一模式在自己的孩子身上重演。然而，他童年遭受的虐待偶尔会在他处理与其他成年人的关系时不断闪现。举例来说，因为一位女租客让他回想起了自己的母亲，他就冲着她发泄情绪。

他发现自己对这位租客总是情绪暴躁。他同母亲之间的一个关键问题就是，到底谁是对的。这位患者总是觉得租客无论做什么都是错的——她答应帮忙照看孩子却没能做到，有的房间不许进入她却违反了，还有类似的事。他开始选择一些特定的语言和时间来冲她发泄自己的愤怒情绪，让她也感到难过，就像他的母亲对待他一样。因为我们能够分析出哪些按钮会让他的房客触发他的坏情绪，所以他能够比较冷静地处理各种问题，用一种不会造成不良情绪的方式与房客协商，而非故意让她难过。如果没有对事情深入分析，他就会继续用这种方式对待那个可怜的无辜租客，让她也承受他年幼时承受的痛苦。

实质上，他是与那个房客产生了一种身份认同，就好像现在的房客就是童年时的自己，然后通过折磨别人来重演母亲折磨他的情景。将自己代入母亲的角色，他就可以避开自己当年受的苦。我们通常会以这种方式重演过去，期盼能够获得不同的结果。我们要么选择主动折磨别人，要么寻找受折磨的情景或是让别人折磨自己。然而，这些完全没有作用。

这种"我很好，而你不是"的情绪之所以能够完美隐藏，是因为它早已成为我们内部情绪的固有组成部分。我们对它太过熟悉，就像我们熟悉厨房里的水池一样，因此难以注意到它的存在。与之相反的是，一些更为明显的虐待却会让人更容易牢牢记住并识别出来，例如身体虐待和性虐待。

作为心理医生，我经常听到患者谈及试图重现曾经的受虐待情景，比如在人际交往中重复这种模式，甚至包括同心理医生的相处。在这个过程中，他们会通过成为受虐者或是虐待他人来重现过去，心里却无比期盼这次的结果会和从前不同。他们被困在精神创伤的跑步机上，受到循环不停的伤害，希望通过重复过去的经历，在下次得到不同的结果。对于一个优秀的心理医生来说，他的核心任务就是帮助患者认清这种模式的真正根源，同时在治疗过程中为他们提供一种全新的体验。

虐待就如同房间里的光或是空气，我们对它们的存在太过习惯，认为它们太过理所当然，因此很难发现。然而有一点是不变的，我要不断地帮助患者相信那些难以置信的事实：他们确实受过父母的虐待，那些经历真的就是那么痛苦，几乎每个患者都是如此。他们就像那些惊弓之鸟，极不情愿面对父母曾经无情甚至残忍地对待过自己这一事实。在同心理医生接触的过程中，他们感受到的温暖和支持给了他们一种不同体验，让他们在疗程结束后，能够同家人、朋友和同事建立一种不同的关系。

长大后，受虐儿童通常会变得酷似自己的施虐者。这一点在遭受生理虐待或性虐待的极端事例中表现得最为明显：大部分施虐者都曾遭受过相同的虐待。由于受到后代斯德哥尔摩综合征的影响，我们所有人都会为父母辩护，极不情愿批判他们的所作所为。曾经那个脆弱的孩子还住在我们内心深处，害怕自己的反抗会招致恶果。受虐儿童在为父母辩护时不遗余力，这一事实简直让人震惊。治疗刚开始的时候，我已经记不清有多少曾经受过虐待的患者宣称"我的童年十分快乐"。

一个最为突出的例子就是，在一档电视节目中，我遇到连环强奸杀人犯弗雷德·韦斯特（Fred West）的女儿。她坚持为父亲辩护，维护他的名誉。尽管她很清楚父亲的罪行罄竹难书，甚至连她自己都曾是受害人。

精神疾病的最新观点认为，上述现象的主要成因在于虐待而非基因。由临床心理学家约翰·里德建立的创伤后遗症模型（Traumagenic Model）就是一个绝佳的例子。这种模型认为，与其说这是一种疾病，不如说类似创伤后应激障碍（PTSD），或者说就是这种症状。人们对创伤后应激障碍的症状做出了严格界定：脱离人类控制，大脑突然迸发入侵式的想法或记忆，有时甚至包括幻觉；对亲密关系和困难问题进行逃避；无缘无故的消极情绪和想法；突发或轻易被激怒、反应过激及过度敏感等。患有创伤后应激障碍的患者通常都试图通过毒品和酒精来控制这种不快的状态。在许多精神"疾病"中都能够发现这一系列发病症状。

最新研究表明，并非某种特定形式的虐待会导致某种特别的精神疾病。事实上，所有受虐待的儿童都会同时遭受多种精神疾病的折磨：焦虑症、抑郁症、情绪失调及妄想症。长大成人后，他们比那些在童年时期更少遭受虐待的同龄人更容易产生情绪悲观。虐待的特定形式，例如孩子曾被人嘲笑丑陋或是遭到某种形式的忽视，能够决定消极情绪的内容。那些认为某些精神疾病是孤立存在的，与其他疾病没有任何重合的说法被证明是错误的。

这种全新的模式被称为"创伤后遗症"（Traumagenic），这是由于几乎所有成年人消极情绪的爆发都是过去的创伤造成的。父母的影响导致这些受害者随时准备好了遭受这种威胁。在别人看来微不足道的一件小事，都可能激发他们不正常的过激反应。

极端的情况包括：强奸受害者如果突然回想起遭受袭击的细节，会觉得自己突然又回到了当时的卧室或是后巷，而强奸犯正在侵犯他们。一些微小的细节，例如一个名字或是一种声音都会触发他们的回忆。对于他们来说，这些突然闪现的回忆就如同现实一般，当创伤的"视频片段"开始播放，事情就如同在真正重演一样。就像我们会感觉梦境同现实一样真实，那些受害者重历创伤的感觉也是一样。

这种"经验性视频"同幻听和幻视不同。很显然，很多精神病人的幻觉都不过是回忆的不同版本——例如听到童年时听到过的告诉受害者他们是坏人的声音，或是看到当时真正的施虐者出现在屋子另一边。然而，随着时间流逝，我们可能会重新解读这些经历，最终使其变得完全不同。因此，当在某些经历中我们显得十分弱势时，我们会将自己幻想为一个力量强大无比的人，一个更安全的人，比如上帝。这就是妄想症的真正成因：妄想症并非物理性的故障，也不是基因缺陷造成的大脑缺陷。但在超过一个世纪的时间里，精神病学专家一直坚持相信这种错误理论。

如果孩子受到父母的诱骗，并将这种经历视作正常，那么当他们长大后，意识到这实际上不正常的时候，他们就不得不抑制这些回忆。因此，他们可能会觉得自己有时会乐在其中，甚至还能体验到一些性兴奋。这种虐待可能是他们能够体会父母关爱的唯一途径。关于这种禁忌的秘密，他们拥有矛盾的感情，这也使他们在长大后回想起这些记忆时感到更加痛苦。这种记忆与秘密会以幻觉和妄想的形式迸发出来，而幻觉的内容基于原始创伤。因循守旧的医生或是基因学家对患者的想法不屑一顾，认为那纯属大脑功能失调的产物。事实上，这些妄想和幻觉包含的内容意义十分重大。

多数情况下，这些经历都是痛苦的。不论是极端的情况——例如强暴，还是不那么极端的——例如呵斥和挨揍，都会演变为一种模式，并在现在不时迸发。所有精神疾病的核心都是过去的事件在现今重演，不论是表现为患者误认为过去真实的痛苦经历发生在现在，还是扭曲记忆中的某个方面。

这些当然只是一些比较极端的例子，然而在某些时刻、方面，我们所有人都曾是受害者，无人能幸免。最关键的是，在通常情况下，我们的兄弟姐妹和我们受到的虐待和关爱都是完全不同的，这也导致了每个人都有不同的怪癖。

概括一下我的观点——我们与父母相像的关键因素就是：

- 后代斯德哥尔摩综合征，也就是说子女如同人质一样竭尽全力地通过模仿父母的性格特征，同父母也就是"绑匪"建立感情联系并获得他们的喜爱。他们通过言传、身教、身份认同等方面的学习来实现这种目的。

- 父母虐待或关爱子女造成的直接影响是，抑郁的父母会让孩子变得抑郁消沉。同样，父母的关爱也会让孩子感受到爱和关心。

- 父母"我很好，而你不是"的潜在心理诉求，会让父母将与自身遭遇相同或相似的虐待施加到自己子女身上，以期自身情况好转。而这也会导致子女和父母抱有同样的想法。

- 受虐儿童会不断重复过去的情景，希望这一次结果能变得不同。他们可能会让自己身处一个与过去十分相似甚至相同的人际关系或是场景中，又或者通过刺激他人来让他们重现父母对自己的虐待。

有些读者或许会觉得以上这些对于孩子同父母相像的原因概述得比较苍白无力。我要强调，我们性格中的积极方面也是通过上述机制养成的。由于后代斯德哥尔摩综合征的作用，我们也很容易接纳积极的心理特征，不论是言传、身教还是与父母的身份认同。

正如上文所说，由于父亲的影响，我就是这种现象的一大受益者，尽管它也导致了一些消极后果。如果家庭中存在一种"我很好，你也很好"的模式，孩子们就会感受到父母的关爱、支持与鼓励，因此能够健康茁壮成长。父母会告诉孩子，他们漂亮可爱、善良贴心又聪明能干，等等。我们不遗余力地呵护孩子们并促进他们健康成长。而他们长大后，也能从这些积极的心理中不断获益，如同虐待和其他消极心理会对他们造成伤害一样。

更重要的是，我们童年的受虐经历经过时间的洗礼，就如同暗淡的铅蜕变为闪亮的金那样，绝望恐惧甚至能够转化为创造与领悟，而我们长大后的很多成就就是这一过程的结果。很多伟大的艺术品由此诞生，从约翰·列侬的尖刻辛辣的歌词、凡·高的传世自画像到弗吉尼亚·伍尔夫的名作《到灯塔去》，无不如此。只要我们能够明白不论在家庭还是工作中，很多常见的难题都是因为你将他人错认作童年时虐待你的父母而产生的，就会从这些困扰折磨中解脱出来。

例如，你觉得上司是个暴君，也明白自己会把他同自己的父亲弄混。这时，从父母那里获得的积极或消极心理，就能够用来处理这样的问题。或许父母一方脾气暴烈，而另一方却善于倾听，有时还陪我们嬉笑玩闹，以此让我们开心起来。对我们来说，父母如同明亮的火把，能照亮黑暗，帮我们摆脱工作时的困境。

本章中的一些观点需要我们进行深入思考。在下一章中，我会详细描述我们是如何变得与父母相像的。

到底该如何做？三条建议

一、你和父母到底有多相像？原因是什么？

下面这个方法能让你很容易地找到自己与父母的相似之处。

首先，写出你母亲的 5 项积极心理特征和 5 项消极心理特征。由于受到后代斯德哥尔摩综合征的影响，人们通常会发现父母一方或双方的消极缺陷很难找，因此你要深入发掘。在读下面的内容之前，一定要写出这些性格特征。

现在写出父亲的 5 项积极心理特征和 5 项消极心理特征。这次也一样，不要犹豫，立刻下笔，但也不要慌张。

最后，写出关于自己的 5 项积极心理特征和 5 项消极心理特征。写完后再继续阅读下面的内容。

将你对父母写下的 10 项内容同自己的进行逐条对比。你会发现，除了特别不同寻常的特征，两者在内容上有不少重叠的部分。

为什么是这些特征相同，而不是其他的？在第五章中你会发现部分原因是自己在家庭动力结构中为自己定义或创造的角色不同。还有一项重要原因就是，父母言传、身教、身份认同、虐待及关爱的影响。

从某种程度上来讲，只要利用本章所讲的内容，你就能找出真正答案。然而对于多数人而言，事情远没有我们想象的那么简单。

你的问题可能并不严重，没必要采取这种做法，那么对你来说，心理治疗就是找出答案的最佳方法。

二、相信那些难以置信的事：找一位心理医生，请他帮助你深入分析自己的童年，让你获得全然不同的体验

受后代斯德哥尔摩综合征的影响，对我们大多数人来说，想要相信"如同父母爱我们一样，他们也会虐待我们"这一事实其实艰难无比。几乎所有人都需要接受心理治疗，通常只需要简单的治疗就完全足够。举例来说，只需要短短16个疗程，认知分析疗法（Cognitive Analytic Therapy）就能对一种困扰你许久的心理特征产生极大的作用。许多其他的短期心理治疗也能够挖掘过去经历对你的影响，而且通过与心理医生建立良好的关系，使你产生全新的体验。心理治疗同时会提供实用技巧或教学手段来改变你的思维方式。毫无疑问，瑜伽和冥想能够帮助你在平日里保持心情平静。还有一些疗法是我本身就十分了解而且认为十分有效的，包括交互分析疗法（Transactional Analysis）、超个体心理学（Transpersonal Psychology）以及霍夫曼疗法（Hoffman Process，对抑郁症非常有效）。当然，还有很多疗法的变体，我不会不懂装懂地告诉你我全都了解。其中最关键的因素就是，与心理医生建立良好的关系，同时

做好准备揭开问题产生的童年根源。

其中最本质的问题是，与心理医生建立的关系与童年痛苦的遭遇完全不同，它能为患者提供一种全新的体验。父母在你心里留下的恶劣印象会被现实中心理医生建立的良好形象所取代，关于这一点本章已经做出解释，也会在后续内容中作为例证出现。运用图表或构想自己不同行为的技巧，能够通过思维来改变感觉，从而在解决问题中发挥辅助作用。

将这些治疗手段纳入英国国民医疗服务体系（NHS）的免费服务项目中已经刻不容缓，因为现今英国有近1/4的国民正遭受着精神疾病的折磨，其中以焦虑症或抑郁症居多。

这些疾病带来的经济损耗巨大（大约每年1 000亿英镑），更不必提疾病对个人造成的巨大痛苦。长久以来，精神疾病的主要治疗手段是药物治疗。认知行为疗法（CBT）是英国首次尝试引入并在全国范围内推广的一种谈话疗法，而这项疗法最终却被证明是错误的，这不得不说是一大悲剧。

认知行为疗法的理论认为思维能够控制感情，转变思想就能转变感情。这种疗法宣称，在短短6~16个疗程中，就能够将抑郁症或焦虑症彻底治愈。医生会告诉你停止说自己很胖、很丑或很笨，即使事实如此。如果你一直无缘无故感到焦虑，担心厄运的降临或害怕自己出丑，认知行为疗法会教你反向思考。

2009年，牛津大学的教授兼经济学家理查德·莱亚德（Richard Layard）及临床心理学家大卫·克拉克（David Clark）提出了一项将认知行为治疗在英国范围内推广的方案，并将其命名为"增加获得心理治疗机会"（IAPT）项目。英国新工党政府采纳了他们的这项方案,希望帮助至少一半的焦虑症、抑郁症患者康复。

乍看起来,这项方案的成果十分令人瞩目:接受治疗的患者中有近40%都获得了"康复"。然而深入调查显示,实际结果并没有如此喜人。认知行为疗法完全在于营销,是一种廉价的权宜之计。

在他们共同编写的书《茁壮成长》(Thrive)中,莱亚德和克拉克没有提到的一点是,大量的证据显示,与没有接受治疗的患者相比,两年前接受认知行为疗法治疗的患者康复的可能性并没有提高。

接受认知行为治疗并明显"康复"的抑郁症患者中,有2/3会在两年内复发或寻求进一步帮助。治疗结束后,一般的患者仍受抑郁症困扰(大约30%的患者根本没有完成整个疗程)。事实上,如果不接受治疗,大多数抑郁症或焦虑症患者的病情也是时好时坏。两年过去后,接受认知行为治疗的患者的精神健康状态并不比那些没有接受治疗的患者更好。

作为一名心理医生,我几乎没有遇到过任何接受认知行为治疗并最终康复的患者。问题在于,这种疗法完全没有试图了解抑郁症或焦虑症的成因,而正确的疗法(例如心理动力学疗法)能成功解决问题根源,产生持久疗效。以美国心理学家乔纳森·谢德勒(Jonathan Shedler)为例,一些对证据的重要回顾表明,那些探索病症童年根源并关注患者与心理医生关系的疗法有长期的疗效。如果IAPT是真正根据证据来制定的话,那么它就会使用上面所说的疗法。

精神疾病在很大程度上是由虐待造成的,关于这一点,有十分有力的证据。这样说来,认知行为疗法明确要求医生将患者从自身童年经历中剥离开的做法就显得十分诡异。这一疗法忽视病因,却强调集中关注思想如何对症状产生作用。

我明白理查德·莱亚德可能仅仅是出于好意，他本身也并非心理学家，而是一名经济学家，所以这种行为可以被原谅。然而，大卫·克拉克本身就是牛津大学的一位心理学专家。他着重强调认知行为治疗是一种基于事实的科学疗法，却不承认事实早已证明该疗法没有长期疗效（两年或更久就会失效）。我曾给大卫和莱亚德发邮件，要求他们提出更有说服力的证据。尽管拥有丰厚的专业资源，他们却没有给我任何回复。没有任何可靠的证据能够证明认知行为疗法是一种有效疗法或是比其他疗法更加科学，反倒是心理动力学疗法被证明拥有长期疗效。

焦虑症的某些症状，例如恐慌或疑似强迫症，可以通过认知行为疗法得到长期改善。然而在大多数情况下，光芒褪去，消极情绪又会卷土重来。然而，因为克拉克和莱亚德的"功劳"，无论是在公共医疗体系或是私人医疗保险公司，认知行为疗法都是现今最为常见或者说唯一的疗法。

当然了，事情不能全怪这两个人——认知行为疗法由于疗效快、价格廉价而受到政客和英国国家医疗标准机构国家健康与临床卓越研究院（NICE）的欢迎。而一些经实践证明有长期疗效的疗法——例如心理动力学疗法——由于所需疗程远超过6~16个，因此价格无法达到如此低廉，所以不受他们欢迎。

然而认知行为疗法确实有其优势所在，同时对一些其他疗法也起到了启发作用。它鼓励采用实际手段，而这些手段也确实能够提高人类健康，例如体育锻炼、冥想以及瑜伽。

克拉克教授本身就是一个医术高超的临床心理医生，我也知道一些人声称认知行为治疗确实减缓了他们的抑郁症。但事实上，他们所有人都接受了多年的治疗，实际起作用的是他们同心理医生的关系，而非思维模式的转换。这一点也早已被研究证明：目前为止，只有在医生和病人建立了良好关系的情况下，认知行为疗法才真正有效。然而英国国民医疗服务体系提供的认知行为疗法很不完善，也不鼓励医患之间建立情感联系。

对于绝大多数人来说，认知行为疗法是一种可负担的疗法。从根本上来说，我们急需适合所有人的可行疗法，而非仅仅是那些能够负担得起其他选择的人——也就是那些通过与医生建立良好关系，并深入探索童年经历来治疗抑郁症和焦虑症（以及其他所有精神疾病）的疗法。

三、将"我很好，而你不是"的心理转换为"我很好，你也很好"的心理

在与家人、朋友及同事交往的过程中，我们所有人都有运用"我很好，而你不是"的心理来摆脱坏情绪的时候。这实际上意味着，我们无一例外都会受到其他人的同样对待。

如果没有好友、亲人或心理医生的帮助，我们通常很难发现自己犯了这种错误。举一个简单的例子，在替朋友或家人做决定或是处理棘手问题时，人们往往坚持认为自己的观点才是正确的观点。

现在我们要做的就是，观察自己当时的行为，深入分析事情是如何发展的。难道这个晚上孩子就必须在餐桌上吃饭吗？你真的那么确定伴侣对你态度冷淡吗？那个同事是否真的就像你认为的那么奸诈？

如果你将这些问题与你童年的经历进行对比并思考，可能会发

现两者的联系十分惊人。或许对在餐桌上吃饭这件事，你的父母表现得十分严苛或十分宽松，而伴侣态度冷淡和同事奸诈狡猾的问题也是如此。当然了，可能在这些问题上，他们的确是错的，而你是正确的。然而，问题通常不会如此简单。

同样地，如果其他人对你使用这种手段，那么你很容易会陷入一种不确定及怀疑的漩涡之中："到底是我有问题还是他们呢？"这时一个有用的办法就是弄明白某种人更有可能利用这种防御性手段来对付你。

正如我在《办公室政治》（Office Politics）一书中所说的那样，那些同时拥有精神变态、自恋及马基雅维利主义倾向的人更有可能对他人使用这种手段。如果你认为周围有这样的人，那么他对"我很好，而你不是"策略的使用情况，就可以被当成一个验证方式。

一旦你发现自己成了这种手段的攻击对象，一个简单的方法能帮助你摆脱这种窘境。将那些人加诸你的词（诸如愚蠢、懒惰、奸诈）在脑海中具象化，然后幻想自己把它们用纸巾裹起来，最后立刻丢进你想象中的垃圾桶里。或者将这些词语在脑中具象化，然后将它们缓缓消融直至消失，这样你就可以享受这种摆脱困扰的感觉。有趣的是，这些技巧都是认知行为疗法用来治疗精神病的常用手段。事实证明，这些技巧更适用于暂时摆脱困扰。

对于父母来说，在第四章末尾我介绍了"爱的炸弹"（Love Bombing）技巧，在《爱的炸弹》一书中我对这个技巧有更详细的描述。这种办法能够有效地迫使自己停止对孩子施加"我很好，而你不是"的手段，尽管这种办法的初衷并非如此。

同样地，如果你的亲友患有老年痴呆症，我的书《满意的痴呆症》(Contented Dementia)中描述的方法被许多人认为十分有效。这本书的观点就是,如果别人不挑战他们的观点,尤其是对于最近发生的事不加反驳,那么他们就能变得十分快乐。

与患有老年痴呆症的患者交往,两大黄金守则就是不要提问,不要反驳。实际上,在所有人际关系中,如果有人给你造成麻烦,那么请你在5分钟的时间里一直遵守这些准则,效果就会极其明显。你或许发现,自己已经开始对"我很好,而你不是"这种手段进行精神手术治疗了。

第 二 章

14年后，皮驰斯像母亲那样死去

2000年9月17日，41岁的葆拉·耶茨被发现死于家中，死因是海洛因吸食过量。尸体被发现时，她3岁的女儿泰格·莉莉正单独待在家中，无人照看。

14年后，也就是2014年4月6日晚间至4月7日凌晨，葆拉与爵士鲍勃·盖尔多夫的二女儿，25岁的皮驰斯·盖尔多夫被发现死于家中，死因是海洛因吸食过量。尸体被发现时，皮驰斯11个月大的儿子同样被发现单独待在家中，无人照看。

这件事发生在世界上最伟大的人道主义者之一——鲍勃·盖尔多夫身上，让故事的悲剧色彩更加浓厚。鲍勃·盖尔多夫5岁时丧母，现在又要面对深爱的妻子和挚爱的女儿的死亡。

举行皮驰斯葬礼的教堂也是她举行婚礼的教堂。这个教堂也是她母亲举行婚礼和葬礼的地方。

葆拉和皮驰斯最后都死于海洛因吸食过量。而在此之前，两人都有过多次吸毒过量的经历。两次事件都没有被查出明显的蓄意自杀倾向，然而两次都发生在她们单独照看年幼的孩子时。两人都是热情亲切、智慧超群的女性，同时也都非常爱自己的孩子。事件发生时她们都是单独和年幼的孩子待在家中，然后感受到不得不吸毒的强烈欲望。这些事实体现了她们超出常人想象的焦虑感和混乱状态。

皮驰斯在死前不久说过，母亲葆拉"仍活在自己的身体内"，因为"我们实在太过相似"之类的话。除了骇人听闻的死因，皮驰斯同母亲也的确在很多方面都惊人地相似，因此，一定有某些生理或心理机制可以解释这种现象。鉴于基因并非这种现象的成因，那么它就很可能是生理作用造成的，如同我儿子运球的方式与我惊人地相似一样。然而，毫无疑问的是，葆拉与皮驰斯相互联系的方式，与葆拉和其他女儿之间不同。我们将这作为一项测试案例，研究心理特征在家族中世代相传的原因和方式，最终得到的结果令人惊喜。

葆拉和皮驰斯都从事新闻和电视节目主持工作；两位女性都思维敏捷而且口才绝佳；她们本人的生活都十分吸引八卦小报的注意；她们的故事也都常常出现在媒体上。

她们为人过激，缺乏安全感，同时以自我为中心。尽管她们希望自己性格中能有更加稳定、令人钦佩的特征，然而这种理想通常维持不了太久。她们的公众形象总是如同华丽的芭比娃娃，一身粉红、极具女性魅力甚至有些夸张。但这些形象不过是在误导大众——她们两人无论是在私人生活还是工作中，都无比冷酷，喜欢摆布他人。她们的生活充斥着装腔作势、矫揉造作、寻求刺激等夸张的元素。然而当她们反省自身的时候，却渴望安稳正常、平凡幸福的生活。她们充满爱意，渴望获得他人的喜爱，同时也不吝惜给予他人爱。

葆拉和皮驰斯在青少年早期就开始吸食烈性毒品。作为西班牙马拉加的一位12岁的女学生，在大约两年的时间里，葆拉都和比自己年长很多的男友一起长期吸食海洛因。皮驰斯大约也是在同样的年纪开始吸食毒品，其中就包括海洛因。除了葆拉死前很短的一段时间，两人都没有严重或长期酗酒的经历。

葆拉放纵的性经历开始得很早。9 岁时，她在医院受到一位夜班护士的骚扰。她从 12 岁起就同其他年长男孩或是成年男子同床，尽管 15 岁时她才失去童贞。我们无法确定皮驰斯性行为开始的年纪，然而事实表明，同她的母亲一样，她在成年后也倾向于性滥交。

她们两人都渴望创造童话般的浪漫生活，在某种程度上她们也相信这样的事。她们尤其渴望拥有完美的婚姻并成为完美的母亲，同时在媒体前大肆宣扬这种说法。

作为母亲，葆拉绝对称不上完美，她不仅虐待自己的孩子，同时还多次在婚内出轨。她曾写道，希望能够给孩子不同于她自己不幸的童年的经历，然而她却无法做到。

在皮驰斯为人母的两年时间里，她远比葆拉更能满足孩子的需求，然而就在死前不久，她发现这样做实在是让自己筋疲力尽，因此将孩子送到公婆家中来让自己喘口气。为了不重复过去的悲剧所带来的巨大压力，在她死前开始逐渐显现。

这些不幸事实来源于第一手和第二手资料。我的一位挚友是一档音乐节目《管道》(*The Tube*) 的制作人，而葆拉则是这档节目的联合主办人。朋友曾多次带我到泰恩迪斯摄影棚观看节目的制作，1985 年，经他介绍，我结识了葆拉。1986 年在一部名为《与葆拉同行》(*Sex With Paula*) 的系列电视剧中，我与葆拉还有过合作，我还曾到葆拉和鲍勃·盖尔多夫位于伦敦切尔西区的家中拜访。

我和葆拉之间完全是一种工作关系，但拍摄时我有很多观察她的机会，还有几次和她单独相处的经历。我还认识几个直到她去世之前都和她有亲密肉体关系的人，他们也见证了皮驰斯的生活，包括她早年的一些经历。关于葆拉和皮驰斯是怎样的人，他们为我提供了十分详尽的信息。

同时，还有很多公开消息。最有名的就是葆拉发表于1995年的自传。而皮驰斯也在报纸和杂志上多次发表有关她个人生活的文章。

我从未同葆拉的任何一个女儿见过面或是交谈过。然而，通过这些信息，我就能够将事件的碎片拼凑起来，并了解为何比起她的两位亲生姐妹以及同母异父的妹妹，皮驰斯同葆拉更为相像。

一些读者可能会认为，在皮驰斯去世两年后就引用她的例子十分让人反感。没错，这个故事本身让人十分痛心。虽然在某些方面，这件事无法避免地会给人造成不快，然而我确信自己所说的都是事实，而且这也能帮助那些仍活着的人。这两位女性都是知名的公众人物，她们的事例能够吸引大众关注。

通过对她们人生相似之处的分析，以及对葆拉无意识培养出的母女相似之处的研究，我们能够得出十分珍贵的结论。很多读者会同这两位女性产生共鸣，通过阅读媒体传播的故事而感到自己十分贴近或者能够代入她们的生活。这种感情上的靠近会让他们对两人的故事自然地产生兴趣。我们不难想象，如果她们生前看了我的分析，也许这种悲剧发生的可能性就会相对降低。

皮驰斯的童年

皮驰斯生于1989年，是葆拉和鲍勃·盖尔多夫3个女儿中的老二，姐姐菲菲比她大6岁，而妹妹皮克希比她小1岁半。

皮驰斯一出生，葆拉就将她交给保姆安妮塔·德伯尼（Anita

Debney）单独照看。德伯尼带着她住在房子的地下室里。因为葆拉一方面担心菲菲受到打扰，另一方面也不愿意打破现状，结果直到皮驰斯两岁，葆拉才开始尝试照顾她，而这一个月的照料堪称一场灾难。据称，人们透过窗户看到皮驰斯整夜整夜地哭闹，到睡觉时间也无法安静下来。德伯尼在过去两年中几乎就是皮驰斯的全职母亲，这之后又继续照看她，这个保姆在皮驰斯幼年时一直扮演着母亲的角色。

这一个月过后不久，皮驰斯就患上了过敏性湿疹。这是一种严重的皮疹。相关研究显示，发病原因可能是同保姆亲近关系的力量，以及因为分离产生的不安感。对于幼儿来说，这种与主要照顾者长时间分离的经历对他们的伤害极大。皮驰斯长大后，每当她和男友分手后感到难过时，这种湿疹就会复发。

皮驰斯变得害怕遭到拒绝。在恋爱过程中，她会感到极度不安。对她来说，单单是同亲近之人分离都是一种痛苦的经历，即使说句再见都很困难。

葆拉对待皮驰斯的态度与其他两个女儿明显不同。她觉得皮驰斯对自己抱有抗拒的态度，因此与她相处时更加易怒，也经常试图给她制造不快。葆拉希望能够感受到皮驰斯对自己的爱，然而每当皮驰斯摔倒或者心情沮丧，她还是会找自己的保姆德伯尼寻求安慰。在皮驰斯生病时，也是德伯尼送她到医院或是找医生。葆拉从未从母亲那里获得积极的回应与精心的照料，因此对皮驰斯同保姆德伯尼的亲近关系感到嫉妒不已。

尽管如此，就如同一个理性的人质对待自己的绑匪那样，皮驰斯极度渴望得到母亲的关爱，从很小的时候起，她就开始自主学习母亲的聪慧，也因此成为一个十分聪明的孩子，能够迅速理解自己该如何应对大人。年幼的皮驰斯意识到，如果她想要获得母亲的嘉许，那么母亲想听什么自己就必须说什么。这也是"才思敏捷"养成的一个绝佳例证。皮驰斯并非从出生起就比自己的姐妹更加聪慧，她在家中所处的特定位置，让她不得不将这种聪慧当作桥梁来接近葆拉。

同时，皮驰斯爱出风头的习惯也是同母亲互相联系的一种形式。在皮驰斯入学后，其他家长因为这一点而明白她是葆拉的女儿。皮驰斯与母亲品味相同，对奢华的女性风格十分痴迷，她的床周围有粉红色的床帐，并装饰着闪烁的小彩灯。

因为皮驰斯与保姆太过亲近，葆拉多次大发雷霆。然而，皮驰斯遭受虐待最严重的时期是在葆拉爱上迈克尔·赫琴斯（Michael Hutchence）——伊克斯乐队（INXS）的主唱之后。1995年，皮驰斯6岁，葆拉与同盖尔多夫离婚，开始和赫琴斯同居。

父母离异后的两年中，3个孩子在他们之间不停辗转，只有德伯尼一直照顾她们。这段时期内，她们处于一种完全没办法稳定的状态：不停地搬家，在不同国家辗转。葆拉、迈克尔和鲍勃一直要到各地工作，孩子们也只好跟着他们居无定所。

1996年7月，葆拉生下泰格·莉莉——她与赫琴斯的女儿。一年后，赫琴斯在悉尼自杀。这是一个沉重的打击，她们的生活也因此变得更加摇摇欲坠。与赫琴斯在一起后，即使在照看孩子的时候，葆拉也经常服食易成瘾的硬毒品或是饮用大量的酒。于是，1997年，最高法院宣判葆拉和盖尔多夫共同抚养孩子，但她们主要还是和葆拉住在一起，对于8岁的皮驰斯来说，这简直是一场灾难。

德伯尼每隔6个星期才能探望一次孩子，这就完全将皮驰斯与她精神上的"母亲"长时间地分割开来,盖尔多夫则是每两周能探望一次孩子。这期间菲菲在寄宿学校读书,大部分时间里,她的两个妹妹不得不同她们精神不稳定又有毒瘾的母亲住在一起。

后来,葆拉雇了一位新的保姆。但这个保姆每天6点准时离开,之后葆拉就会独自照看两个女儿。她会不停地责骂皮驰斯,而此时小皮驰斯已经没有了德伯尼的安慰和保护。有时葆拉也会对皮驰斯发起温柔攻势,但是如果皮驰斯的回应不是她期待的那样,她就会大发雷霆,甚至变得刻薄恶毒。如果皮驰斯哀求她让自己和父亲待在一起,葆拉更会暴怒不已。最初,皮驰斯会向法院的福利官讲述她的遭遇,恳求他让自己搬出母亲的家。然而,律师将她所说的一切都转告了葆拉,皮驰斯便明白自己不能再说实话,否则会惹怒葆拉。

直到父母离婚,皮驰斯才发现母亲一直在酗酒吸毒。法庭宣判后,年仅8岁的皮驰斯总是看到母亲酗酒吸毒,也一直对这些行为表示反对。随后葆拉会将烈酒倒进可口可乐的罐子里或是将微型酒瓶偷偷装在手袋里,对孩子们撒谎。皮驰斯觉得这件事既可怕又让她抓狂。有时,葆拉会到卫生间待一会,出来的时候情绪会发生明显的变化。皮驰斯明白母亲是服用了情绪改良剂(酒精和毒品)。双方对这件事都心知肚明,母亲也知道皮驰斯早就发现了这些秘密,但她仍坚持否认。这种亲子状态会导致严重的困惑和痛苦,实质上相当于精神虐待。

如果皮驰斯反抗,葆拉对她的虐待就会更加严重。一次,醉酒的葆拉甚至愤怒地将皮驰斯从行驶中的出租车里推了出去。在这一时期,皮驰斯同很多人说过自己很想死掉,她写给别人的信也总是充满消沉沮丧的情绪。

每到周末，皮驰斯能和父亲或是德伯尼待在一起，然而到了周日晚上，绝望就会再一次到来。她总是恳求他们不要把自己送回母亲那里。除了精神虐待，她还会受到忽视。和母亲一起时，皮驰斯常常吃不饱，校服也总会穿错。她和妹妹年纪稍大一些后，就经常没人照看，从8岁起，皮驰斯和妹妹皮克斯就常在她们居住的切尔西附近的国王路上游荡。

受到后代斯德哥尔摩综合征的影响，对于母亲至少3次的自杀未遂，皮驰斯认为自己要负全责。一次发生在葆拉吸毒过量时，皮驰斯发现了母亲无力的身体，跑到街上大声对路人求救。还有一次，葆拉爬到窗口，马上就要从楼上跳下去。皮驰斯将她劝了下来，但她进屋后又从楼梯上跳了下去，万幸只是受了一点轻伤。第三次，皮驰斯发现葆拉吸毒过量。尽管葆拉极力否认，但这些经历对于她那个年纪的孩子来说是极其可怕的。妹妹皮克斯要么没有参与，要么就是仅仅受到了一些波及。

赫琴斯自杀后，葆拉对毒品的依赖更加严重，也更加滥交，年轻的男友换了一个又一个。1998年，盖尔多夫终于通过法庭宣判获得了抚养权。然而，皮驰斯和皮克斯仍然每隔一周就由葆拉照顾，而这时葆拉的精神已几近崩溃。

2000年葆拉去世，对于母亲的死，皮驰斯的感觉十分复杂。经历了长达5年的精神和肉体折磨，葆拉的去世意味着皮驰斯不必再被迫同她待在一起，这算得上一种巨大的解脱。同时，这样沉重的打击带来的失落感也无可取代。

实际上，葆拉自己在幼年也受过虐待，这一点十分符合创伤代际传递规律。她的父亲杰西·耶茨有严重的情绪失调症，有时会变得十分恐怖。葆拉称，她的母亲也经常对孩子疏于照料。

不论葆拉还是皮驰斯，都曾多次公开宣称自己希望能够避免这种虐待的重演。葆拉曾写道："我不断思考自己童年的不幸，也希望我的孩子能够幸免于此。"基于对葆拉的了解，我认为缺乏洞察力或许是她失败的原因。没错，葆拉非常聪明，她明白童年受虐的经历对自己产生了极大的影响。然而，她无法通过洞察带来的自我领悟来改变为人父母的方式。她尝试的所有治疗，最终都以失败告终。童年的经历太过令人难以置信，葆拉甚至完全不能相信它们曾发生过，更别提了解它们了。理智上明白与感情上理解完全是两码事。

病人如果能与心理医生建立稳定友好的关系，他们之间就能够形成一种全新的相处模式。然而，葆拉的心理医生们都没能做到；或许葆拉本身就无法同别人建立这种亲密的关系。尽管她多次在精神病院及戒毒所接受短期治疗，但这些治疗几乎从不针对疾病成因。那些所谓的权威人士——比如心理医生（专攻领域主要为针对身体的疗法，例如通过药物治疗精神病），会强迫脆弱的病人和毒瘾患者相信自己的疾病是基因造成的，根本无法痊愈，只能通过药物和认知疗法控制。

有力的证据表明，如果患者相信医生的说法，认为自己的"疾病"无法被治愈，那么他们痊愈的概率就比那些不相信这种鬼话的患者小得多（见附录4）。对毒瘾患者来说，相信自己的成瘾症状不受自我控制，可能在短期内十分有效（重点在于避免成瘾行为）。然而，只有真正了解病症的童年成因，才能产生根本的改变，甚至能将它彻底治愈。

尽管葆拉接受了多名私人专家的治疗，他们却无一能从根源上解决问题。由于缺乏对事件的洞察，葆拉从来没能学会在撞上墙之前调转车头。或者，就像约翰·列侬的一句名言所说，葆拉甚至根本没能察觉红绿灯变换。要想在人生的路口识别红灯并及时刹车，你必须明白过去的经历对现在的影响。

就葆拉的例子来说，童年受虐的后遗症之一就是她对女儿皮驰斯的精神虐待。这种后遗症对皮驰斯人生的影响与对葆拉人生的影响十分相似。

皮驰斯的少年时期与成年时期

对母亲性滥交的形象，皮驰斯早在 12 岁之前就有所了解，并且在服饰和自我表现上沾染了不少相似特征。对于女儿来说，葆拉一直都是榜样般的存在，而皮驰斯与母亲产生的共鸣最为强烈。从很小的时候起，葆拉就对皮驰斯进行精神虐待。8~11 岁的 3 年中，皮驰斯又受到了更严重的折磨，这增加了她成年时期精神不稳定的风险——精神虐待是重度精神病的最强预兆。

安妮塔·德伯尼带来的安全感让皮驰斯不至于受到更多的伤害。拥有人格障碍的人在童年时期遭受多种严重虐待的情况十分普遍，葆拉和皮驰斯都不例外。而这也导致她们具有过度自我中心、我-我-我的自恋症（Me-me-me Narcissism）、浮夸、情绪过激的性格以及思维古怪的倾向。

这些人表现得十分滑稽，他们在年轻时有无力、屈辱及无用的感觉，迫切想要重获掌控感、得到他人尊重以及追逐成功。具体细节我会在第七章进行阐述。"天赋"并非与生俱来，有时主动学习和努力奋斗的乐趣出自关爱与传统的后天培养，同样地，这些通常也是逆境磨砺的结果。举例来说，在杰出的成功人士中，有1/3在15岁之前就遭遇了丧父或丧母的打击，鲍勃·盖尔多夫也是如此。在皮驰斯的职业生涯早期，她无疑展现出了能够大获成功的潜能。

14~17岁时，还非常年轻的皮驰斯就受雇于英国一家国家级报纸，成为年轻一代的代表人物。《每日电讯报》(*Daily Telegraph*)以及《卫报》(*Guardian*)都为她开设了专栏。同时她还参与制作了几档电视节目，并成了时尚品牌的模特和代言人。像很多患有人格障碍的名人一样，她沉浸于公众对她的关注，满足于自己的与众不同。与葆拉一样，她混乱的私生活很快就成为八卦小报固定的素材来源，甚至有几次出席活动时，她都像个瘾君子。受过精神折磨的人通常会通过吸毒获得一种自我冥想的状态，以此缓解痛苦。对于皮驰斯来说，海洛因有着致命的吸引力。她曾对好友说海洛因是"一种除去痛苦的方法"，能够将她带到"一个飘飘欲仙的温暖所在"。

17岁那年，皮驰斯逃到了美国。父亲盖尔多夫意识到女儿的情况很危险，她很快就会毁掉自己，就像她的母亲那样。于是他在自己与皮克斯接受治疗的戒毒康复机构预定了一些"干预手段"，然而这没有起到任何作用。离家出走期间，有一段时间皮驰斯甚至反复吸毒滥交，最终在18岁那年嫁给了一位印度摇滚音乐家马克斯·德鲁米（Max Drummey）。然而这段关系一直不稳定，只有在与比她大17岁的电影导演艾利·罗斯（Eli Roth）出轨时，她才暂时停止了吸毒。遭遇过一次痛苦的异位怀孕后，她意识到自己其实很想成为母亲。同时她也明白自己已经没有机会了，部分原因就是医生告诉她，她很可能永远无法怀孕了。当皮驰斯故态复萌又开始吸毒滥交时,这段关系也随之结束。

如同在生命末期的葆拉一样,皮驰斯几乎完全不在意发生在自己身上的事,甚至还会从男性那里寻求性攻击。长久以来,由于她吸食过大量毒品,经历了多次不计后果的感情,以至于认为自己有一种很诡异的、不可战胜的能力——任何事物都无法伤害到自己。然而,20岁出头回到英国后,皮驰斯突然像是彻底变了一个人,尽管这个状态只维持了短短一年。她遇到了汤姆·科恩（Tom Cohen）——一位摇滚音乐家,随后同他结婚,并生育了两个男孩,成为一位全心奉献的母亲。

因为医生之前的诊断,这次怀孕就成了一个很大的惊喜,同科恩本已岌岌可危的关系也得以修复。科恩既温柔又深情,这让皮驰斯感到十分不安。怀孕生产期间是她成年以来唯一一段安定平稳的时期,为了戒掉海洛因,皮驰斯一直服用医生开出的处方药美沙酮,并且逐渐减少用量。后来她海洛因注射过量之死的原因极可能是身体已经无法适应。而事发当晚,她的死因正是海洛因纯度过高。她曾对朋友说,根本不信英国的毒品能够强烈到杀死自己。

皮驰斯与科恩的关系在她死前就已岌岌可危。同母亲一样,她一直无法对一个男人保持长久的兴趣。事实上,如果她还活着,由于吸毒和无法长期保持稳定关系,皮驰斯恐怕也会将自己的儿子放入同样不稳定的环境中,就如同葆拉对她那样。

为何皮驰斯的死因与葆拉如此相似?

尽管两起事件都没有自杀的迹象,然而她们的死亡确实是强烈自我毁灭冲动造成的。多次海洛因注射过量不一定是两人尝试自杀造成的，却显示出她们对生命的任性与不在意。这种行为类似自杀，同时会在家族中世代相传。这样看来，葆拉的孩子中有一个死于相同的原因就没有什么让人意外的了。

一项以瑞士全体民众为研究对象的跨度30年的调查显示，如果父母死于自杀，那么他们的子女自杀的概率就是其他人的3倍。

我们知道，这种结果并非是基因造成的。因为自杀率在那些由于疾病或意外失去父母的孩子中并没有升高。事实上，是父母自杀的行为将这种观点根植在了孩子心中，也就是说自杀具有传染性。

我们都知道扎堆自杀的现象集中在医生、警察以及农民这些人身上。如果一种行业中有一名成员自杀，那么得知这件事后，其他人自杀的可能性也会大大提高。在中小学和大学中，这种自杀的传染现象也十分普遍：一个学生的自杀会提高同一个学校其他学生自杀的概率。

如果名人或电视节目演员自杀，那么那些比较脆弱的人群就变得十分危险。与明星性别相同、年纪相仿的粉丝中，有很多人会在接下来几个月间纷纷效仿，这是他们发生身份认同的表现。

就葆拉来说，实际上她在试图模仿赫琴斯的死法。多名独立见证人分别宣称她是以同种方式自杀的。吸毒过量后，赫琴斯在门上吊死了自己。而仅仅一个月后，一位朋友前来拜访，发现葆拉也挂在门上，并已经完全丧失了意识。这彻底显示了传染性的影响，对于皮驰斯来说这一点十分关键。

研究显示，如果是母亲自杀而非父亲，那么后代自杀的概率会翻一番，而与儿子相比，女儿更容易自杀。与父亲自杀的情况相比，如果母亲自杀，那么女儿自杀的概率是儿子的两倍，而儿子自杀的概率也会随着母亲而非父亲的自杀上升，但上升的程度没有女儿那么高。这表明，女儿对母亲自杀产生的身份认同比儿子更多。

除此之外，受过性虐待的女性自杀的概率比男性高出13倍。性虐待（葆拉曾经遭受过）会增加注射毒品的可能性，而非其他吸毒方式。而注射毒品的方式会增加吸毒过量的风险。不论葆拉还是皮驰斯都更倾向于注射毒品而非吸食毒品，从而增加了危险概率（尽管葆拉死亡当晚采用了吸食方式）。这样我们就能够看出，葆拉用毒过量这件事本身也导致了皮驰斯身处相同死因的危险中。

但若这样分析，皮驰斯的姐姐和妹妹同样有自杀的风险，所以这件事无法解释为何皮驰斯死于这种方式而其他两人却没有。除了葆拉对她的虐待更加严重，她曾3次目睹葆拉自杀未遂，或许还有一个非常重要的不同，就是皮驰斯无法像其他人那样对母亲表达出恰当的哀悼。

2012年，她对一位记者说："我还记得母亲去世那天，时至今日要谈论这个还是很困难。我把那段记忆全然封闭了。由于父亲的主张是'保持冷静，坚持下去'，所以事发第二天我们还是去学校上学，还试图假装什么都没有发生过。但是事态无法逆转。我一点都不悲伤，在她的葬礼上也没有哭泣。我没法表现出任何感情，因为对于这些我已经完全麻木了。大概到我16岁那年，我才终于开始感受到真正的悲痛。"

唉，忘记过去就意味着注定会重蹈覆辙。就皮驰斯来说，她实际上脆弱无比，对母亲的感情也十分复杂。从8岁到11岁，她越来越害怕母亲会自杀。这种自我毁灭式的死亡似乎是一种身教，同时她也与吸毒成瘾的母亲产生了身份认同。有可能皮驰斯希望通过死亡来与母亲最终重逢。

皮驰斯从 16 岁起才对母亲的死感到悲痛，也是从这时开始变得与葆拉十分相似，在美国时，皮驰斯吸毒成瘾，同时变得滥交。只有在回到自己精神上的母亲——安妮塔·德伯尼身边时，她才试着收敛。

在与汤姆·科伦恋爱的第一年，还有她第一个孩子出生后的一段时间里，她停止了这种行为，开始试着慢慢戒毒。对儿子的爱让她意识到，除了迎合公众眼球，生活中还有更加重要的事。从这时起她再也不会像葆拉那样为了炫耀迎合大众。

然而问题就在于，皮驰斯与葆拉产生的身份认同太过强烈。幼时的虐待太过严重，以至于想要重复这种虐待以期获得不同结果的欲望占据了上风。身份认同和虐待重新取得控制。皮驰斯曾对亲近的人说过，她觉得丈夫无法满足自己的需要，就像葆拉曾经对盖尔多夫的描述一样。皮驰斯感到焦躁不安，渴望追求刺激，最终重新开始注射海洛因，如同母亲一样。

2014 年 4 月 6 日事发当晚，她脑子里到底在想什么，大概只有皮驰斯自己才知道。她没有留下任何信件，也没有同任何人有过任何交流，或许连她自己都没有意识到悲剧即将发生。当时她结束派对回到家，独自一人照顾小儿子。事情的关键就在于，为什么她认为在当时的情况下注射海洛因这件事是合理的，尤其是已有母亲的先例摆在那里。在某种程度上说，我们要假定她当时的感觉与葆拉十分相似，而事实也的确如此。如果我们能够想通在照看孩子时皮驰斯吸食毒品的原因，我们就能明白为何皮驰斯会有葆拉的影子。

在皮驰斯生前的最后几次访问中，有一次她曾详细说出自己与母亲相似的事实。皮驰斯说她感觉葆拉"仍活在自己的身体内，因为我们实在太过相似"，或许这种葆拉"一直活在我身体里"的说法在某种程度上就包括在相同的情况下死去——在单独照看年幼孩子时死于毒品过量，就像葆拉那样。用这种方式结束自己的生命，或多或少，都是因为她无意识地希望通过这种方式与母亲重聚。

为何比起两个姐妹，皮驰斯与母亲更为相像？

这件事或许看来很奇怪。虽然皮驰斯是受虐最多最严重的孩子，然而比起其他姐妹，她与母亲更为相似。逻辑学或许认为在遭受痛苦经历后，人会尽量避免同样的行为，不论是对自己还是他人。事实上，正是这种单独的行为才造成了极大的相似。两种主要方式包括：后代斯德哥尔摩综合征以及虐待造成的身份认同。如果孩子因为父母的行为受到伤害，那么这种伤害会成为孩子的一部分。反之同理：如果父母冷静、精神健康，那么这些积极因素也会传递给孩子。

皮克斯也曾受到葆拉的各种虐待，然而她没有承受主要攻击。最重要的是，皮驰斯受到的照顾与其他姐妹完全不同。同许多孩子一样，皮驰斯才是努力阻止母亲酗酒和自杀的那个，皮驰斯才是被母亲从行驶中的出租车里推出的那个，而不是妹妹皮克斯。同时，在葆拉施虐最严重的那段时间，姐姐菲菲在寄宿学校上学。成年后，菲菲的检查报告表明她患有抑郁症，相比皮驰斯的不端行为和混乱生活，菲菲对童年痛苦经历的反应是完全不同的。

葆拉的每个女儿同她相像的方式和程度都不同，而这一事实印证了这种说法：兄弟姐妹由于家庭动力结构和接触父母积极消极的特征不同，会变成不同的人。我相信从理论上来说，如果菲菲和皮克斯同皮驰斯互换位置，她们可能最终会变得和皮驰斯一样，甚至连死因也一样。皮驰斯童年遭受的虐待的种类与程度让她最终变得不同。

正如基因无法解释父母同子女的心理特征为何相似一样，基因也无法说明兄弟姐妹间为何不同。人类基因计划能够证明这一点，我会在下一章对此进行详细阐释。

到底该如何做？三条建议

一、通过顿悟，重获精神健康

同盖尔多夫分开后，葆拉的生活很快就变成了一场噩梦。尽管之前她就曾经出轨，但她同赫琴斯灾难性的关系可以说是她真正的死因。然而，这种说法忽视了她本身的虐待行为以及她没能对这种事实进行理解。她几乎没有从自己的经历上获得任何经验教训，皮驰斯也是一样。这两件事暗示我们，童年的遭遇如同致命的鸡尾酒，让灾难的发生几乎无法避免。

有力证据表明，名人的英年早逝和童年受虐待的程度与种类密切相关。总体来言，比起普通人，摇滚和流行乐手英年早逝的概率更大。一项调查以 1 210 名由听众票选出的 20 世纪 50 年代以来美国和欧洲最受欢迎的专辑创作者为研究对象——这些人至少已经成名 5 年，调查结果显示：他们之中有九成都英年早逝。

一项关键发现表明，负面童年经历（ACE，包括父母离婚、精神忽视或遭到暴力对待等）是造成英年早逝的主要原因。关键因素就是负面童年经历会增加吸毒的可能性。死于吸毒并有至少一种负面童年经历的明星的数量是那些死于其他原因的明星数量的两倍。死于吸毒而没有童年不良经历的人只有不到 1/3，然而死于药物滥用的人中的 80% 都有两种或者更多负面童年经历。

对大众的群体研究能得到上述结果。遭受 4 种及以上的负面童年经历会使吸毒的可能性上升 7 倍，自杀的概率则会上升 12 倍。研究表明，负面童年经历的数量是人格障碍的主要成因，比如自恋；反过来说，这些负面童年经历在追名逐利者以及名人中更为常见。

对于皮驰斯和葆拉这样的人，以及那些死于吸毒过量的明星来说，问题就在于他们童年遭受虐待的程度和性质让他们更难领悟。如果在童年饱受虐待，那么你回想起当时经历的可能性就大大降低，因为它太过痛苦，没有人愿意记住可怕的事情。你需要清楚当时的真实情况，同时明白它很难改变。你还要明白，自己会一直试图重复过去的创伤，期待获得不同的结果。或许你要接受心理医生的多年治疗，需要这位心理医生为你带来不同的安全体验。

最大的问题就是自己对于这种依赖的恐惧（因为过去依赖父母的经历实在太过可怕），自我保护理念会使你坚持自己的独特性，认为一般规则对自己并不适用（你一直用这种保护理念来避免自己的无用感、无力感以及无存在感）。你必须克服这些错误观念，然后找到一个心理医生，与他建立之前你与父母无法建立的那种情感联系。

娜塔莉是我的一位患者，26 岁时她的母亲死于车祸。她的父亲从此颓废不已，于是娜塔莉搬进父亲的房子以防他自杀。然而，一天她下班回家，发现父亲已经饮弹身亡。

不论幼年生活多么幸福，父母自杀都会给所有子女造成极度的痛苦。早期的虐待及逆境会增加子女遭遇不可逆转的痛苦的概率。年幼时，娜塔莉被一位叔叔骚扰，随后在11岁时遭到陌生人强暴，这与葆拉小时候的遭遇十分相似。尽管现在已婚，然而同葆拉一样，娜塔莉在年轻时也曾滥交，直到现在也偶尔会寻求同性恋的刺激。她的丈夫也十分理解并赞同这种做法。但遭遇过性虐待的后遗症就是她有追求性虐恋的倾向。即使没有这段可怕的遭遇，她仍然会成为一个不安分的女人。

娜塔莉的母亲是一位学者，为人冷酷严苛。她的父亲也是一位学者，但性情温和又充满想象力。娜塔莉与父亲的关系十分亲近，所以父亲的死亡对她来说更加难以承受。父亲留下遗书，为自己因为妻子的死而自杀的行为向女儿道歉。

对于父亲自杀的方式和事实，娜塔莉感到怒不可遏。那个恐怖的场景造成了可怕的幻觉，她开始失眠，在父亲死后每晚只能睡2~3个小时。娜塔莉在房子周围举行了清洗仪式，试图消除焦虑，维持掌控感。有时她还会因为同样的原因挥刀自残。娜塔莉是一名护士，她通过继续工作来坚持下去，尽管条件之一就是要接受心理医生的监督（医生通过认知心理疗法对她进行治疗，娜塔莉认为这个医生简直就是个白痴）。

尽管娜塔莉的职业是护士，但她拥有杰出的天赋，包括作诗、写作以及弹吉他。她还是个有着非凡天赋的艺术家，对凡·高的作品十分痴迷，但凡·高的自杀事件也是举世闻名的。娜塔莉对现代文化无所不知。晚上失眠时，她会读书、看电影和其他电视节目。她还有很多艺术圈里的至交好友，自己也可能有类似的成就。娜塔莉并不自恋，也没有通过名誉金钱来显示自己高人一等的想法。她十分崇拜的偶像凡·高生前默默无闻，娜塔莉希望自己也和他一样，是一块隐藏的珍宝。

娜塔莉将哈利·波特系列丛书和电影看了一遍又一遍。因为哈利也是个孤儿，所以娜塔莉同他产生了强烈的身份认同，并试图在作者罗琳为哈利准备的特殊道具那里寻求安慰。那是一种会动、会说话的肖像画，能够让人重新看到挚爱的父母。同时她十分确信哈利·波特的感受是正确的：自己的父母一直在注视自己，而且父母的死是为了让她能够活下去。

父亲去世满一周年之前，娜塔莉的状况一度相当危险，她甚至产生了强烈的自杀冲动，部分原因是想同父母重新团聚，同时也作为对于父母的一种惩罚。几乎所有人都会在自杀时发表愤怒的声明："混蛋，现在看到了吧，你们到底让我变成了什么样。现在你们知道我的感受了吧"，这是"我很好，而你不是"心理的一种形式。娜塔莉的父亲给女儿留下的精神创伤比他自己当时面对的更加严重。

我与娜塔莉建立了一种很强的情感联系。她的思维比我敏捷太多，对文化的了解也更加全面深刻，因此想了解她的智力就显得十分困难。想要治疗真正起效，娜塔莉就不能有上面这些想法，她必须将我当作朋友，而非一位治疗师。我们在保持适度距离的前提下，也努力做到这一点。在她父亲一周年忌日之前的那段时间，如果没有安排治疗，我们就每天通过电话保持联络。

我们这种强烈的情感联系让她得以顺利度过父亲的周年忌日（在哀悼亲人时，人们永远都会极度痛苦），同时她也学会了自立和坚忍，让自己能够坚持下去。她绝对称不上一个称职的妻子——不光是睡眠习惯的问题，所以最终丈夫离开了她（他们没有孩子）。

而让她坚持下去的动力是童年时期父亲对她的关爱，这种关系的影响十分深远。她将这种联系转嫁到我身上，让这感情得以维持下去。

直至现在，娜塔莉也没有完全从创伤中"痊愈"，仍会表现出很多创伤后应激障碍的症状。然而，她找到了活下去的根基。最初娜塔莉专注工作，在医院的事故及急诊部门全心奉献。她处理和治疗紧急事故造成的身体与精神创伤（如同母亲的死因），以及由于事故造成的焦虑症（就像她父亲面对并加诸她的那样），这是她控制事态发展的一种方式。

她意识到这种试图将伤害最小化的行为，实质上是自己在尝试重复过去的创伤，希望这次的结果会不同。童年的遭遇让娜塔莉变得如此脆弱，随着治疗对这些成因的揭露，她得以转到妇科工作，那里的工作不像急诊那样让人情绪紧张。由于我的关心和照顾，娜塔莉重复过去创伤的冲动慢慢减少，并建立了一种相对健康积极的生活——帮助婴儿茁壮健康成长。

皮驰斯极有可能患上了创伤后应激障碍（PTSD）。如果她能够同心理医生建立起一种足够亲密的关系，或许可以幸存下来。

当然，这些都是极端的例子。然而我们很多人确实会寻求"毒品的慰藉"，包括尼古丁、酒精以及暴饮暴食，以此让自己心情好转。实际上，我们可以通过许多其他的办法从痛苦中转移出来，比如寄情工作或痴迷某种爱好。

在试图摆脱这些恶习的过程中，适用于极端例子的方法也同样适用于我们所有人：只有了解问题的童年根源，我们才能摆脱自我毁灭的模式。尽管自助书籍以及认知把戏能够为我们带来暂时的解脱，潜藏的问题早晚会卷土重来。重复无用的方法不能起到任何效果——我们必须从根源上解决问题。

二、通过自嘲摆脱消极身份认同

皮驰斯不良行为的根源在于同葆拉强烈的身份认同。想要认识到这一点并加以改正，从来就不是一件容易的事。

如果你重读第一章末的三条建议中的第一条，就能回想起那项测验旨在发掘你与父母之间的相似之处。现在你需要重新思考你们共同的缺点。

问问自己这些相似之处到底是父母言传、身教还是你与父母身份认同的结果。比如我的父亲经常说"规矩就是用来打破的"，并且也这样教育我。我明白，尽管这种说法不乏智慧，但应用时还是要十分小心。我自己可以选择是否采纳它。

母亲的身教则教会了我咒骂。从我记事开始，只要心情不好，她就会把"他妈的"当口头禅。如果越来越生气，她就会一直不停地重复，如果问题没能得到解决，她甚至还会说"真他妈的该死"来诅咒她之前的咒骂。当然，我明白这是个坏习惯，以后也一定要注意自己的语言。

身份认同的方式则更加复杂难懂。在治疗过程中，我开始明白，通过言传（"规矩就是被打破的"）以及身教（父亲危险的开车方式），父母将我变成了一个淘气的男孩。这之后，我也认同他们对我的这种看法。当我发现自己成年后并没有变成一个坏人，也不必每天都受到这种不安情绪的困扰，更不必担心别人终究会发现这一点，便真实地感受到了极大的解脱（这种领悟要归功于霍夫曼疗法，详情请上网查询）。

R.D.拉英（R.D.Laing）曾写过："蒙蔽我们的面纱就是我们自己。"问题的难点在于，明白奥利弗（也就是我）之所以会反复考虑我是否是个坏人，这个行为本身就是受到自我认知的影响。只有超出父母子女关系的水平，从一种独立客观的成人角度看问题，我们才能够明白自己受到了父母的一些影响或与他们的某些性格特征产生了身份认同。

通过第三方的帮助，例如好友、伴侣或是优秀的心理医生（如果必要的话），这种结果都最终很可能实现。皮驰斯的教训告诉我们，如果我们对生活缺乏领悟，其后果是我们完全无法承担的。尽管最终只有极少数人会自杀，然而没有人能免受它带来的负面影响，这会危害人际关系、工作及娱乐。摆脱这种负面影响显得刻不容缓。

三、减轻孩子的后代斯德哥尔摩综合征

受葆拉的影响，皮驰斯认为自己有义务保护母亲，同时她自己还有一种强烈的重蹈母亲覆辙的需要。作为父母，我们有义务尽全力不对孩子产生同样的影响。

当然，对孩子来说，这种后代斯德哥尔摩综合征几乎是与生俱来的。从很多方面而言，它对父母子女双方都有很多好处。为人父母的一大乐趣就是，我们会得到孩子毫不质疑的崇拜和热爱，这让父母更加倾向于为子女奉献全部。对于孩子来说，后代斯德哥尔摩综合征会给他们带来安全感和自我认知。

然而，我们必须牢记自己是成年人，不要利用孩子们的脆弱来伤害他们。在我们悲伤、愤怒或是心情低落时，尽量不要让孩子们

感觉自己要应付我们的负面情绪。我们要照顾他们，而非让他们照顾我们。

我明白，这一点说来容易做来难。如果出现问题，父母根本无法将消极情绪彻底掩藏起来。我们所有人都会发脾气，然而我们可以向孩子解释事情的真相，让他们明白自己不必感到必须对父母的情绪负责。

对于父母来说，真正的挑战在于给孩子们一个如同葆拉一直想为女儿提供的那种童年。我们要尽全力为自己的"人质"带来一个安全又充满爱的"关押"环境。就如同培养金子一般的创造力与活泼好动的天性一样，我们只有先满足孩子们对于父母依赖的需要，才能培养他们独立自主的品格。

第 三 章

你不是生来如此

怀亚特·梅林斯和乔纳斯·梅林斯是一对同卵双胞胎兄弟。他们的长相完全相同，但在一个关键的心理层面截然相反：怀亚特一直想成为一个女孩。

怀亚特从小就喜欢粉色蓬蓬裙、粉色珠子，还一直痴迷美人鱼的故事。4岁生日时，他要求父母给他一个芭比娃娃形状的蛋糕。万圣节时，他还想扮成公主。

而乔纳斯却想扮作巴斯光年。他喜欢蜘蛛侠、海盗和各种刀剑，也从没有任何想要成为女孩的想法。他完全就是一个典型的男孩子。

十三四岁时，怀亚特给自己重新取名为妮古拉。他接受了变性荷尔蒙治疗，来预防男性第二性征的发育——比如面部的胡须等。妮古拉希望通过手术去除阴茎。他认为自己本来就是个女孩，只不过被困在男孩的身体里而已。

不论怀亚特想要成为女孩的原因是什么，都不可能是基因。他的DNA序列同自己的双胞胎兄弟完全相同。如果怀亚特变性的倾向是基因造成的，那么乔纳斯也会有同样的倾向，就如同他们眼睛颜色和脸型都完全相同一样。

这本来就不过是一件轶事。它本身当然无法证明什么。在先天遗传-后天培养这项争论中，人们自然会选择能够支持自己观点的信息。从理论上来说，只有科学证据可以改变这种观点。大多数人都认为，如果遇到基于准确研究得出的有力证据，我们就会改变自己的观点。

人类基因组计划是一项绘制人类基因序列的科学项目。接下来我会客观地总结这些基因在解释差异上起的作用，其中一些观点早已获得世界各国科学家的赞同。我会尽量用精炼简单的语言解释这些观点。如果读者想了解更多细节，可以参考附录1，其中包含同行审校过并已经出版的一些论文。如果还想了解更多的证明资料，可以参考我关于这一主题的专著——《傻瓜，都是环境惹的"祸"》。

请记住，以下内容是科学界的观点，而非我个人理解。

人类基因组计划（HGP）研究发现的共识

2000年，各国媒体大肆鼓吹人类基因组计划（随后被称为HGP）的最初发现。报道称，人类拥有约35 000个基因。然而研究结果最终确定，真正的数字为23 000，仅比普通的果蝇多几千个而已。而我们最初预计的数字至少有10万。

随后，克莱格·文特尔（Craig Venter，人类基因组计划的两位带头专家之一）推测人类基因数量如此之少，可能意味着没有足够多的基因来解释人类个体间的心理差异。他认为基因数量可能仅仅能够保证我们拥有人类的基本特征，例如人类的鼻子、眼睛和四肢等，而不会长出猴子或奶牛的鼻子、眼睛和四肢。文特尔称，这一事实可以证明："丰富多样的人类心理并非先天基因带来的固有产物。我们生存的环境才是至关重要的因素。"

文特尔的预言最终被证明是非常准确的，然而在当时却不被同行接受。早在几十年前，这些专家就预测人类基因组计划的研究方法能够识别影响人类智商、精神疾病以及性格的基因，他们开始试图寻找这些基因的存在。

但不论是哪种心理特征，对其造成影响的单个"基因"都不存在，在短短4年间，几乎所有科学家都接受了这一观点。尽管一些存在于人类体内的特定的基因异常会造成特定的症状，例如亨廷顿舞蹈症（Huntingdon's Chorea）或唐氏综合征（Down's Syndrome），但所有人都已经确信，不存在会对一般心理特征造成影响的特定基因。

那些认为基因会对抑郁症、智商或同性恋倾向造成影响的预测只存在了相当短的一段时间就被放弃了，几乎像从来没有存在过。然而媒体仍旧没有对公众公布这一事实。但基因科学家（被称为分子基因学家）却没有因此气馁。如同过去对单一基因理论的极度肯定一样，他们现在声称，基因特征是由数十种甚至成百上千种基因的微小变异（或者DNA，即遗传密码）造成的。基于这种观点，人们只需要在大量研究样本中开发出更加迅速的基因排序技术。而人们已为这项工程投入了大量资源，迄今为止，已耗费了约80亿美元的资金。在大量样本中，DNA的可能位置已经得到检测。

随着21世纪的第一个10年接近尾声，历经多次空欢喜后，这些研究逐渐发现DNA中的一些差异可能与特定的心理特征相关。然而，其中大多数心理特征都是针对极罕见的精神疾病的，比如精神分裂症等。这时，一个问题逐渐显现，让研究者产生了极大的担忧。

这个问题就是，DNA中的变异几乎无法解释任何问题。当我们将所有变异产生的影响相互叠加，最终得到的遗传性（基因对心理特征的产生所起到的作用）却过于微小，甚至少于5%，几乎不值一提。

事实上，没有哪项研究对复制的DNA变异能够解释心理特征的显著遗传性这一点进行支持，自闭症可能是唯一特例。这听来或许难以置信，却是不争的事实。2010年，一些顶尖分子基因学家写道："在可预见的未来，能够对复杂心理特征（例如，智商、精神分裂或抑郁症）产生影响的基因，很可能大多数都无法被发现。"

研究者并没有下结论说，基因无法对很多问题做出解释。基于同卵双胞胎的研究结果，他们将这种发现的缺失称作"遗传性缺失"或是"DNA短缺"。在人类基因组计划实施之前，双胞胎研究（以及领养研究）构成了基因在心理特征形成起到极大影响这种推断的科学基础。双胞胎研究推测，对于一些特征——例如智商、重度抑郁症及精神分裂症来说，遗传的作用达到50%及以上。因为这些推测被大众广为接受，科学家才得以用"遗传性缺失"来填平人类基因组计划和双胞胎研究推测的缺口。

然而，一些科学家很快就开始质疑遗传性缺失这一说法的正确性。他们认为遗传的心理特质根本就不存在，人类基因组计划已经证明了后天培养未被预见的重要性，以及双胞胎研究根本就是错误的。这就是于2010年发表在一本重要科学杂志中的一篇名为《傻瓜，都是环境惹的"祸"》的社论所表达的含义。

时至今日，由于人类基因组计划的后续研究，越来越多的科学家怀疑会对心理特征造成影响的基因可能根本不存在，而非缺失。以其中一个研究为例，2014年，研究者对15万人的基因进行了检测，这其中有36 989名被确诊患有精神分裂症的患者。最终结果表明，精神分裂症患者的DNA序列中有108个基因的位置与没有患病的人不同。总体来说，DNA 中序列的差异仅仅能对总体遗传性的 3.4% 做出解释。也就是说：如果这项研究可信，那么精神分裂症成因的 96.6% 就并非基因。

而针对重度抑郁症的研究甚至完全没有得出类似的发现——研究者没有在患者和非患者的染色体中发现任何不同的基因变异。

我的说法无疑是正确的：该领域中，几乎所有研究人员都认为遗传性缺失这一说法存在问题。我能够引用几百篇科学论文，它们全都认为人类基因组计划的研究结果基本上无法解释心理特征的遗传性。但这种方法太过冗长，未免使读者厌倦，所以我只引用英国顶尖基因心理学家罗伯特·普罗明（Robert Plomin）教授在 2014 年 2 月接受英国《卫报》采访时的说法。

普罗明是这一领域最杰出的科学家之一。在电视纪录片录制时，我曾对他进行采访，此外我还有幸同他就"先天遗传—后天培养"的话题进行过数次长谈。他对科学和真理的向往和热爱，我是可以拍着胸脯担保的。当我问他当前在基因对于心理特征的影响的研究方面有何证据和发现时，他说："我花了 15 年时间寻找这样的基因，却没有任何发现。"在英国，普罗明是这一领域最受人尊敬的权威人士。我重申一次，他的说法是："我花了 15 年时间寻找这样的基因，却没有任何发现。"（我突出强调这一点）

基因之外

如果上述内容是正确的，那么为何媒体从未向大众公布这些说法？我们要考虑一下上文中提到的关于精神分裂症研究的报道。

BBC 广播四台一档名叫《今日》(Today)的节目宣称,这是一项"重大突破",即研究表明精神分裂症患者与健康人之间的差异有96.6%并非由基因造成。之所以说重大是由于这项研究证明了精神分裂症基本不是基因造成的(基因的作用只占有3.4%),这与之前BBC宣扬的论调完全不同。

媒体对人类基因组计划的报道方式是十分典型的,这也解释了为什么你没有察觉到事情的真相。很多情况下,研究会发现一组研究对象和另一组有少量DNA差异。媒体报道中从不提到的一点就是,这些基因变异实际上完全无法解释个体间心理特征为什么不同。读者只要登录我的网页,就能够找到相关的有力例证。2010 年,我参加了 BBC 广播四台《今日》的一期节目,节目宣称,已有有力证据表明注意缺陷多动障碍(ADHD)是基因造成的。然而,如果说当时有任何发现或证据,我们也只能得出与之相反的理论——注意缺陷多动障碍的成因至少有 85% 不是源于基因。事实上,从那时开始,研究证明这种病症大约仅有 1%~3% 是基因变异造成的。同时你还可以收听 BBC 广播四台一档名为《反馈》的节目在 2013 年播出的一期,我在当中指出,《今日》节目在他们的另一项报道中也提出过相同说法。这简直就是连环犯罪。

当然,如果你本就倾向于基因理论,同时内心又充满好奇,那么这件事当然不能就此盖棺定论。你可能会想:"好吧,他们现在确实还没有发现关键基因,但是这并不意味着他们永远也不能找到这些基因,他们只需要一直寻找就好了。"

有可能你是对的。但是,闲话一句,我和许多分子基因学家都探讨过这个问题,私下里,他们坦承这些基因变异最终会被发现的可能性极小。原因很简单，那就是他们早已在所有可能的地方寻找过这些基因，却以失败告终了。一些人争辩说微小变异难以被找到，是由于复杂的统计原因造成的，另一些人则认为这些变异根本不存在。

普通读者可能对这些小细节不感兴趣（详情见附录1），但我还是想通过一个简单的例子来说明这一点。最近人们开始推断，人体内绝大部分基因都不过是"垃圾"，因为它们似乎没有任何用处。这些基因曾经发挥过作用，虽然在进化过程中被逐渐取代，却仍存在于人体的染色体组内。

面对人类基因组计划的发现，以及人们预测基因在塑造我们个性上不起任何作用的事实，出于绝望，现在一些科学家试图将垃圾基因重新划为重要基因。

同样，私下里，几乎没有科学家认为垃圾基因会发挥多少作用。这是因为，基因需要编码转化为蛋白质才能对人类的塑造产生直接影响，然而人体内只有2%的基因能够完成这种转化，垃圾基因无法实现这种转化。

读者可能还听过其他理论，例如表观遗传学或基因与环境间的交互作用理论，我将这些理论放在附录1中，如果读者想要进一步探索可以进行参考。其实，最常见的观点认为，人类是先天遗传与后天培养的"结合体"，这种说法并非两种理论的简单叠加（见第六章关于"麻烦"儿童的例证）。

对于多数读者来说，他们之所以认为基因已经被研究证明具有重要作用，是因为一项关于同卵双胞胎的研究。这项研究假定双胞胎被分开抚养，由托马斯·布沙尔（Thomas Bouchard）带领，在明尼苏达州展开。其研究结果在电视纪录片、报纸文章以及书籍中得到大肆宣扬（见附录3）。

由于同卵双胞胎从出生不久就被分开抚养，这项研究提供的故事似乎毫无争议。尽管双胞胎被不同的非亲生父母抚养长大，他们却表现出了惊人的相似性，因此这些相似之处似乎只能用基因相同来解释。

一个有名的例子就是吉姆双胞胎的故事。兄弟两人先是娶了两名都叫作琳达的女子，随后又双双离婚，接着又娶了两名都叫作贝蒂的女子。两人都将自己的长子命名为詹姆斯·艾伦，幼时还都养过一条叫托依的狗。像这样的事情还有很多，但是人类基因组计划的研究表明这项双胞胎研究及其发现都是毫无信用可言的。实际上，人们对双胞胎研究的可靠性的怀疑由来已久（见附录3）。

或许最重要的一点就是，这些双胞胎根本就没有在一出生或出生不久就被分开抚养。他们之中很多人都在后来的生活中有过大量接触。在参与研究之前，他们平均都有两年以上的接触时间，其中一对双胞胎的联系甚至长达23年。这就表明他们的相似之处可能是由于后天影响造成的，尤其是在幼年时期。

另一个严重问题是，所有参与研究的双胞胎都是自告奋勇参与进来的。在一些情况下，如果他们将这些自称相似的事件卖给媒体，甚至还能大赚一笔。如果他们声称他们的狗有相同的名字，或是其他方面存在惊人的相似性，他们就能够名利双收。

一些人承认自己说的一些相似事件是编造出来的，举例来说，据一对双胞胎称，他们曾谎称两人都梦想成为歌剧演员。科学界的同行都对这项研究存在质疑，因为研究者拒绝接受对研究数据的单独调查。如果人类基因组计划最终证明DNA的作用并不重要，那么这项研究就会被认为是一场彻底的骗局。

其他读者或许听说过上百项关于双胞胎共同长大的研究。人类基因组计划提供了确凿的证据：双胞胎间心理特质的相似性并非是遗传造成的。简单来说，比起异卵双胞胎，同卵双胞胎更为相似的原因或许是抚养方式更为相似，而非基因相同。

连傻瓜都知道，这是因为相比异卵双胞胎，其他人对待同卵双胞胎的方式更为相似，而父母、老师以及其他人都能够轻易将异卵双胞胎区分开来（见附录2）。后天培养的相似性被人们误认为是基因遗传的相似性。

研究明确表明，人们对待同卵双胞胎的方式比对待异卵双胞胎的方式更加相似。举例来说，研究证明精神分裂症的部分成因是童年时期遭受过虐待，这一点已经确认无疑。研究同卵及异卵双胞胎的后天培养时，人们发现同卵双胞胎更有可能同时遭受精神虐待和性虐待，这就导致他们同时患有精神分裂症。举例来说，那些患有精神分裂症的同卵双胞胎同时遭受精神虐待的可能性比异卵双胞胎高一倍。

受人类基因组计划的影响，我们可以确信由于同卵双胞胎的外表更为相似，他们会激发他人对他们同样的精神虐待，而并非由于基因造成性格方面的相似（很难相信儿童会激发父母的虐待）。另一项发现显示，如果同卵双胞胎中的一个遭受性虐待而另一个没有，那么受到虐待的那个更有可能在成年后患上精神疾病。注意缺陷多动障碍患者的情况也大致相同。父母的关注越少，双胞胎患病的概率越大。

对于我来说,最费解的一点就是基因学家到底怎样才能接受遗传性并非单纯是遗失,而是根本就不存在这一事实。一个简单的类比就能说明问题。我们来设定一个普通的场景:你下班回到家,发现自己的手机不见了。你十分确定下班的时候还带着它。你匆匆扫过厨房,又拍了拍自己的口袋,然后用固定电话拨了手机的号码。但手机依然吱都没吱一声。见鬼,肯定是手机没电了!尽管你敢发誓自己已经给那个该死的东西充过电。你又把手提包、大衣和车里都翻了个遍,然而还是没有找到手机。其他家庭成员也加入了搜索大军。孩子们有时会偷偷用那个手机玩玩游戏,像是《我的世界》和《部落冲突》之类,而现在他们都说自己没有拿手机,你却仍旧怀疑,还派他们去搜索自己的房间。你变得越来越沮丧,甚至开始反复搜索一些荒谬的地方——沙发靠垫后面、熨衣台里面,甚至是刚刚冲过水的马桶。你到底要怎样才肯接受自己的假设,即认为回家的时候带了手机是错误的?你回家时可能根本没有拿手机,而是落在了办公室里?

这就是那些一直致力于寻找影响心理特征的特定基因的人们所处的状态。他们必须开始接受不可能的理论,尽管在人们开始实施人类基因组计划之前,他们对这些理论报以冷嘲热讽(如果你认为垃圾基因不是垃圾,嘲笑就是他们的回应)。这有点像那些搜索手机的人,他们不会直接否认自己坚持认为已经把手机带回家的说法,而会说:"你也知道,我以前一直排斥幽灵作怪的说法吧?不过,你要学会解放思想。理论上,这其实是完全有可能的,幽灵借走我的手机打个电话,然后很快会还回来,那时手机就会重新出现了。"

一些科学家仍然坚持自己的观点,他们认为如果能够利用更加尖端的科技手段，并研究更大的样本，最终就能得到理想的结果，进而弥补双胞胎研究结果的不足。然而，一些权威杂志终于开始开始承认，这种情况发生的可能性极小，或者说不论样本多么广泛、科技多么先进，那些科学家都差不多已经找到了所需的全部结果。对于双胞胎研究的结果，人们很有可能要承认并接受那些结果是虚假的（见附录2和附录3），并探索其他可行方法。

然而，这些说法却无法让一些人不再坚持自己的观点。而科学家们的这种坚持会做到什么程度，我们能够从罗伯特·普罗明接受采访时的最终声明中看出来。在采访的末尾，普罗明被问到如果他一直寻找的基因永远无法被找到，他会怎样想。他回答说："我仍然会一直坚信基因遗传是正确的。"这是一种信仰，而非科学。

在不远的将来，科技会发展到能够让每个人的每条染色体的每一部分都接受检测（全基因组定序）的程度。那时，就有可能让庞大的人类样本都接受检测，每个人基因上的30亿对碱基对都会接受检测。一旦这样的结果被发表，基因论者就再也无法装聋作哑。

对此我早已表达了自己的观点：心理特征由父母向子女传递的真正原因主要是父母对子女的养育模式。然而还有另一个问题。如果不是基因的缘故，那么该如何解释家族中兄弟姐妹间的相同或是不同呢？我会在接下来的两章中分开表述。

到底该如何做？三条建议

一、辨别自己曾经的观点并重新思考

对于我们现有样子的成因，我们都有自己相信的理论。找到你

认为极大程度或全部由基因决定的心理特征：可以是自己不擅长的填字游戏一类的小事，也可以是一些更重要的特征，例如强迫症倾向。现在先将自己对于先天遗传—后天培养的想法暂时放在一边，好好考虑这件事：仅仅相信自己的特征并非固定不变，就会让这些特征更加容易被改变。

当然，我并不是说改变是件容易的事。举例来说，对于自己心理特征的基因主义定论本身就是一种不能轻易改变的信念（也许这也是你父母一方或双方持有的想法？）暂时来说，我们坚持这种观点：如果我们相信一件事是固定不变的，就意味着它会保持原样。

二、明白这样一种观点：仅仅相信心理特征并非由基因决定，它们就可能被改变

在认为基因不对个性塑造产生实际影响的理论中，最为惊人而实用的隐含内容就是，只需要相信这种观点，人的一些心理特征就能够发生巨大改变。关于这点理论的证据有很多，我在附录4中对其中的一些进行了简要概述。这些研究发现可以总结为以下禁令：

> 不要将自己的孩子划归到"小恶魔"一类。如果父母认为孩子难管教的行为是固定不变的，那么他们变得独裁专制的风险就会大大增加，甚至会导致他们实施虐待行为，更有极其严重的后果：父母患有抑郁症的概率会增加，因为在面对一个强硬而又一成不变的"恶魔"时，他们总会有一种无助的感觉。如果你认为自己的孩子是在故意捣蛋——例如不睡觉、不吃饭或者故意表现恶劣，然后没办法对孩子产生同情，那么情况会变得更糟糕。

反过来说，如果你认为孩子是可塑的，那么他们最终得以改变的概率就很大。举例来说，一些研究表明，如果告诉孩子他的数学的能力是能够改变的，那么他的数学能力得以提高的可能性就更大。特别是，孩子在最初越是相信自己能力不足的说法，那么当他们得知自己的能力可以改变时，他们提高的幅度就越大。

如果认为自己或他人的精神疾病是无法改变的，疾病继续存在或是复发的概率就会增加。这种信念不仅适用于精神病患者，同样还有他们的父母以及医生。他们如果不认为这是基因带来的宿命，那么恢复的可能性就更大。

总的来说，仅仅只是放弃基因主义观点就能带来很多可能。然而，我们也一定不能得意忘形……

三、可能事物的局限性

过去我有一位朋友，她染上了海洛因毒瘾。这位朋友既聪明又充满魅力，很受大家的欢迎和喜爱。为了戒除毒瘾，她付出了很大的努力，历任男友也都不遗余力地帮助她戒毒。然而到了最后也无济于事，她在快30岁时吸毒过量自杀身亡。

现在回想起来，很明显，她一直都在掩盖自己的部分秘密。她有能力与他人建立真正的亲密关系，却会在潜意识里背叛自己的信念和爱情。这一切的根源在于她的童年经历。她的人生剧本大致就是，只有在假装信任他人时才能获得安全感和真实感，不论那个人有多么可靠。这种毁灭性的伪装也造成了她最终因掩饰自己而吸毒过量身亡。实际上，对于父母以及曾性虐待她的兄长来说，她的自杀是一种报复。然而，在这一过程中，她也背叛了那些真正爱他的人。

在接下来的几章中，我们可以看到幼年生活会对大脑产生巨大影响。这包括大脑内容物、大脑化学物质的基线水平和脑电波类型。某些情况下，仅仅相信一些事并非基因决定而且是可以改变的，人就能产生改变。然而在很多其他情况下，仅仅这样是不够的。

尽管治疗、伴侣的关爱以及其他美好的经历都会改变这些棘手的心理特征，然而一些特征是完全无法改变的。举例来说，多年的治疗能够从很多方面改变一个之前染有海洛因毒瘾的患者的行为。尽管如此，直到现在他每晚也只能睡3~4个小时。童年时遭受的性虐待很可能导致他大脑的关键部位发育不完全，而这一点是完全无法改变的。

当然这个例子比较极端，然而即便是其他人身上的一些比较"正常"的心理特征也是永远无法根除的，我们要接受这一事实。就我而言，我对尼古丁上瘾。我用尽所有办法想要摆脱这种瘾，却没有成果。

在我的整个童年时期，我父母的烟瘾都很严重，母亲甚至在怀孕时也一直抽烟。我的身体很可能已经被改造，无法摆脱尼古丁了。我不得不接受这一事实，而代价则是我终生都需要使用香烟代替品，此时此刻我就一直在嚼口香糖。

有趣的是，我有一个患有多发性硬化症的姐姐，她也一直认为尼古丁能缓解自己的症状。然而，其他两位姐姐却没有尼古丁成瘾。事实上，我们姐弟两人都不是由母乳喂养长大的，而其他两位姐姐却是由母乳喂养长大的。多发性硬化症以及尼古丁成瘾之间的联系仍旧有待发现，如果非说这其中有什么原因，有可能是一种生理机制在发挥作用（尽管从理论上说，如果孩子由烟瘾重的母亲的母乳喂养长大，其成瘾概率应该增加而非降低），或者是因为我们没有得到母乳喂养，在幼年时期与母亲的亲密联系较少，这让我们变得更缺爱，更渴望父母关注——童年期受虐的人抽烟的概率比其他人高三倍。

不论原因如何，世界末日都尚未来临，我还能忍耐着好好活下去。充分了解自己能够让我们明白什么事是无法改变的，我们也因此能够专注改变那些可以被改变的心理特征。

第四章

"小恶魔"是如何养成的?

最近，我收到一位母亲发来的邮件，内容如下：

  这封信是关于我5岁的女儿的。很不幸的是，我们把更多的关爱给了她3岁的弟弟而非她。我很清楚自己对他们两个的态度完全不同，也绝对明白这样的态度会产生的后果：儿子得到更多关爱，变得沉稳自信，而我的女儿则变得胆怯怕事。

  我对女儿犯下的"罪状"包括，大约在她6个月大时，我就对她实施了为期约3周的控制哭泣法。（我也知道，自己错了！）在她11个月大的时候，我重返工作岗位，于是每周都会有3天将她放在托儿服务机构照看，这样持续了大约4个月。在那里，女儿过得很糟，体重剧烈下降，最终我只能雇两个保姆，一个一天一个两天地轮班照看她，直到她3岁。

  幼年和童年时期的女儿脾气很坏，我本可以用一种更好的方式应对。但那时我们刚搬回我的祖国，加上她两岁半时我儿子的出生（因为早产，他需要大量精心照料），情况就变得更糟。

  问题的关键在于我十分担心她。她是一个可爱的小女孩，在学校表现也很好。但她对很多事情都表现出胆小害怕：坚决拒绝尝试新的食物；每晚都要我或她的父亲哄着才能入睡，她真的非常害怕晚上一个人待在房间里；而且仍然要含着大拇指才能入睡，如果白天累了、不开心了也会如此。我还发现每当遇到同龄人，她都表现得十分顺从，比他们更缺乏自信。或许这些听起来都是些小事，但如果把她同我的儿子相比，结果就让人十分痛心（当然我也明白这种对比不是什么好事……）

实际上，这件事没有任何反常之处，基本上可以算作一种常态而非特例。不论是虐待还是关爱，兄弟姐妹获得的都各有不同——只需要比较一下你与自己的兄弟姐妹，或是你的子女之间就可以了。案例中的女儿得到的是质量参差不齐、反复无常的照料，而儿子受到了精心的照料和关爱，他的照料者从未更换过。5岁时，女儿变得缺乏安全感、胆小又顺从，而儿子则沉稳自信。就某些方面而言，这种结果不过就是一种投入与产出、原因与结果的问题罢了。

良好的幼年照料会带来积极的结果，照顾不周则会导致严重的后果。兄弟姐妹从父母双方获得的关心和照顾有很大不同。总体来说，许多心理特征的确会在家族中世代相传，然而方式却与我们想象的不大相同。

子女们受到的照料各不相同，就会像那些没有血缘关系的同龄人一般——他们彼此并不相像。如果兄弟姐妹中有一个性格活泼外向，那么另外一个并非如此的概率就有85%。如果其中一个患有某种精神疾病，例如抑郁症或焦虑症，那么其他兄弟姐妹并非如此的可能性就有90%。如果你智力超群，那么你的兄弟姐妹并非如此的概率就很高。

关键在于：人们相像与否在很大程度上受后天培养方式影响，而非血缘关系。与没有血缘关系但都遭受过性虐待的两人相比，来自同一家庭的，一个遭受过性虐待而另一个没有的两人相似性更低。与没有血缘关系却都受父母宠爱的两个孩子相比，不受宠的孩子与他们受宠的兄弟姐妹间的相似性更低。如果同卵双胞胎中的一个受过性虐待或欺凌，而另一个没有，那么他们之间的相似性比没有血缘关系却都受父母虐待的孩子低。

就兄弟姐妹之间的相似性来言，问题其实在于为什么比起不同之处，他们之间的相似之处显得不那么复杂。不论在哪个家庭中，父母对待子女的方式都存在一定程度的相似性。举例来说，我的父母都是受过专业训练的精神分析学家。相信读者也能轻易想象出每天晚餐时间餐桌上最热门、最激烈的话题是什么。实际上先天遗传和后天培养永远是点击率最高的一项。成年后，我们兄弟姐妹四人都接受了各种心理治疗，也都接受了心理医生的培训。由于我们所受的教养，我和我的三个姐妹都继承了与这些问题相关的兴趣。如今每当我们四人聚到一起，仍会辩论关于基因在塑造人类时发挥的作用，然而基因同我们谈论这一话题的事实却没有任何关系。这和许多工程师或律师世家讨论与工程以及法律有关的问题时的情形一致。

在造成兄弟姐妹心理特征相似这方面，基因起到的作用很小甚至根本没有，这一点大家很容易理解。尽管双胞胎研究似乎已经表明，子女之间的相似性几乎全部由基因造成。然而，人类基因组计划的研究却证明这一点是错误的：双胞胎研究的方法仅仅是混淆了基因遗传同后天共同培养的关系（见附录1和附录2——同卵双胞胎受到的对待更为相似，而这就是他们变得更为相似的原因）。人们都明白，如果家人的政治观点都倾向保守或激进，那么在这样家庭长大的孩子毫无疑问会拥有相似的观点。中产阶级家庭的孩子比低收人家庭孩子读的书更多，在智力测试中的得数也更高，但你不能断定基因是造成这一结果的原因。所有的孩子都很容易受到父母影响，这些影响也会起到相应的作用。

人们常说："我们是一家人，也一起长大，但是你看我们之间有太多不同——这肯定是基因造成的吧？"兄弟姐妹间的差异让很多人难以避开基因作用的观点。然而，你们受到的培养方式实际上是不同的。你们的确有同一对父母，但每个孩子与父母之间的相处方式是不同的。我将子女之间互不相同的具体原因总结如下：

- 受到自己童年经历的影响，父母对待每个孩子的方式不同。
- 在不同的孩子出生时，父母间的关系不同（双亲家庭的情况下），这种状态会对特定孩子与父母的关系造成影响。
- 对某个孩子的虐待或关爱的方式及内容。
- 对某个的孩子的偏爱程度。
- 将耻辱感倾泻给某个孩子——这种情况通常是父母将孩子当作自己负面情绪的垃圾桶，即"我很好，而你不是"的模式。
- 孩子在家庭中的位置，也就是他们的出生顺序。
- 孩子的性别。
- 同胞竞争的方式（这种情况总是会出现）对某个孩子的影响。

这些原因几乎不会单独起作用，大多都会同时对个体产生影响，进而造成同胞间的不同，只是影响程度不同。这章的主题是探讨某个孩子受到的虐待或关爱的方式及内容。我会着重强调父母在孩子幼年时期对他们的照料方式对他们长大后心理健康程度的影响。下一章则会描述子女在家中的角色对他们造成影响的方式——诸如出生顺序、性别、父母偏爱或厌恶以及同胞竞争。

虐待或关爱造成同胞间的差异

下面是另一位母亲对自己两个孩子的介绍，尤其是她爱惹麻烦的那个儿子。还有她对于独特的培养方式造成儿子难管教的后果的一些看法。

> 现在我们家的状况似乎已经陷入了僵局：坏脾气的父母加上坏脾气的儿子（5岁），而我们两岁的女儿似乎也快变得一样了，尽管有时她的情况还算不错。因为羞愧、恼怒及自我厌恶，我常常躲起来偷偷哭泣，不断扪心自问："我们到底干了什么啊，事情怎么就到了这种地步？"
>
> 我们的儿子长相帅气、幽默风趣、聪明伶俐、活泼开朗、口齿伶俐，还有一副大嗓门。我到学校接他时，走到半路就能听到他大叫的声音！总体而言，儿子在学校表现得十分出色，称得上既聪慧又积极。从成绩单也能看出他的数学成绩名列前茅。只要他愿意，他就能表现得十分英勇果敢。他不仅会协助音乐创作，还会随着音乐在250名同学和老师面前表演独舞；我和丈夫则躲在一旁看他的表演，兴奋地紧紧握着对方的手，激动得热泪盈眶。演讲时，他也显得十分自信，尽管还有几分羞涩，却表现得相当出色。

至于我们为何要躲起来偷偷看他的表演呢，是因为如果他看到我们两人，或者我，坦白说，他很可能就会大声哭闹、拒绝表演甚至精神崩溃。

如果碰到不顺心的事，他就会大加抗拒、做鬼脸、哼气，声嘶力竭地大叫"不要"或是"这太不公平了"。有时我能勉强应付，但越来越难；有时我甚至会反击，发表一些完全荒谬的言论；有时我自己也像个孩子一样幼稚。就在这周，作为一种发泄，我还当着儿子的面对丈夫反复诋毁儿子，彻底伤害儿子。这真是一种可怕的怪圈。

我怀儿子的那段时间很不好过。由于早产，他出生时面临极大的风险——当然，他现在是个勇敢又聪明的孩子，但不幸的是那段经历对我来说十分糟糕。

后来的诊断表明，我很可能在产后两天就患上了重度产后抑郁症（PND）。护士不停地督促我给孩子喂母乳，就连我丈夫也未能幸免。我感觉自己简直就像是一个囚犯，那几个月简直就像在地狱里一般。

健康访问员也没有起到什么实际的作用。他只会说，我们的儿子不仅仅是我们的儿子，"他是所有人的孩子"。后来我开始看医生，医生也开了药，但我并没有吃，因为我发觉自己已经有些失控了。随后两年我一直想要摆脱产后抑郁症。我没有借助任何药物，但是上帝知道，我们全家都不好过。我的丈夫是个意志坚强的人，最终还是几近崩溃。我同儿子的关系十分微妙，足足花了近两年的时间，我才能够表达对他的关爱。我很骄傲自己挺过了那段时间，这是因为我抱有坚定的信心、变态一般的控制欲和"别让那个该死的病打败你"的心态。然而……

儿子的坏脾气一直改不掉。他对一些事的害怕程度简直太过离谱。比如，因为不想和同学一起跳进泳池，他会大声尖叫，尽管他之前明明可以做到……直到我告诉他，如果他不愿游泳，就不必强迫自己。你猜结果如何？他很快就跳下水了，而且看上去很淡定。我的灵感来自你的那本书（书名叫作《爱的炸弹》，本章末会讲到它，书中建议让孩子自己去感受严肃而全神贯注的时期，感受那种掌控全局的感觉以及被爱的感觉）。

学校放假的一周几乎像是地狱一般。我用尽全力想让自己冷静下来，却会在一夜之间前功尽弃。最后我告诉两个孩子他们有多坏，让他们赶快闭嘴，他们几乎吓坏了。我变成了自己最厌恶的那种母亲，孩子们也不得不对此做出回应。

通过读《爱的炸弹》，我明白自己必须尽快改正，也正在尽力做到。现在我已经完全准备好了。但这一过程无比艰难，就像游戏闯关一样，无数关卡都十分困难，现在我要学着如何处理两个难缠的孩子，他们每天尖叫吵闹，简直能把我逼疯。一直以来，我的内心深处都在大叫，尽管想要挣脱一切逃离这里，却还要一直竭力保持冷静……

儿子九月份升入了二年级，他是同级中年龄最小的孩子之一。他任性的坏脾气必须要改一改，这完全是为他好。

这些年来，类似的信我收到过好几百封。这当然是一个比较极端的例子，因为我后来得知这位母亲在患上产后抑郁症的时候也患有精神病（完全丧失条理性）。然而，即便没有患上精神病，大量真实例子也表明，父母会对孩子大发脾气，并变得像孩子一样。接下来，我会以上面例子中那名 5 岁男孩为例，分析虐待行为如何将我们每个人变得不同。我会称上面的母亲为吉尔，儿子为乔治。

精神疾病的真正成因

精神疾病的创伤后遗症模型，或是由此得出的其他说法越来越被大众所接受。这种观点提出，早期的受虐经历会导致孩子压力过度，然后在大脑中产生化学物质（而非基因导致的脆弱）。这使他们对威胁更加敏感。儿童的大脑开始做出适应，预测可能出现的厄运和痛苦。如果事态愈发恶劣，那么仅仅几次逆境就能让成人患上精神疾病，甚至包括精神病、精神错乱（完全丧失条理性、自我崩溃）。

这些人精神十分脆弱，一旦遭遇失业、求爱失败或是负债累累，就有可能患上妄想症，并出现幻听、幻视或产生偏执的观点，比如认为陌生人想伤害自己。在状况较轻的情况下，则表现为丈夫误会妻子外遇或员工认为上司迫害自己，虽然真相并非如此。所有人都会在某些时候变得有一点偏执或对他人的意图产生错误想法。通常，这些倾向的根源就在于童年虐待。

在激发人反应过度这一环节中，皮质醇激素起到了关键作用。当然其他激素也十分重要，不过接下来我会重点关注这种激素。当你遇到威胁时，体内的皮质醇会秘密激活大脑中"战斗或逃跑"的体系。如果频繁地处在紧张的环境中，你或许就会永久陷入这种战斗或逃跑的模式：即使没有任何威胁，你的大脑也会随时准备好应付。这通常会导致皮质醇水平极高，经年累月，不仅会导致寿命缩短,同时会让人变成滑稽混乱的废物——在生活各方面都表现得焦虑、抑郁、暴躁易怒、易分心、火急火燎。你会心跳加快、手心出汗、瞳孔放大,即使很小的刺激也会反应过度。

还有另一种情况,就是这种"战斗或逃跑"体系一直保持"启动"的状态。这意味着你的整个身体系统已经关闭,皮质醇的水平也异常低,效力减弱。由于太习惯时刻经受威胁的恐惧状态,因此即便看到一个紫色三头火星人出现在客厅中,你仍旧会平静地说:"嘿,哥儿们,你好啊?"在一些情况下,这是精神变态的表现,是一种冷酷、残忍、不受普通风险影响的状态。

如今大量证据表明,人的皮质醇基线水平是由幼年时期受到的照料决定的,有时甚至会影响人的一生。当威胁不复存在时,你的皮质醇水平会重新回到基线水平。不回应、不稳定或虐待的照料方式会对脑的电-化学方面造成影响,从而造成异常高或低的皮质醇基线水平。

尽管大量事实已经证明后天培养是皮质醇基线水平设定的重要因素,很多科学论文仍会在文章开篇就断言,精神疾病是由大量基因造成的。当前,被确诊患有注意缺陷多动障碍以及自闭症的儿童很多,而且数量还在增加。患有注意缺陷多动障碍的人很难集中注意力,他们的思维会快速从一件事转移到另一件上,同时行动速度也会加快。自闭症患者则无法考虑其他人,或无法意识到其他人也有思维,他们的症状通常伴有程式化行为以及强迫症。

这两种精神疾病关系紧密:确诊患有其中一种疾病的患者至少会有一半的症状同另一种疾病的相同。它们重叠的部分太多,让人不禁怀疑,这些"疾病"是否真的像它们最初被总结得名时那样,可被划分为独立的病种存在。反社会行为中也存在这些症状，因为行色匆匆（注意缺陷多动障碍）以及忽视他人的人（自闭症）必定会被人们认为行为异常。

　　针对这类研究的科学论文几乎一成不变，它们都会在开头就声称，问题产生的根源"极大程度上是基因"，同时会引用双胞胎研究作为依据。然而，这种做法无视了人类基因组计划通过对基因的直接研究所得出的更为可靠的结论。研究表明，就注意缺陷多动障碍而言，仅有1%~3%可以能够通过基因来解释。反过来说，即是证明了97%~99%的原因并非基因。接下来，我会着重强调这两种疾病，阐释不同的后天培养与出生前经历起到的作用，而基因并非主要原因。

　　我们也不要坚持用一种不可靠的心理标签来定义乔治（上面例子中提到的5岁男孩），换个角度，我们就能明白他的情绪失调与早期童年经验有关。乔治几乎完全无力控制自己，因此每当情绪突然涌起时，他就会丧失通过思维控制情绪的能力。对于幼童来说，这种情况十分常见，因为他们正在学习如何找到"暂停键"，他们大脑中的一部分能够通过掌控、脱离、放松来做出最终选择。以乔治为例，尽管他在学校时表现很好，没有任何异常，但回家之后就经常无法找到那个暂停键。我们如果对他的皮质醇激素水平进行测量，就会发现其水平不是过高就是过低。尽管他已经5岁，然而他在某方面的发育受到阻碍，这导致他表现得如同蹒跚的幼童。他的父母如果没能对他进行恢复性照顾，并对他的情绪调节器（Emotional Thermostat）进行重设，那么他在成年后就会发育停滞——一旦遭遇挫折就会突然变得"孩子气"，轻易变得暴躁易怒、以自我为中心。这些问题在他出生之前就已经产生。

出生前经历的影响

实际上,"电-化学调节器"的一部分在出生前就决定了。通过对几组儿童出生前到童年晚期这一阶段的跟踪调查,人们发现,如果母亲在产前 3 个月焦虑不安,那孩子在 7~10 岁时患上注意缺陷多动障碍、行为问题(例如乱发脾气)以及焦虑症的概率就会大幅增加。这些是皮质醇水平失调的迹象(过高或过低)。即使我们将导致这些童年问题的所有产后原因都考虑在内(例如母亲患上抑郁症、日托照料不足以及夫妻婚姻问题),产前应激仍旧是有很大影响的一项。

或许最有力的证据就是,通过对兄弟姐妹进行比较,我们发现:母亲怀孕时如果焦虑不安,那她生下的孩子患有注意缺陷多动障碍的概率,就比在母亲孕期情绪平稳的状态下出生的兄弟姐妹高。注意缺陷多动障碍并非基因遗传疾病,产前影响才是儿童患病的重要原因,这一事实已经非常明确了。注意缺陷多动障碍最初是一种释放焦虑的方式,实际上对那些极度神经质或是轻易感到厌倦的人(也就是那些皮质醇失调的人)来说,是他们身上长久以来被贴着的标签。

产前问题还会导致其他问题。如果母亲在孕期精神焦虑、抑郁或抽烟喝酒,那么在其他情况相同的情况下,他们的孩子在十一二岁时患有人格障碍的概率会大大增加——他们会变得以自我为中心,过度关注自己,无法考虑他人;情绪波动过大,同时无法遵守正常社会规则。

除了产前抑郁,其他产前因素也会对我们的成长产生极大影响。比如,出生时体重就起到了关键作用。一项双胞胎研究发现,孩子出生时的体重每减少 1 千克,成年后患有注意缺陷多动障碍的概率就会大大增加。所以除了基因,出生时的体重也是一项重要影响因素。对于异卵双胞胎来说，这项理论同样适用。

一些比较极端的问题，例如自闭症，也会受到胎儿期经历影响。举例来说，孕妇孕期5-羟色胺浓度水平的提高会造成胎儿更易患病。如果给孕妇们开大量的5-羟色胺抗抑郁药物，那么她们生出的孩子患上自闭症的概率很可能会增加。

另一个可能的原因是出生方式的不同。13项研究得出的结果表明，如果母亲通过剖宫产生下孩子，那么这个孩子患上自闭症的概率就会增加1/4。近年来，在许多发达国家，这项手术变得越来越普遍，这很可能导致自闭症患者数量的增加。

有趣的是，不论造成自闭症的原因是什么，一项不可否认的事实是，一旦被确诊，它就不是一种必然的基因宿命。研究发现，34名在5岁前被确诊患有自闭症的人，到了童年晚期或成年早期，就都没有任何自闭症症状了。在这项研究进行期间，研究人员十分注意检查，以保证最初的诊断无误。因为这些孩子已经完全康复，因此这种疾病不可能是基因造成的。如果在早期就为养育者提供恰当的支持，该病的长期影响就能够得到显著减轻。父母正确的养育即使无法根治疾病，也能够减少患者的症状。

就乔治来说，他早产了5周，出生时体重也很轻，因此情况更为复杂。早产能预测出日后婴儿的一系列问题，同时会增加婴儿以后患上精神疾病的风险。举例来说，提前多日早产的新生儿在童年晚期患上注意缺陷多动障碍的概率比足月出生的婴儿高2.5~4倍。早产儿患上焦虑症和抑郁症的概率也大得多，这种风险也极可能持续到他们的成年早期。

除了对大脑发育产生直接影响，早产引发疾病的另一个关键原因就是，如果婴儿不好相处，母亲想要适应这样的产后生活就会更加困难，比如像吉尔这样患有严重产后抑郁症的母亲。

幼年时期至关重要

对婴幼儿发出的信号进行敏锐地察觉，并随即做出回应，这一点已被认为是儿童精神健康的根基，包括：为建立有安全感的情感联系打下基础，在学校和社会能够表现出色，以及成为一个活泼爱玩、知足常乐的人。约翰·鲍尔比（John Bowlby）堪称20世纪后半叶最有影响力的心理学家，他曾说，对婴幼儿的成长来说，爱如同维生素一样必不可少。同时期还有另一位重要思想家——唐纳德·温尼科特（Donald Winnicott），他写道："其实世界上根本就没有什么婴儿。"他的意思是，只有在与他人产生联系时，婴儿才能获得自我认知感。

自从20世纪50年代鲍尔比和温尼科特发表了以上言论，他们的说法就被证实是正确无误的。无数研究表明，幼年时期受到的照料不足才是人的脆弱性甚至极端精神病的罪魁祸首，基因并非原因。通过对23例最佳研究进行回顾，我们可以发现，产后早期的虐待会增加孩子随后患上精神疾病的风险。

这项发现的证据可以追溯到20世纪40年代，也就是勒内·施皮茨（René Spitz）开拓性的观察研究。他发现，如果婴幼儿与父母分离并被放在育婴机构照看，他们就会变得性格孤僻内向，同时没办法同他人建立亲密关系。实际上，如果婴儿待在育婴机构的房间里，由于缺少亲密的私人照料，他们的死亡概率会大大提高。

在 39 项有文件记录的事例中，孩子或是被野生动物抚养长大，或是只被提供食物而没有获得任何人类照料，通过分析这些事例，回应式照料（Responsive Care）的关键地位得到了证实——这些孩子没有习得语言，也没有任何社交技巧。之后便证实：在育儿机构长大的儿童（几乎没有获得任何熟悉照料者的回应式照料）患心理疾病的概率的确会大大增加，比如自闭症（概率高出五六倍）和注意缺陷多动障碍。

在育儿机构长大的孩子中，约一半的男孩和 1/3 的女孩在成年后会患上人格障碍，通常会表现为我-我-我的自我关注、狂妄自大、情绪严重波动以及不稳定的恋爱关系。同时，人格障碍患者很可能出现性和社交方面的滥交行为。

由于缺乏单独照料，这些孩子倾向于发展"无差别的友谊"。对于任何能够提供照顾或培养的人，他们都会与之亲近，并想成为每个人的朋友。进入青春期后，女孩很可能会用自己的适婚性作为吸引男性的方式，并愿意通过性来换取爱。失败后，则将这种方式转为获取金钱——在当地权威育儿机构长大的孩子卖淫的比率更高。

在育儿机构内，受到单独照料多的孩子更倾向于对自己遇到的人进行有区别地对待。在进入育儿机构前的幼年时期，儿童受到的虐待越少，就越能减少无区别对待的行为。对于那些被长期忽视的孩子来说，无区别的友谊会使他们对他人的魅力和友善性不加区别，并逐渐陷入一系列精神错乱的关系之中——以一种冷酷、算计、无情的方式利用他人，因为他们不相信有人能真正地满足自己的需要。精神变态的根源是幼年时受到的虐待而非基因。

在英国，监狱的囚犯中有 40% 在育儿机构度过了他们的童年。

几乎所有人都遭受过父母虐待。80%的囚犯患有至少一种精神疾病，多数人患有两种及以上的精神疾病。他们大多具有反社会型人格障碍（也被称为精神变态）。犯罪、精神疾病以及童年虐待之间有很强的关联，这一点几乎毫无疑问。

当然，并非所有人格障碍（反社会型人格障碍属于其中一个分支）都是由产前及幼年缺失关爱造成的，但是这些因素（而非基因）会导致人的脆弱性。后续虐待也有重要影响，性虐待及身体虐待已被证实为导致问题的重大因素。有趣的是，在一对同卵双胞胎中，如果一个遭受过性虐待而另一个没有，那么遭受过性虐待的那个就更可能在成年后患上精神疾病，包括人格障碍。有力的证据显示，性虐待是造成精神疾病的直接原因，而非基因——同卵双胞胎受到的对待方式不同，最终结果也不同。除了虐待，社会因素也会导致人格障碍。不同国家之间也有很大差别，美国国民患上冲动型人格障碍的概率是日本的50多倍。美国的个人主义文化助长了反社会型人格障碍和自恋型人格障碍的滋生，亚洲文化则更倾向抑制这些症状。

因此，尽管童年经历对人的影响毋庸置疑，它却并非唯一的因素，你生活在其中的社会对这些潜在问题产生的影响也同样不容小觑。

早期照料对皮质醇调节的影响

童年晚期的经历能够对人产生显著影响，是由于儿童的大脑体积以及神经元连接数量在婴幼儿生长早期迅速增加，因此这一时期的养育也显得至关重要。它会对人类大脑的实际体积、大脑中化学物质以及脑电波的类型产生深远影响。根据精神疾病的创伤后遗症模型以及对以往研究的回顾，我们可以发现，无回应式照料会引起皮质醇含量过高。这会对大脑的发育造成损害，而且造成脑电波类型异常，即使到成年也会持续对人造成影响。

如果一个孩子早期受到无回应照料，他在 15 个月大时就很可能会变得缺乏安全感，表现为大脑左额叶活动减少。到了童年中期，那些曾长时间待在育儿机构的儿童的大脑关键部分可能会发育不完全。这意味着他们无法与他人进行正常的眼神接触，同时还会有其他人际关系问题。

以上这些非正常的大脑模式会一直持续到以后。如果儿童在 18 个月时缺乏安全感，那么他的脑电波类型在 20 年后可能仍会保持这种不正常的状态。他对积极事件的处理能力也会降低，而且他大脑的关键部位的容量也会受影响，这已经得到证实。研究表明，儿童如果在两岁之前接受无回应式照料，就可能患上解离症（感到心不在焉或迷茫不安）以及人格障碍。

在一项调查中，研究者在孩子出生后询问母亲她当时是否想要这个孩子。如果答案是否定的，那么这个孩子更有可能在成年后变得缺乏安全感，同时患上一系列严重精神疾病，例如精神分裂症。

母亲的很多种产后照料方式都被证实对儿童皮质醇活动情况有负面影响。以新生儿沐浴为例，他们的皮质醇水平稳定下来的速度取决于在这种有轻微压力的日常活动中，母亲的照料是否精心。如果一名幼童与其他幼童一同被陌生人带大，那么他们的皮质醇水平就会受到负面影响，比如群体性的日间照料不足。

一项对18个月大的婴儿的研究显示，在接受群体日间照料一周后，这些婴儿的皮质醇水平是在家中的两倍。3个月后，这种问题仍持续存在。10项系列研究中的一项发现，相比在家中，在日托受照料的3岁以下的儿童的皮质醇水平会失调，这也就意味着：3岁之前，儿童需要亲近的成年人对他进行有回应的照料，而且照料者不会换人，也不会因为需要照料其他孩子而分心。

如果父母不和，孩子更可能出现所谓的"外在化"的问题，比如尖叫、大喊、争斗、违抗以及少年犯罪。儿童的苦恼程度以及具体表现形式已经被研究证实与皮质醇系统功能相关。苦恼的表现形式的变化是由早期照料引起的。举例来说，一项研究以1 100位母亲和她们的孩子为研究对象，在婴儿7个月、15个月以及24个月时，研究人员分别测量他们对母亲照料的敏感程度。在他们7个月大时，研究人员会给这些孩子好玩的玩具，让他们玩大约30秒钟。之后，实验人员会将这些玩具装在一个透明的塑料容器中，并将容器放在这些可怜的孩子无法碰到的地方。他们在15个月及24个月大时，也会接受类似的实验测试。

实验前后，研究人员都会用棉签蘸取这些孩子的唾液制作样本，以此测量他们的皮质醇水平。这种做法能够确定孩子在实验开始时的苦恼水平，以及在接受实验后皮质醇水平能多快恢复，包括他们的反应如何。

另外，父母间暴力行为的数量也会在每次实验前的12个月测量。同时被测量的还有其他可能因素，例如父母抑郁情况等。

经常接触父母间的暴力行为对7个月或15个月大的婴儿应对挑战时的反应不会造成影响，却会影响24个月大的婴儿。这种接触不断累加，会导致他们反应激烈：在这3个年龄段对这种暴力行为接触得越多，24个月时皮质醇水平测试结果的波动就越大，事后平复情绪需要的时间也会越长。

孩子7个月大时，母亲的照料精心与否对他们至关重要。如果母亲照料得好，之后他们即使仍接触到父母间的暴力行为，在24个月接受测试时也仍能保持冷静。如果婴儿受到精心的早期照料，他们的皮质醇水平就和那些没有接触过任何父母间暴力行为的孩子没有任何差别。

乔治的母亲告诉我们，她和丈夫都开始陷入一种"恐怖的怪圈"。就乔治来说，他从出生时就患有皮质醇失调症。早产造成的紊乱、两年后母亲精神抑郁的影响加上多次目睹父母间争吵不和，造成他只要听到父母一点小小的尖叫或喊叫，脾气就变得十分糟糕。正如创伤后遗症模型对精神疾病的预测，过去的经历加剧了他过度敏感的程度。

因为我们的大脑一直处于发育中，因此，受虐待开始的时间越早，造成的伤害就越严重。举例来说，一项对800名孩子的研究表明，儿童在3岁之前受到虐待对他们造成的伤害比3~5岁间受到虐待更严重，同理，后者比5~9岁间受到虐待造成的伤害更严重。就乔治来说，如果他在5岁之后才受到虐待，父母那时起才开始吵架，那么他受到的伤害很可能会少很多。他的基线状态（即最初状态）越冷静，他就越能更好地处理之后的虐待。一个人是否拥有复原能力，要看他能否在一段时间内持续感受到他人的爱和安全感。

不同形式的虐待如何将我们塑造为不同的成年人

事实上,我们所有人都受过某些程度的虐待,任何照料者都不可能一直完全满足孩子的需要,也不可能在心情不好的时候忍住不向孩子发泄。虐待的程度及具体形式都会对塑造不同人格、能力及心理健康产生深远的影响。虐待的不同形式,不同的发生时间,都会导致我们形成独特的怪癖。同理,同父母双方相处的愉快经历也有不同形式,在不同年龄段也会有所不同。简单来说,女儿幼时可能同父亲十分亲近,但随着女儿长大,或许是因为各自兴趣不合,父女关系就渐渐疏远,母亲和儿子之间的关系也是如此。

有力的证据显示,如果父母对孩子的特定技能进行训练,比如乐器或第二语言,会使他们大脑的模式发生巨大改变。这并不令人意外,因为我和儿子花了大量时间在花园练习足球技能。如果这些训练和经历没有对他的大脑模式或大脑相关部位的体积产生影响,那才是真的反常。我从没和女儿一起练习过足球,或许这就导致了他们的大脑在这一方面有很大不同,两人拥有不同技能的事实(她掌握舞蹈、素描和绘画等技能)也说明了这一点。

同样地,负面经历也会对子女长大后成为什么样的人产生不同影响。大量双胞胎研究表明,双胞胎之间的不同是由于对待方式的不同造成的。举例来说,其中受到父母照料较少的一个,更可能患上注意缺陷多动障碍。

而领养研究则尤其能表现出早期虐待造成的长久损害。这项研究以大量被收养的儿童为研究对象,这些儿童之前都曾由于父母双亡或受虐待而进入育儿机构。跟踪调查持续到他们进入青春期或年纪更大一些时。调查发现，他们身上的问题主要包括攻击行为、无差别友谊（试图获得陌生人的喜爱）以及在恋爱中的安全感缺失。

在育儿机构长大的儿童患自闭症的概率比其他儿童高 5~6 倍，同时他们的智商和学业表现也会较差。在育儿机构的经历及之前受过的虐待，会对他们的大脑发育以及皮质醇水平产生负面影响。

儿童在与虐待自己的父母分开之前，受到伤害的程度和数量会对这种长期的后果产生一部分影响。在育儿机构待的时间越久，结果就越糟糕。育儿机构的种类也会产生一定影响，受到的个人关注越少，造成的伤害就越大。越晚被领养，在领养家庭里受到的照料越差，结果越糟糕。研究表明，长时间被育儿机构抚养会直接影响大脑发育以及皮质醇水平。

儿童如果在正常家庭中长大，却缺乏早期照料，也会出现同样结果。如果母亲患有抑郁症，她受这种疾病的折磨时间越长，抑郁的症状越严重，对孩子造成的伤害也就越大。母亲对孩子的关爱和照料会因此受到损害，儿童不安和抑郁的风险也会增加，这还会导致儿童大脑发育反常。母亲的抑郁症发病时间越早，儿童受到的长期伤害越大。

以乔治为例，母亲的精神病和抑郁症直到他两岁时才完全康复。即便她已经康复，早期回应式照料的缺乏仍对 5 岁的乔治造成了很大伤害。

多项研究显示，童年虐待的情节越严重，造成的后果也越严重。这里说的严重性是指一个孩子受虐待的频率以及极端程度。就性虐待而言，重复次数越多，程度越严重，施虐者与受虐者血缘关系越亲近，造成的伤害就越大。精神虐待和身体虐待也是一样的。

举例来说，我在一家精神病院任职的时候，有一位患者一直处于恐惧状态，晚上无法入睡。他会在走廊四处游荡，精神状态十分混乱。他是家里四个孩子中的老二。事实上，他父亲小时候曾受过严重虐待，因此变得十分可怕，常会毫无预兆地爆发怒火。幸运的是，这位患者从没挨过父亲的打，他童年的大部分时间都和自己的姑姑住在一起。他的两个妹妹也没有挨过打，同母亲亲近的关系还为他们提供了强大的精神支撑。然而他们的同胞哥哥就没有这么幸运了，这位兄长经常挨打，而且挨打通常发生得很突然，之前没有任何预兆。

尽管这位患者患有严重的焦虑症，但我还是可以帮助他从父亲的影响中解脱出来。他对父亲怀有强烈的同情（后代斯德哥尔摩综合征）以及愤怒。经过治疗，他明白父亲的行为是幼时受虐的结果，也因此获得解脱，这之前他一直认为自己是父亲痛苦的罪魁祸首。

他的两位妹夫都十分温柔、深情，因此即使两个妹妹平时感到焦虑，也都能生活得相对平和安稳。他的哥哥受到的虐待最多，也是受父亲痛苦情绪冲击最多的一个。我们说过，虐待次数越多，程度越严重，结果就越恶劣。哥哥长大之后成了一个偏执的人，性格内向，离群索居，常到酒吧喝个烂醉，然后在回家时同街上的陌生人打架滋事。

实际上，闹市区犯罪事件的发生，通常都是由人们的一句"你看什么看"引起的。多数情况下，对方根本就没有"看"任何东西，而且没有任何轻视的意思。但是，由于酒精的作用，人的神经会突然松懈，认为对方无辜的脸上带着满满的恶意。他们感觉自身受到了威胁，因此开始攻击他人。很多暴力事件都出自错觉——他们认为需要自卫。（有些国际冲突也能够用这个理由解释吧？）

以上就是这位患者兄长的心理模式。一天晚上,因为心情糟糕加上喝醉酒,他甚至将一个男人活活踢死了。据目击者称,他冲着那个男人叫自己父亲的名字:在他心中,自己是在攻击童年时的施虐者。尽管如此,心理医生还是认为他应该接受审判,随后他被判处终身监禁。

这所监狱的囚犯中,有80%的人都被确诊患有至少一种心理疾病(关于罪犯心理的古老辩论还未解决,不论他们到底是不是疯了——如果说"疯"这个字用在此处合适。这种说法与玛格丽特·撒切尔的看法有些冲突,关于罪犯的心理,她有过这样臭名昭著的尖刻言论:"我们该责怪又唯一能责怪的人就是罪犯自己。")

如果这位患者是家里第一个孩子,毫无疑问,他注定会遭到极端的暴力伤害。事实上,他患有严重的焦虑症,还同父亲的创伤产生了身份认同。这就是虐待种类和程度不同造成的伤害不同的例子。

多种虐待方式的组合比单一虐待方式造成的伤害更大,在通常情况下,家庭中如果存在一种虐待方式,也会存在其他虐待方式。举例来说,身体虐待极有可能伴随着精神虐待、忽视及其他虐待方式,性虐待也是一样。在我们刚刚提到的例子中,他们的母亲在他哥哥出生后一年就患上了产后抑郁症。而当那位患者出生时,她已经康复。很可能由于母亲的抑郁症和父亲的虐待,他的兄长才变得更加脆弱。

总体而言,如果成年人回忆自己的童年,他们能回想起的虐待方式的数量对他们精神疾病的严重程度来说是一种有力的预测。在一项对负面童年经历的全面研究中,17 000名来自中产阶级家庭的美国人对8种不同的童年虐待方式评分(例如性虐待、身体虐待以及精神虐待）。这项调查结果的总分数就是他们认为符合自己童年受到虐待的种类数。

这些研究对象中，有 1/3 的人得分为零——他们无法回想起任何事，因此无法找出受虐待的种类（很多人会不愿承认自己受虐的事实，部分原因是后代斯德哥尔摩综合征，部分是回忆这事太过痛苦）。剩余的 2/3 都有至少一种负面童年经历。研究对象中，约 1/6 的人有超过 4 种负面童年经历。

就抑郁症病人来说，80% 的人都有过至少一种负面童年经历。人们的负面经历数量越多，患病概率就越大。这种情况也适用于幻觉、精神分裂症（不论同自己还是他人关系都很疏远）以及不健康的生活方式，例如抽烟、肥胖、吸毒及滥交。自杀企图中有一半以上要归因于负面童年经历。比起那些没有任何负面经历的人，有 5 种及以上负面童年经历的人患精神病（自我精神崩溃）的概率要高 193 倍。

比起早期获得过更好照料的妹妹，乔治的未来会如何？母亲吉尔极力改变乔治接受照料的方式，同时转变乔治早期经历造成的伤害。在我的书《爱的炸弹》中，我描写了不少母亲成功改变孩子行为的例子，其中一个甚至已经 12 岁了（见本章末的三条建议）。甚至在一个例子中，由于这种爱的炸弹技巧，一位被确诊患有自闭症的儿童的症状已经得到大大缓解。重设情绪调节器是完全有可能的，但这并不容易。从收到吉尔的第一封邮件开始，一个令人振奋的消息就是，由于母亲运用爱的炸弹技巧，乔治乱发脾气的毛病大大地减少了。不过，对于像乔治这样的孩子，如果母亲不改变照料的方式，未来就很不乐观。

多项研究表明，如果母亲患有抑郁症，那么婴幼儿的脑电波类型和其他孩子相比就会有很大不同。这一点并不奇怪，我们自己也能预料到，如果父母一直处于愤怒或无回应状态（像很多患抑郁症的父母那样），那么他们的后代的大脑模式就会出现这种情况。虐待对脑电波的影响会一直持续到成年时期。举例来说，个体如果在童年期受过伤害，那么成年后大脑中负责思想和行为能力的部分就会减少活动。伤害会使得儿童变得冷酷，长大后他们也会成为冷酷无情的人。

童年时期受过伤害的成年人，尽管成年之后可能成为称职的父母、伴侣或员工，但是他们内心会存在另一面，也就是感到无助、缺爱，认为自己愚蠢没用，干什么都要询问别人，甚至要问别人自己应该成为什么样的人，自我麻痹，甚至感觉自己如同行尸走肉。这是因为他们在重演之前受忽视、不被关爱甚至受到攻击的状态或其他伤害。众多研究表明，受到各种形式的虐待会导致大脑需要不断地适应，这仅是其中一项。

多项研究表明，对于受到虐待及忽视的人，他们大脑中某一重要部位的容量会出现异常减少或增加的情况。与没有受虐待的人相比，受虐者大脑中该部位的容量要小 5%~16%。皮质醇反应也是一项重要原因。应力造成的化学反应会导致神经元细胞（构成大脑的细胞）减少或是生长不良。然而，令人吃惊的是，这并不意味着在任何情况下，大脑的状况都完全相同。

有趣的是，乔治在学校表现良好、天赋突出。我们大脑中的化学物质会随我们身边的人及社会环境的改变而改变。当同虐待自己的父母在一起时，孩子会一直处在对受虐待的恐惧中；当父母不在身边时，他们则会变得完全不同——如同乔治在舞台上表现得十分出色一样。在学校时，某些方面表现十分出色，还能高效调节自我情绪。或许是因为他把数学和取得的其他成果当作自我娱乐的方式，在学校时他几乎像是换了一个人，这就无可辩驳地证明了一点，他的大脑损坏并非出现在所有条件下，所以并非一成不变的基因宿命。破坏性的大脑模式只有和家人在一起时才会被触发。他嫉妒自己的妹妹，害怕自己的母亲，同时又对父母之间的不和感到十分困扰。在第七章中我们会看到，个体的出色表现通常是对童年受虐的一种回应。

乔治以及数以百万计的类似事例，是对精神疾病的医药模式的极大挑战。简单来说，主张乔治从自出生起就患有基因遗传性大脑失调的说法是完全错误的。准确来说，受幼年经历及后期照料的影响，他的大脑内皮质醇水平过高，所以和家人在一起时无法控制自己的情绪。他在学校与在家时，大脑电-化学物质水平也表现出了不同：在学校时，他遵守纪律、天赋突出。如果他的大脑天生基因程序失调，那么他在所有情况下都会表现得情绪失调。

简单来说，乔治和妹妹早期经历的不同会导致他们的大脑产生差异。这之后，由于在他的大脑仍旧年轻可塑造时，母亲就开始及时纠正，乔治受到的照料方式发生了改善（从第一封邮件开始），这也极大纠正了他大脑的异常。因此，他很可能变得精神健康，如同妹妹一样。然而，受早期经历的影响，他或许还是会同妹妹有些不同之处。举例来说，他可能更"聪明"。以后当他有了自己的孩子，他更可能对他们发脾气。第六章会用一些有力的例子证明，父母的负面养育方式会在代际传播。

与童年虐待有关的广阔社会环境

上文事例都是关于虐待对同胞兄弟姐妹之间造成不同影响的,而反思更为广阔的社会环境对父母养育的含义及其结果产生的巨大影响,则更加有趣。社会和文化对我们的精神疾病状况产生了巨大影响,这一事实无须争辩。不同国家间,精神疾病患者的数量有很大不同。世界卫生组织的调查显示,在以英语为母语的国家中,精神病患者数量(23%)比西欧大陆本土国家(11.5%)的多一倍。部分原因是社会公平程度不同,还有我-我-我型个人主义影响。在集体主义盛行的亚洲国家,抑郁症患者的数量要少得多,这些国家的社会力量比较强大,亲属血缘关系也更强,而且个人主义者较少。

这些宏观问题关系着儿童的需求能否得到满足。尽管是世界上最为富有的国家之一,调查显示,美国的精神疾病患病率最高(在过去一年,有26%的人口患有精神疾病)。尽管一些人想要将这种情况归结为伍迪·艾伦(Woody Allen)的心理呓语,原因之一其实是他们有时完全无法满足为数众多的孩子的需要。另一个原因是美国的文化,第三点原因则是美国的不公平现象。上文提到过,美国人的强迫性和攻击性比日本人高50多倍。在日本,满足婴幼儿需要受到人们的高度重视,而在美国却并非如此。日本的集体主义文化,使得日本人十分重视自我克制,不论对家人还是同事都更为谅解关照。在日本,最高工资和最低工资的差距比美国小得多。

社会结构及社会历史对我们解读童年时期"虐待"的方式造成了巨大的影响。世界卫生组织的数据表明,总体来说,不论社会体系如何,虐待都会对人造成精神痛苦。但是,不同文化对虐待的定义有很大差异。

举例来说,如果在一个社会中,父母打骂孩子被认为是稀松平常的事,那么人们对虐待的定义可能就会发生改变。身体虐待可能只被认为是一种"管教"方式。在历史上很长一段时期中,子女都被迫服从父母的命令,常会受到拳打脚踢。在发展中国家,一旦孩子到了一定年纪,父母就希望他们开始工作,不论是有偿工作还是家务活。一部以童年历史为题材的著作,开篇就是:"童年的历史就是一场噩梦,我们现在才刚刚醒过来。"

多年前,也就是1978年,我在厄瓜多尔的丛林里待了3个月,研究母亲与子女之间的关系。相比美国的母亲—子女二元关系,在这里,母亲很少对孩子的需求进行回应。在大多数时间里,婴儿都会被丢给姐姐照料,而且经常遭到忽视或是被当作玩具。母亲很少照看孩子,因为她们要忙着找食物。这种社会下,男性几乎都不会尽到做父亲的责任,不同村落的许多女人为他们生了很多孩子,而这些男人就沿着河流不停游走,从不定居。而且,如果母亲与年幼的孩子太过亲近,今后伤心的风险就很大:1/4的孩子会在5岁前夭折(通常死于感染。由于没有抗生素,年幼孩子的死亡率直线上升)。

村里多数成年人都对孩子十分和善,但他们对生活的期望不像发达国家那样高。他们受的教育很少,也没有养育者及个人主义的观念,而这些在发达国家十分常见。人们期望孩子长大后和父母一样,过朴素的农耕生活,以渔猎种植为生。

400多年来,这里的生活一直如此。获得"成功"的压力对他们来说极小,几乎没有任何成年人会患上心理疾病。事实上,人们公认:只要有足够的食物,没有暴力冲突(不论部落战争或国家内战），那么在传统的农业社会，精神疾病就十分罕见。举例来说，一项关于精神分裂的权威研究表明，这种社会中，精神分裂症的患病率比发达国家小得多，痊愈的可能性更大，速度也更快。然而，如果这些人生活在发达国家，那些童年经历，诸如幼年缺乏照料者的回应、由父母不快导致的挨打、教育缺失、父母专制独裁，还有某些社会常见的父爱缺失，就是多种问题的预兆。

以这个厄瓜多尔村落为例，在这种照料方式下，他们与我们的不同之处在于缺乏压力，这种压力使人想成为独特个体。在一个个人兴趣和回应式照料缺失的社会，人就不必一直寻求自我定位。自我定位通常表现为：考试结果、个人工作履历及面试时出色的仪态。在集体主义社会中，你的定位通过性别优势、家中位置及同家人的关系决定。别人做什么，你就做什么，这就足够了，而不必寻找自我，也不必努力想要找到与父母身份有区别的独特定位。

一项在尼日利亚进行的，以虐待造成的影响为主题的研究表明，集体主义能够缓和虐待造成的影响。美国的精神病患者的数量约为尼日利亚的7倍，然而研究发现，两个国家的受虐儿童的数量却基本相同。这一点有力地表明："早期"虐待必然导致精神疾病的简单公式是不成立的。如果美国人和尼日利亚人受到虐待的水平相似，那么精神疾病患者的数量也应该相似。作者指出了两个社会的巨大差异，而这些差异完全能够解释这一事实。

在尼日利亚，父母离婚或分居的情况比美国少得多。有力的证据表明，虐待加上父母关系不和，会导致更为严重的后果。举例来说，美国的一项大型研究表明，童年受虐以及父母离婚的孩子在成年后患上精神疾病的概率比其他儿童足足高出10倍。然而，最有趣的是，如果仅仅受到虐待而父母没有分居，他们的患病风险只会翻倍。

有趣的是，研究表明：在尼日利亚，即使父母离婚也不会增加精神疾病的患病风险。尼日利亚盛行的大家庭体系可以解释这一事实，而这种体系也减少了养育中断的风险。在尼日利亚，在孩子受到虐待或感到被忽略、不受关爱时，还有很多其他照料者可以对孩子进行照顾，受虐儿童可以从其他人那里寻求慰藉，例如哥哥姐姐（通常这些家庭规模都很大）、叔伯姑姨及祖父母。发达国家中多为分化的核心家庭与直系家庭，与其他家庭成员的接触较少，这意味着受虐待时无处可逃，也没有任何人可以替代。

在教育和个人追求盛行的国家中，一定程度的集体主义能够极大地抵消纯粹个人主义社会中的虐待现象。个人主义和集体主义完全可以共存，如同现在许多亚洲国家那样。

举例来说，我在新加坡时曾采访过一位年轻女性，达芙妮。她是一位医学生，学习刻苦，表现出色。她出生于马来西亚农耕社会的一个天主教家庭，父亲是一名水手，每年有10个月时间不在家里，而回到家时，他是一位十分严格的父亲，达芙妮从不向他表达任何愤怒情绪。母亲十分慈爱，但她必须努力工作，年幼的达芙妮就一直由不同的人照顾。为了取悦父亲，她十分努力，在学校表现得非常出色。尽管社会环境严苛，人们并不赞同性行为，然而强烈的主人翁意识使达芙妮认为，如果青少年时期有强烈的欲望，她就有权追求性的快乐，当然，要尽量避免被人发现。考入医学院，摆脱父母从事的那类重劳力工作让她感到颇为满意。她渴求成功，成了家中的表率，也成为亲朋好友口中的正面宣传形象——不论堂兄表姐、姑姑舅舅，都以她为荣，他们的社会地位因她而提高。

达芙妮对父母有种强烈的忠诚感，尽管对于他们的缺点她并不会盲目认同。她身上并没有出现后代斯德哥尔摩综合征导致的错误性积极观点，这一点很有趣。她对父母的爱毫无条件也毫无保留，如同他们对她一样。在英国，同样的情况下，他们的心理呓语可能是父亲是如何压迫他们的，而母亲如何在他们身上强加宗教信仰的，然而达芙妮并没有如此。尽管她的确很难同他人变得亲密，还会因为害羞而变得离群索居。就某些方面来说，她无法真正信任任何人，为人十分孤僻。但她私下的性生活十分活跃，还能将这种生活同父母对她的期待完美区分开来。达芙妮能感受到他人无条件的爱，尽管她无法同男性建立长期的稳定关系，她仍表现出色。如同乔治在学校出色的表现一样，达芙妮在不同的场景下能够表现出不同人格，不同人格拥有不同的大脑模式。

耐人寻味的是，她的弟弟年幼时曾遭到亲戚的性虐待，现在仍在马来西亚。达芙妮十分担心他，因为他完全没法交朋友或同他人保持性关系。他生活在自己的幻想世界中，只能做些琐碎重复的简单工作。因为居住在小村落中，人们不认为这是种精神病，也没有医生开药给他。这种精神状态证实了世界卫生组织的发现：不论社会环境如何，童年时期的虐待要对精神疾病的产生负 1/3 的责任。

经过对尼日利亚的研究，这种理论得到进一步证实：总体来说，虐待的确会导致更多的精神疾病。不论在何处，童年遭遇不幸越多，患上精神疾病的可能性越大。然而，文化会对影响程度起到调节作用。举例来说，在富裕病、物欲盛行的社会中，对金钱、财富、外表及名誉越重视，人们患上各种常规精神疾病的风险就越高，比如抑郁症和焦虑症。尽管几乎所有人都染有"富裕病病毒",然而父母对我们有条件的爱以及向我们灌输的消费主义,才是我们患上富裕病的原因,童年虐待使人们更容易受到文化病毒的侵蚀。

达芙妮和弟弟的不同遭遇表明:不管在哪里,不同的照料形式都会对人产生不同影响。达芙妮是家中的第一个孩子,因此肩负父母的全部希望。同样,乔治和妹妹之间一点简单却关键的差异就是,乔治是家中的老大。下一章我们将探索家庭中不同角色会对我们和兄弟姐妹间的差异造成什么样的影响。

到底该如何做?三条建议

一、怀孕期间避免压力,尤其是孕期最后三个月

我明白这一点说来容易做来难。如果孕妇的工作充满挑战,那怀孕后三个月无疑最是最难熬的。有证据表明,孕期压力会造成问题。研究发现,之前归因于基因的问题甚至会延续到怀孕时期。因此,人们应该努力冷静下来,特别是怀孕后期。想要保持放松的状态,关键在于正确看待母亲方式的身份。

我的书《怎样才能不伤害他们》(*How Not To F*** Them Up*)中,列举了母亲在临产和孩子幼年时的不同心理状态。研究表明,她们共分为三类。孕期减压方式会根据种类不同而变化:

1. 组织者(约占 1/4)

这种母亲认为,婴儿需要学会适应自己及家庭的需要。她们对孩子的爱并不少,但所持的态度是"母亲即权威"。她们认为,婴儿无法彻底理解成人的世界,如果让它们处于饥饿状态就能使它们变

得更好管控；如果管控不足，它们很快就会变得任性、自私、淘气。这类母亲主张将婴儿任性的心理及身体管控起来。这也是她们展现母爱的一种重要方式。她们认为，应尽快开始对婴儿执行喂养及睡觉例行程序，也愿意代为照料，认为例行程序对此很有帮助。生产后，这些母亲想以最快的速度恢复怀孕前的"正常"生活。这类母亲最可能拥有全职带薪的工作。

关于孕期减压，如果直到产前还在工作，她们的状态很可能最为轻松。闲在家中无所事事完全不是她们的风格，甚至会让她们变得焦躁不安。不像其他母亲，她们无法感受到与胎儿的感情联系，甚至认为这是一种拖累。相反，她们想要继续忙碌的生活，享受工作带来的挑战和认同感，乐于将生产留到最后去担心。

2. 拥抱者（约占 1/4）

与组织者式的母亲完全相反，这类母亲认为孩子的需求高于一切。她们晚上和婴儿一起睡觉，随时准备着给婴儿喂奶（只要婴儿表现出饥饿就喂，而非强制实施一种例行程序），并认为只有自己能满足婴儿的需要。她们享受母亲的身份，很乐意暂停其他生活，会花至少三年时间专注于此。总体来言，她们享受和不满三岁的孩子待在一起。在三类母亲中，这类母亲拥有带薪工作的可能性最低，尽管有个别情况，但她们的工作很少是全职的。

她们最可能同胎儿产生强烈的感情联系，认为母亲心情不好，胎儿也会在腹中乱踢，胎儿还能听到自己唱的安抚的歌曲，等等。这类母亲想利用产假长期待在家中，孩子出生后会彻底放弃工作。她们预防自己苦恼的方式就是，孕期满怀对孩子出生的期待，憧憬人生的最大改变。

3. 弹性型（约占 1/2）

弹性型母亲是前两者的结合，她们会根据具体要求，在两种模式间转换。她们对婴儿的需要十分了解，也会按照他们的需要做出改变。然而，同拥抱者不同的是，她们从不忽略自身需要。她们可能会在孩子生病时同孩子一起睡，却也试图建立一种婴儿睡眠的固定模式。试图推行一种喂养制度，但不起作用的话也会随之放弃。最重要的是，她们想要创造一种"双赢"的局面，即：同时满足孩子和自我需要。她们中很多人都有工作，尽管一些拥有全职工作，而另一些是家庭主妇，这些全都根据经济状况调整。

她们对胎儿的态度经常改变，有时十分在意，有时却完全不同。她们可能希望在产前多休息一段时间来做好准备，但如果家中经济条件不允许，她们也同样可以在产前开心地一直工作。作为全然的实用主义者，她们采取的惯常做法是不抗拒，什么效果最好就采取什么做法。

二、满足婴儿需要，享受小孩子的欢乐——如果自己做不到，或许伴侣可以代替？

正如这章中表明的，婴儿需要有回应的关爱，而幼童需要父母对自己的游戏提供支持。3 岁以下的幼童不需要和其他孩子交"朋友"，他们会互不干扰地独自玩耍 18 个月，一小时内会互相拿对方的玩具 8 次（两岁半时，每小时拿 4 次）。这些孩子需要成年人的照料，而成年人应该十分了解他们，同时会对他们做出回应。然而，令人遗憾的是，在发达国家（包括斯堪的纳维亚半岛国家），照料婴幼儿仍是女性的责任。其实许多男性十分擅长照顾婴儿，也很喜欢同他们玩耍，当然这必须在他们自己明白这一点之后。更重要的是，无论男女，人们通常都更喜欢特定年龄段的孩子。我喜欢和两岁多的孩子玩耍，我知道有的人更喜爱小婴儿，女性也是一样。如果有一套完整灵活的体系，确保和父母在一起时，孩子的年龄是他们最喜爱的那个就好了。

唉，这通常不可能。考虑到主要是母亲照看婴儿，其他人就应该最大限度地支持她们，特别是在最初6个月，缺乏他人支持会造成极大的危害。在很多案例中，祖父母要么住得很远，要么就是想要享受自己的传奇冒险旅程。

那些无法同孩子产生感情联系的女性，需要得到精神治疗师的支持，这些专家能够帮助父母适应自己的生活。然而这样的想法通常无法实现。一般是其他母亲和朋友提供支持、给出见解。

三、爱的炸弹

无论早期出过还是没有出现任何问题，我研发了这种爱的炸弹的方法，希望能重设3岁到青春期的儿童的情绪调节器。这种方法需要同孩子有一段独处时间，不论是男孩还是女孩，家长都要给他们无尽的爱和掌控感。

这种方法对很多常规问题都有效，不论重度还是轻度疾病、暴力反抗或害羞内向、无法入睡或是在学校表现不良。事实上，这对孩子都很有好处。我儿子（今年10岁）的圣诞节愿望清单中，高居榜首的一项就是"老爸啥都干时间"，意思是在一整天内，我要做所有他想让我做的事。

这与亲子时光，也就是同子女一起度过时光还是不同的。爱的炸弹技巧会创造出一种独特的情绪空间，这种空间与日常生活完全不同，规则也是全新的。

首先，要向孩子说清楚，你们很快就要共度一段很开心的时间。孩子要决定自己想干什么事，以及什么时间干（当然在合理的范围内）。所传达的信息就是，这是个重大事件，而且马上就要到来——多么激动人心啊！之后让孩子列出清单，比如一起看《海绵宝宝历险记》之类。关键是让孩子做选择。

在这段时间里，从始至终你都要尽力，给孩子一种感觉，让他们觉得"不论我想要什么，都能得到"——这是一种十分独特的掌控感和满足感，孩子会感受到被父母的关爱笼罩。

或许你会认为"这是疯了吗？我的孩子早已是个暴君了——这样一段时间只会让情况变得更加糟糕！"这种担忧无可厚非。爱的炸弹这种技巧就是要对传统方法进行有力回击，传统方法认为应该对孩子进行更多控制而非更少，在孩子拒绝服从或行为不良时，要采取更严格的管教方法。

然而，关键在于爱的炸弹和日常生活需要区分开来。除了这种特殊的空间，父母要坚决尝试对日常生活设立界限。事实上，这种方式会带来十分可观的回报：它会大大减少之前强加限制、唠叨责骂的时间——"不许那样""跟你说了多少次了，快把那个放下""放开你弟弟"，而这些是所有父母经常遇到的情况。这种方法对所有孩子都适用，快乐的孩子也会从中获益。

开始时，最关键、最实际的问题就是，这样做的时间及频率。你甚至可以带着孩子在外面度过几天，比如在旅馆或住宿加早餐式的家庭旅店（还可以租一辆廉价吉普旅行车，一个母亲就这样做过）。

或者，像许多父母那样，请家中的其他人周末到亲戚朋友家，让你和孩子单独在家中。实际上，完全没必要另花时间做这件事。很多父母会花一天时间带孩子到外面去，或者挤出短短几个小时。

以米兰达和她患抑郁症的儿子蒂姆为例，因为是双收入家庭，他们可以选择在便宜的旅店住两天。周五晚上他们会在旅店安顿下来，周六再到城里去。其间他们会花些时间购物，之后到水族馆参观，但是大部分时间都在四处闲逛。

米兰达回忆道：仅仅这一天就"让蒂姆感到十分特别，这种方法绝对是有效的。我也意识到不是所有人都能负担起住旅馆和购物的。然而不论如何，遇到花钱的事，蒂姆绝对是十分通情达理的，这让我感到十分惊讶。"感受到被爱的儿童很少会痴迷购物消费。

我们周六晚上回到旅馆，边吃肯德基边看英国偶像节目，度过平静和谐的一晚；周日又开始漫步闲逛，回家的路上还会购物，到动物园参观。

在这段时间里，蒂姆能感受到一种掌控感，还会一直对父母表达爱意。米兰达回忆道："蒂姆会长时间地依偎在我身边，不停地对我说他有多爱我（当然是互相的，我也会表达对他的爱）。对我来说，不做掌控全局的那个人也是件很有趣的事。我一直更喜欢当领导，但在那段时间里，我们要做什么、吃什么、看什么电视节目，大部分由蒂姆决定。"

在《爱的炸弹》一书的指导建议中，我提议让孩子在做这件事之前为它起一个名字，比如"特殊时间"或者"妈咪时间"（又或是"老爸啥都干时间"）。通常情况下，家长可以给他们一种实物，以便他们日后能回忆起这段经历，比如从海滩带回来的石头或一个泰迪熊，这个实物和名字都会成为一种提示。回家后，父母应在晚上挤出半小时时间，和孩子一起重温当时的感觉，即使只是一起看电视。

米兰达还有两个孩子，由于各种原因，每晚挤出半个小时时间十分不易。因此，作为代替，米兰达说："我会时不时花一些零碎时间和蒂姆待在一起，最近还常像对一个小婴儿那样抱抱他，甚至和他说'最亲爱的小宝贝，妈妈爱你'。"你要不停地使用多种方法适应自身环境，解决自己和孩子面临的问题。

爱的炸弹之周末时间的效果迅速而显著。5个星期过去后，米兰达写信给我："总体来说，蒂姆比过去快乐多了。他偶尔还是会发脾气，然而现在回想一下，从那个周末后，我再没听说过他对自己的憎恨——一次都没有。"一年半后，她来信说："这个技巧使情况大大改善，我们的关系也随之发生改变。"

我得到过很多类似的汇报，都是人们成功的例子。在使用这种方法后的1~2年内，父母成功帮助了有暴力攻击、多种焦虑问题、注意缺陷多动障碍、失眠、完美主义甚至自闭症的孩子。

在很多例子中，我怀疑这种经历是否能够使皮质醇的水平稳定下来。如果皮质醇水平过高，孩子会变得狂躁好斗或焦虑不安。如果水平过低，则会变得愚钝倦怠或脾气乖戾。然而，即使是看起来短短的充满爱和掌控的经历，都会让问题得以解决。

这种经历没必要持续一整个周末。以3岁的萨姆为例，他似乎比弟弟敏感得多，即使简单的事情也让他感到不堪重负。幼稚的怒气有时会让他崩溃。如果和母亲分开，他就会变得十分不安。母亲艾玛说："在家里时，他必须随时知道我在哪儿。"如果母亲在楼上，萨姆在楼下，他就会尖叫并询问母亲的方位。

考虑到实际情况，艾玛计划连续两个周六带萨姆离开家，一起度过爱的炸弹时间，而非仅仅一个晚上。第一个周六被萨姆命名为海盗日，因为他们去了一个儿童游乐场。萨姆很享受这种掌控感和母亲对爱的表达。

艾玛不停对萨姆说自己有多爱他。最初，每过15分钟或更长时间她就要看一次表，然后对儿子说爱他。不久，这就变成一种习惯，她坚持继续做了下去。

从那天起，他们发现频繁地表达爱意变得很容易。艾玛觉得现在的"交流比之前要好太多太多"。她还说："那天我们都很开心，度过了美好的一天，我们一同回想起过去的快乐时光，生活也得以重回正轨。那真的是很完美的一天。"通常，不仅是孩子的情绪调节器得到了调节，父母的也得到改善。有了这样的经历之后，许多父母都说，在几个月甚至好几年的时间里，他们第一次想起自己多爱孩子。

第二天他们在家中度过，期间萨姆故态复萌，有一次情绪爆发。这是极其正常的事。孩子会测试父母是不是真的——真的爱自己，或者测试父母是否能在自己表现糟糕时继续爱自己。艾玛经受住了考验，平安地度过了这场风暴。他们变得比以前更加亲密无间。

之后，她汇报说："自4周前，也就是爱的炸弹的最后一天，他就再也没有乱发脾气。"更重要的是，对不知道母亲在哪里的恐惧感也已经消失了。

无论孩子的真实年龄多大，在这种爱的炸弹的空间中，将他们当作18个月大的孩子都非常有用。父母汇报说，在这段时间里，孩子像是真正变成幼童，会要父母抱抱甚至牙牙学语，这正是我们想要的。试着让他们重回幼年时期，一起度过一段真正美好的时期，孩子便能体会到彻底的安全感、被爱感和掌控感。

在改变方法以适应自身情况这方面，很多父母展现出了极大的独创性。举例来说，4岁的杰夫经常乱发脾气，有时还会向两岁的妹妹发脾气。母亲卡罗尔一周会实行2~3次"掌控环节"，这是杰夫起的名字，卡罗尔用这种方式让杰夫掌控全局、主导游戏。

最简单的就是赛跑，母亲也会参加。卡罗尔会抱着孩子在房间里快速跑。然而，大多情况下他们会玩角色扮演这类想象游戏。

有些故事有开放结局，假设孩子先变成了鱼后来又变回孩子。最普遍的情况是在旁白的叙述下，故事根据杰夫的剧本不断发展，有时甚至充满梦幻场景。他尤其喜欢各种灾难场景，比如沉船。他还让母亲和妹妹扮演各种配角。

这种治疗方法效果显著。卡罗尔汇报说："开始角色扮演后，他几乎立刻停止了乱发脾气，后来也没有任何极端情况出现，效果已经保持三个多月了。"

无论采用什么样的方式来实施爱的炸弹疗法，都不会有任何损失。花一些时间和孩子一起共度美好时光有什么不好的呢？他们会发生改变，你们的关系也会有所改善，这是好的情况。最坏的情况也不过是没有产生效果，你们只是过了一段美好快乐的时光而已。

第 五 章

我们在家中扮演的角色

对父母来说，给孩子的爱、时间和金钱都是有限的。辣妹组合成名之后，根据不同角色给组合中的女孩取称号，分别为运动辣妹、宝贝辣妹、时髦辣妹，不得不说这是种非常成功的市场营销策略。实际上，孩子们在不断争夺父母的资源，因此这种类型学很快就被他们接受，家庭中的定位有些是他们自己创造的，有些则是不得不接受的。

儿童想要使用何种策略以及他们想要掌控什么，很大程度上是由家庭剧的剧本为他们设定的角色决定的。在家庭中，我们就像演员一样。英国存在主义精神病学家R.D.拉英曾说过，谈到家庭，"我们像是在一个自己没读过也没看过的剧中扮演自己的角色，剧的情节没人知道，就连存在也只能窥视一下。这部剧的开始和结尾都超出曾经的预想和构思。"孩子最终会扮演什么角色，是由一系列因素决定的。

不同的孩子出生时，父母也处于自己人生不停变化的某个阶段。婚姻状态和伴侣关系会发生改变。第一个孩子会对父母产生根本性的影响，特别是对母亲来说。通常母亲需要从工作者转变为全职或兼职母亲。同时，因为新生儿的到来，父亲或许会感到自己被排除在外。他可能会开心，也可能会感觉压力沉重——要赚钱养家或是要完成自己的使命。

第二个孩子降生时，家庭早已因为第一个孩子产生改变。父母间的关系或许会因为新的压力变差，又或者更亲近。或许家庭在经济上变得更加富裕，又或许金钱已经成了争吵的重要原因。他们或许已经搬到一个全新的地方，一方或双方都感到不满。不论处在哪种情况下，从第一个孩子出生到现在，父母双方的满足感或考虑的条件都发生了极大改变。

随着家庭规模逐渐扩大，父母的资源逐渐减少。最后一个孩子获得的父母关注似乎必然比第一个孩子少。他们在幼年时期获得母亲的体贴关注比双胞胎少，而双胞胎获得的关注又少于独生子女，这导致他们在心理发展测试中得分更低。父母拥有的时间和精力都是有限的。

除此之外，最重要的是，父母双方还会向所有孩子倾倒整整一大卡车的历史包袱，里面都是他们自己的童年遗留问题。如果他们本身是家中的第一个孩子，也许第二个或第三个孩子的降生激发了他们以往经历中的被忽视感觉，让他们更加同情自己的第一个孩子。如果父母本身是家中最后一个孩子，或许他们会更关心这个孩子，确保他不会受到自己童年时的"不公平对待"。如果孩子是个男生，而父亲曾经有过一个欺负自己的兄弟，如果孩子是个女孩，而母亲曾经有过一个一直比自己漂亮的姐妹……父母的表现都会是十分耐人寻味的。出生顺序的变化以及兄弟姐妹间的多种关系，会对父母塑造新生儿方面产生深远的影响。

在为孩子塑造家庭角色的过程中，父母同时在对他们自己的童年经历进行复刻，孩子的性别也与其在家庭中的地位联系在一起。

或许母亲一直想要男孩,却生了女儿;或许母亲自己曾有个强势的母亲,因此下决心给女儿更多空间;或许父亲认为自己的父母对自己不够严厉,因此决心不犯相同的错误;或许父母中的一个曾经受过虐待,或者完全受到忽视,因此想用同样方式对待特定的孩子来重演这种虐待。

父母双方的情绪变化,从一个孩子出生到下一个孩子出生时婚姻状况的变化,加上每个孩子自身的不同生理因素,都会制造出独特的心理状态。尽管对于一些家庭整体特征,父母要求每个孩子都遵守,例如遵守时间、良好的餐桌礼仪或优异的考试成绩,然而对于多数孩子来说,每个人的养育方式都是特别的。完全不同的养育方式造成了他们独有的家庭定位。

除了上一章提到的不同的虐待及关爱,兄弟姐妹间的差异还受到家庭角色的影响:父母对于我们的出生顺序(家中的排行)和性别做出的反应、同胞竞争、偏爱和厌恶感。这些因素相互作用,很少单独起关键作用。接下来我们会分别讨论这些问题,期间产生部分重叠也是无法避免的。

出生顺序(家中排行)

迄今为止,关于在家中的位置对日后成长产生影响的研究已有超过两千项。子女会开发合适的位置来争夺父母的资源,这一事实与研究结果一致。研究显示,家中的第一个孩子会采取最省力的办法:他们倾向于调整自我以迎合父母的想法,尽力实现父母的期望,顺从父母的愿望及价值观。比起弟弟妹妹,这样的做法会将他们塑造为更加勤勉认真、负责任、雄心勃勃的人，他们的组织能力更强，也更有条理。相当比例的领导人，比如国家首相及总统在家中都是长子、长女。他们可能更保守、更传统，同时对传统道德持推崇态度。举例来说，上大学前的间隔年，这些人选择冒险旅程的可能性最低，且更可能做一些更有价值的事，比如帮助贫困儿童或是尝试创业。

他们在学校的表现也更出色，因此事业上更有成就。关于餐桌上谈话的定位，父母会设定到他们的水平，而非他们年幼的弟弟妹妹。在有四个孩子的家庭中，平均来看，老大每天完成作业的概率比家中最小的孩子高出大约10%。老大更加担忧自己的地位，情感上更加焦虑，从沮丧状态恢复过来的速度也更慢。他们报复心更重，也更容易愤怒，由于年幼弟弟妹妹的降生，父母对他们的关注会减少，这一点让他们感到痛苦折磨。他们普遍不喜欢冒险，特别是危险系数高的运动项目，反而会更喜欢游泳、网球、高尔夫和其他没有身体接触的运动。

相比之下，后出生的孩子与父母的认同感没有那么强烈，但他们仍能争取一席之地，特别是当他们与第一个孩子性别不同时。举例来说，我们的第一个孩子是女儿。她很快就发现我很爱看切尔西足球俱乐部的球赛，并且不时带她去看球赛。我们的儿子比女儿小3岁。对逐渐变得"女性化"的女儿来说，足球的吸引力减弱，儿子就将这种优势据为己有，他会花很多时间踢足球，支持切尔西的比赛。女儿也很乐意放弃这种优势定位，因为她早已有了很多其他的兴趣爱好，比如绘画和阅读，就这两方面来说，儿子不会对她造成任何威胁。如果第二个孩子也是个女孩，那么结果可能完全不同：

长女可能仍会对足球感兴趣，继续保持这种定位，无论是同时培养"女性化"的兴趣或是渐渐变成假小子。

后出生的孩子对各种经历会抱有更开放的心态，即使他们很容易受到哥哥姐姐的武力或精神压迫进而屈服。结果就是，后出生的孩子可能会与那些受欺压的人产生共鸣，也更加推崇平等主义。出生的越晚，比他们年长的孩子越多，他们就越倾向于反抗权威与顺从，成为家中最具有反叛性一个。他们的信心可能不足，但也更加无私和有同情心。

他们没有老大那么勤勉上进，不易怒，报复心也没有那么强，但他们社交性更强，更善交际，相处起来也更加容易——他们必须学习如何"讨人喜爱"，同时要和更加强大的同胞竞争。他们更热爱冒险和有身体接触的激烈体育运动，比起家中的老大，他们更喜欢诸如橄榄球、足球、拳击和跳伞等运动。上大学前的间隔年，他们更可能到丛林、高山或是沙漠这样的野外去，一连几个月都不发邮件，也不会通过网络电话与父母联系，从而让父母担心不已。

出生顺序与父母童年的遗留问题会产生强烈的相互作用。在与一位电子邮件通讯员的交谈中，我发现他是家中的第二个孩子，父母都没有受过大学教育，家中的老大一直被鼓励追求学业，成为家族有史以来第一位获得大学学位的人。而作为小儿子，这个邮件通讯员一直同消息不灵通而又焦虑的母亲待在一起，几乎是寸步不离。母亲对他要求严苛，一直试图得到他的全部注意，就像她的母亲曾经做过的那样。少年时期，母亲会陪他到他参与的剧团去，相互依赖的关系由此产生。直到三十多岁，他才摆脱母亲，开始独自生活，并与女性发展了两性关系。

因为没有大学学历，他只能像父母那样，从事一些低收入、低社会地位的工作。实际上，他同哥哥一样聪明，但哥哥是被家人寄予厚望的人。他仅仅因为是家中第二个孩子，就没能像兄长那样获得教育和职业上的成就。同时，母亲也把他当作发泄自己不安感的工具。如果出生顺序互换，我怀疑他们两个会成为像对方那样的人，因为他们之间的所有不同都是出生顺序造成的。

造成家中第一个孩子与众不同的一个重要原因是，他们能得到母亲至少 9 个月的完全关注（当然通常更长）。尽管也可能发生大的变动，但早期他们得到的照顾会更加体贴，所以这种变动对他们有益，但这也取决于随后发生的事。

一位患者曾发邮件向我讲述他的童年。他是家中的长子，在 3 年时间里，一直是母亲和祖父母的掌上明珠。后来妹妹出生了，他感到自己获得的关注少了很多。但这只是个开始。接下来的 4 年里，陆陆续续地又有弟弟妹妹出生。8 岁那年，他已经有 5 个弟弟妹妹了。他在邮件中写道："刚开始我脾气还好，但随着弟弟妹妹出生，我变成了一个控制狂，脾气也很坏，因为母亲对我的关注少了很多。当我长得足够大，能打零工时，就开始自己打工赚钱。我也习惯了控制弟弟妹妹，举例说，家中每个人都要做家务，像吸尘或洗碗。我会付钱让他们来代做。"长大后，他成了一位高级公务员，管理众多下属，他将这归功于自己的早期经历——从很小的时候就要管理自己的弟弟妹妹。

造成第一个孩子与众不同的另一个原因就是，父母通常对他们更加严厉，有时是为了给弟弟妹妹树立"榜样"——父母想通过这种方法让他们明白，如果表现不良会受到惩罚。同时，通过照料第一个孩子,父母会在婴幼儿喂养、睡眠及其他日常活动中受挫,同时也会因此得到预警。为了应对这些情况,父母或许会采取严厉手段,比如强制施行喂养的例行程序,为睡觉、散步设定确切的时间。随后,他们会对孩子进行更加严密的监控。如果有两个孩子,父母往往每天会多花半小时时间和第一个孩子共度"亲子时光",因此这些孩子能在智商测试中获得更高的分数就显得顺理成章了。他们的考试结果通常也更出色,父母对他们的心理发育也更加关注。

随着孩子的数量不断增加,父母对他们付出的时间和精力也会越来越少。这可能会导致父母的疏忽,或者这意味着孩子会获得更多自由。由于父母的焦虑情况有所好转,对孩子行为的干预也随之减少。他们意识到,让孩子自己在沙滩或花园玩耍也不会出现不良后果。最重要的是,父母对第二个及之后的孩子的期望要小得多,第一个孩子却是期望的载体。文斯·凯布尔(Vince Cable)爵士的例子就完美诠释了这一点。这位自由民主党政治家就是家中长子,他的故事也体现了家庭动力结构对政治观点的塑造会产生何种影响。

2007 年,凯布尔在任职自由民主党代理领袖的两个月中声名鹊起。此时,北岩银行(Northern Rock Bank)破产(这也是随后发生的 2008 年信贷紧缩危机的第一波),凯布尔致力于申请将北岩银行国有化,因此受到大众广泛欢迎。他对时任首相戈登·布朗(Gordon Brown)的言论大加嘲讽,称他从"斯大林变成了憨豆先生",此举正合观众的口味。随后,凯布尔在联合政府担任部长大臣直至 2015 年,他不时表现为左翼经济理念的领袖,重新采取对银行"规模太大而不能破产"的说法进行攻击的策略。

值得一提的是,说凯布尔是一个传统的左派远非事实(举例来说,他支持施行欧洲标准水平的公共财政支出,反对任自由市场对全体选民造成恶劣影响,反对平均工资同高管工资差距悬殊),就像他在2008年出版的自传中阐明的那样。将他命名为一位自由激进者实际上有些误导性,他在自传中承认:自己表现出左翼政治倾向的唯一原因就是,为了迎合选民的需要以获得选票。自传中少数提及的几个政治主张中就有始终坚定地致力于追求自由市场,而自由市场就是现代保守主义及布莱尔主义新工党的基础。他认为自己既算不上新工党也算不上保守党,而是将自己定位为两者之间的一个理性个体(尽管两者之间仅有细微差距)。凯布尔作为家中长子的事实则是这些政治主张的根源。

保守党是对父亲的复制,自由党则是对母亲的复制。或许作为一名联合党成员,拥有对自由市场的保守观点是一种心理上的完美状态,因为他同时支持了双方的经济政策。

1943年,凯布尔出生于约克镇,家中有两个儿子,凯布尔是老大,弟弟比他小10岁。因为社会地位的不稳定,父亲莱恩和母亲伊迪丝简直耗尽心力,这种情况在他们那个年代并不罕见。但这就导致他们要求两个儿子的学业表现必须十分出色。父亲在约克镇朗特里糖果工厂的车间工作,但他一直在夜校中刻苦读书,并最终获得学历,成为一家科技学院的讲师。

不论从哪方面来说,父亲都是一个极端独裁者,因为独裁太过严重,他在学院中的外号就叫希特勒。凯布尔形容他为"新纳粹"(一个专横跋扈的恶霸,压迫那些不敢反抗的人)。在凯布尔看来,父亲在政治方面是种族殖民主义者,激烈地反对社会主义。

父亲将未竟理想带来的挫败感倾泻到自己的长子身上。按照后代斯德哥尔摩综合征来说，考虑到绑架凯布尔的"恐怖分子"是一个"新纳粹"分子，凯布尔除了拼尽全力取悦父亲外别无选择。因此，凯布尔尽全力去取得学业上的成功，并最终得到了回报——他获得了剑桥大学学位，这也是父亲一直追求的。取悦他人也成为凯布尔性格中的关键一点。然而，凯布尔并非只是变得同父亲越来越相似，与母亲的关系加上父母婚姻状况的变化导致了一种更为复杂的结果。

弟弟出生后，母亲患上了严重的产后抑郁症。她在精神病医院接受了为期一年的治疗，因此弟弟需要离开家，在外接受养育。母亲从医院回来后，像是变了一个人，变成一个"受损了""被轻视"的人。父亲觉得难以忍受，他对待母亲的方式变得极具侵犯性。凯布尔无法回想起是否看到过父亲对母亲实施身体暴力，但弟弟声称见过。

尽管对于自己的幼年生活，凯布尔记忆不深，但他记得一个重要事件。这件事与他的政治倾向有关，发生在1959年。那年凯布尔16岁，一天母亲突然大哭不止，对他坦白说自己曾在大选中给自由党投了票。从那时起，两人就在家中形成了秘密的自由党组织。

尽管公开露面时，凯布尔有时会表现出激情，但他仍认为童年的一些事是对自己情绪的"腐蚀"。父母之间过多的争吵似乎就是最明显的一把手术刀——他清楚这些事肯定发生过，却无法回想起来。凯布尔认为自己只是将这些回忆排除在外，通过创造一种强烈的心理防线来对抗当年的经历。

作为家中的长子，他无疑见证了母亲的精神崩溃以及随后父母婚姻破裂的过程。然而，鉴于父亲独裁的严重程度，凯布尔肯定是在这之前很久就对他产生了憎恨情绪。从凯布尔的报告来看，母亲在精神崩溃之前，就几乎没表现出慈爱了，有可能她很早就已经患上了抑郁症。

  凯布尔的童年几乎没有任何乐趣，因此深刻的愤世嫉俗就对他产生了很大影响。他会参加体育活动，有时表现还很突出，但他只是把这当作融入群体的手段，而非出于喜爱。星期天他会到浸礼会教堂做礼拜，父母是教堂的虔诚教众，两个人都烟酒不沾。在教堂时，他会大力鼓吹圣经名言，用虔诚的信仰来让其他教众敬仰。周日对祖母家的拜访，则是"一周无聊循环"的顶峰，他要穿上礼拜盛装，谨言慎行，因为即使是做出最微小的不良行为也会受到严重惩罚。

  凯布尔陷入这样的生活逃无可逃，实际上就相当于家中唯一的孩子。为了得到一点快乐，他会逃到自己幻想的世界中。他想象自己是大型游戏中的猎人，用气步枪射击猫和狗；或者是第二次世界大战时追踪间谍的一个大英雄。有一次，他射碎了邻居的窗户，甚至惊动了警察。这个例子说明，多数人都有多重不同自我。而好孩子文斯也有一套出自幻想中英雄的，与平时完全不同的脑电波及化学物质的模式，就像乔治（上一章中提到）在学校中是一个人，到了家却换成另一个人；又或者像达芙妮，勤奋的医学生达芙妮和暗自维持性活跃的达芙妮，两者的脑电波完全不同。然而，就凯布尔来说，真正涉及青少年犯罪的情况还是十分罕见的。他童年的绝大多数时间都用来取悦父亲和老师。

  凯布尔的多重自我是完全分裂的：造成精神"腐蚀"的取悦者几乎总是占据掌控地位；而憎恨父亲的反叛者则藏在暗处；还有幻

想中的猎人，他可以杀死那些有威胁的（新纳粹）野兽。

凯布尔分裂的政治灵魂包括：

> 保守派 = 莱恩 = 希特勒 = 遭暴君绑架
>
> 自由派 = 伊迪斯 = 对"保守派主义"的叛乱暴动
>
> 整体 = 一位双面间谍，背叛父亲的领地。

这就完全解释了他的政治主张。如果没有这些原因，他的主张实在是太过混乱而让人难以理解了。出于对父亲的恐惧，他保留了部分保守党的信条，最有名的就是自由市场经济；同时，与母亲结盟叛变的间谍身份加上对父亲一定程度的厌恶，使他对自由党的一些主张持支持态度。凯布尔在家庭政治中的地位，对他的职业政治生涯起了重要作用。

他的弟弟最终成了一位非常成功的商人。我认为，从理论上来讲，如果将这两个男孩的位置进行互换，凯布尔会成为一名商人而弟弟则会成为著名的政治家。这就是家庭位置对个体差异性的决定性作用。尽管弟弟也被寄予厚望，但凯布尔仍是父亲未竟梦想的主要载体。

所有这些都清楚地告诉我们：出生顺序会对我们在家庭剧中的角色产生巨大的影响。但是它会和其他因素产生相互作用，例如孩子的性别。

性别

你是否认为如果自己的性别与现在不同，父母对待自己的方式也会不同？没错，他们当然会。

自出生起，父母对待男孩和女孩的方式就不同。人们做了一个简单的测试，他们让男婴穿粉色衣服，女婴穿蓝色衣服，然后测试陌生人对这些婴儿的反应。不出所料，如果人们看到穿粉色衣服的婴儿，就会使用大量女性化的形容词夸赞这个孩子，诸如"甜美""可爱"等；如果是蓝色，则会用更加男性化的形容词，称赞婴儿"勇敢""淘气"。和男婴在一起玩时，父亲会更粗暴，把孩子颠上颠下，而对女儿却会更温柔小心。一旦父母听到孩子的性别，大量的心理投射就随之产生，甚至超越了常规的刻板印象。

正如第一章所说，我是家中4个孩子中唯一的男孩，有3个妹妹，因此父亲对待我的方式与其他人完全不同。尽管事实并非如此，父亲却一直告诉我，我"非常聪明"，但他对妹妹却不会如此。父亲对我说，我在学术上会取得很高的成就，尽管任何老师（包括我母亲）都不这样认为。最终，对我来说，他的愿望成了一种命令。

母亲对女儿的看法也同样存在偏见。以一位女性患者为例，在她的女儿出生前，她已经有3个儿子。他们在学校的表现都算不上出色，这位患者对他们的要求也十分宽松。然而她对待女儿的态度则完全不同。这位患者自己也是家中唯一的女儿，她父亲有严重的性别歧视。他毫不掩饰自己的观点，认为女性的唯一作用就是成为好妻子、好母亲。后来她考上了大学，但在结婚和放弃工作之前没有取得任何学术成就。

这位患者是一位激进的女权主义者，她下定决心要让女儿经历不同的人生。从女儿的幼儿期开始，她就密切管控女儿的学业，给她读书，鼓励她参加益智游戏，对她进行超前教育。不出所料，女儿的表现十分出色，从文法学校开始就是一名模范生。

然而，她也付出了很大代价。女儿在15岁时，开始过度追求完美主义，还患上了贪食症（暴饮暴食，然后催吐）。她还会自残（用刀割自己）。这类现象并不少见，实际上社会中患精神疾病最多的群体就是那些学业表现突出、处在社会顶层阶级中的15岁左右的女孩。最近一项统计显示（2006年），这些女孩中有44%的人患有焦虑症或抑郁症。仅2009~2014年，13岁女孩患上抑郁症的比率就从13%上涨到了20%。

无论是这位患者还是她的女儿都不明白这种对出色表现的强烈渴望来自哪里。我曾遇到过这种神秘事件，所有女孩都宣称自己没有从父母那里感受到任何压力。然而，当我们研究细节时，事情就很快变得很明朗：母亲没有给女儿任何玩耍、做孩子的空间；实际上，所以问题都能追溯到童年时期。父亲从女儿很小的时候就开始拍摄母亲和女儿在一起的片段。通过分析这些录像，我们可以看出，当婴儿试图通过微笑或是眼神接触来开始同母亲产生互动时，母亲要么会无视，要么会使用攻击性语言或用改变孩子坐姿的方式来扼杀这种交流，当孩子明显不饿的时候还会喂她食物。

当这位患者意识到这些之后，她很快将这些同自己的童年经历联系在一起，当时她渴望得到父亲的关注，渴望成功。之后，她改变了自己同女儿的关系，女儿的贪食症很快康复，也停止了自残。尽管还是保留了一部分完美主义，但在母亲接受治疗的3年中，这个症状也逐渐减轻，现在已经完全不是问题了。

尽管女权主义取得了一些进展，但性别歧视造成的差别对待仍有其后遗症。举例来说，在富有的家族中，儿子会继承绝大多数遗产，以此保证家产完整、不外流，这种现象仍十分普遍。在一些亚洲社会，坚不可摧的传统严禁女儿拥有继承权。在家族产业中，即使女儿能力强，受过大学教育，父亲仍会告诉她，她永远不能成为家族遗产继承人，因为女性"太过情绪化"。而弟弟一直以来就作为继承人接受培养，因此一直被父亲带在身边。在一些富有的高加索英国家族中也是一样的。

简单来说，尽管女权主义已经盛行了几十年，然而父母在听到孩子的性别时仍有一系列期盼，这种情况已贯穿了我们的社会。尽管父母争辩说，自己对孩子的态度绝对平等。事实上，他们的行为仍旧是老样子。要想最终实现斯堪的纳维亚半岛国家那种真正的心理平等主义，我们还有很长的路要走。

偏爱

2/3 的孩子都宣称，父母会对他们兄弟姐妹中的一个表现出某种形式的特殊对待。原因可能再简单不过，比如长相，美丽或者帅气的长相会影响父母对孩子的态度，以及其他人对他们的态度，这种状况会贯穿他们一生。但更常见的是，这种偏爱是父母的经历导致的，他们会根据孩子的出生顺序及性别来决定自己对他们的优待反应。

说到这里，我回忆起自己的经历。像很多最受宠的孩子一样，父亲对我特别疼爱，然而这通常也意味着我们要付出一些代价。成年后，这些人中的一部分会对此感到愤恨和不满。举例来说，一名 35 岁的美国女性帕梅拉，先是通过邮件与我联系，随后又在网络电话上接受治疗。她到英国时曾 5 次拜访我。她的例子就是一种复杂的偏爱经历。

她出生在加利福尼亚州的一个富有家庭，是4个女儿中最小的一个。4个女孩在幼年时期主要由一位非裔美国保姆照顾。但姐妹4人都受到了母亲乔治娜不同程度的虐待，她们的母亲脆弱、抑郁又难相处。

帕梅拉也患上了轻度抑郁症，她的问题我们还有办法克服，但3位姐姐的状况要严重得多——她们都患有严重的精神疾病，包括性成瘾及其他重大精神疾病。帕梅拉躲过了这些严重干扰和精神紊乱，因为她是父亲最宠爱的孩子。

从帕梅拉5岁起，父亲每次在书房处理工作，就会鼓励她在书房玩洋娃娃。父亲外出骑马或乘双轮马车时，也总会带着她一起。父亲会拥抱帕梅拉，送她礼物，鼓励她努力学习，称呼她为自己的"小公主"。尽管父亲对她的行为中没有包含任何不当的性因素，但父亲在很大程度上把她当成了精神支撑，就像帕梅拉是自己生命的延伸一般。随着帕梅拉渐渐长大，父亲却发现自己很难接受女儿需要独立这一事实。对帕梅拉交往过的所有男朋友，父亲都表示不满意，只要女儿要做的事会影响父亲的注意力，父亲就绝不会同意。

这种偏爱也激发了母亲极大的嫉妒。帕梅拉在8岁那年，无意中听到母亲质问父亲他们之间的关系，还大喊："你为什么不干脆娶了那个该死的女孩呢？"帕梅拉对此感到无能为力：父亲的偏爱不是自己的错。长大一点后，坐在双轮马车上时，父亲会对她讲述夫妻两人的困境，她觉得父亲说得太多了。而且对于他们性生活不和谐及婚姻不幸福这些事，她完全无能为力，因此感到自己陷入了绝境。得知父亲有了情人后，她十分苦恼，却没法让他不谈论自己的情人，或是不再说母亲的坏话。

帕梅拉的轻度抑郁症在很大程度上是这种窘境和无力感造成的，她对父母的痛苦感到极大的同情和共鸣。我们最终发现，帕梅拉的母亲显示出了创伤后应激障碍的全部症状。母亲在小时候受过严重虐待，甚至可能受过性虐待。因此，她一直处于恐惧当中，并不断地重演过去的创伤经历。多数情况下，她看上去并非和家人在一起——她的眼睛会一直盯着远方。在某个时刻，她会毫无理由地大发脾气，变得十分吓人，尽管她从来没有动手打过女儿。但这种亲密恐怖主义让家中所有人都陷入了一种长久的焦虑状态。

用餐时，母亲坚持严格的用餐礼仪。不论是谁，只要胆敢不合时宜地开口，或没有用合适的餐具以正确的方法用餐，就很可能受到母亲恶毒而又没完没了的教训。在使用闪闪发光的餐具这方面，帕梅拉几乎成了专家，她会利用刀具或勺子作为镜子来观察母亲的面部表情，分析母亲的情绪。直视母亲可能会很危险，因为如果母亲发现女儿的眼睛在盯着她，很有可能把这曲解为一种反叛或是批判的表情（"你到底在看什么"）。一次，母亲带她们到电影院看电影，因为女儿读错了电影中一个演员的名字，母亲的脾气就爆发了，帕梅拉将这种爆发比作高能炸药。任何一件极小的事都会成为这种爆发的导火索。

这些女孩都最大限度地与母亲分开了，她们被托付给育儿室或由保姆照看。但是，从很小的时候起，帕梅拉就感觉母亲有很大问题。她对母亲既厌恶又同情。在治疗过程中，她明白是创伤后应激障碍造成母亲难相处的个性，随即就感到释然了。帕梅拉难以原谅的是，母亲对保姆的残忍态度。乔治娜会向保姆大喊大叫，对保姆的态度"像是对一条狗，给她下命令还要求她即刻遵从"。

作为最受宠爱的孩子，帕梅拉感觉自己有权利保护保姆。然而她也明白自己什么都做不了，因此会再次感到无能为力。

被偏爱和无力感混合在一起，造就了她对绘画的热爱。父亲对她的创作十分偏爱，帕梅拉因此进入艺术学院学习绘画技巧。她成了一名舞台设计师。她对自己为纽约剧院画出的舞台背景感到十分满意，而另一部分却觉得演出成功与否最终取决于演员和导演。

父亲对她的这种偏爱的主要后遗症就是，尽管已经年老，父亲仍将她当作精神支柱。通过我们的治疗，她试着对父亲的要求设定界限，还决定和现在的男友结婚。对于这个决定，父亲的态度十分可怕，他强烈又无理地反对这桩婚事。她的未婚夫是一位剧院导演，父亲坚持认为他只是为了钱才和她结婚。最终，她意识到自己必须和父亲断绝所有联系。

讽刺的是，她之所以能够如此，正是因为她是最受宠的孩子。这给了她足够的自信脱离自己的父亲。从暴虐的母亲手中幸存下来之后，她能够独自远航，卸下寄生式的父亲这个负担。她再也不受无力感的困扰，轻度抑郁症很快就消除了。她能将父母抛在脑后，不再认为自己有责任解决他们之间的问题。

实际上，在治疗过程中，我们发现帕梅拉和父亲从没有真正地亲密过。父亲只关注自我，他只是在女儿有用的时候利用她。她完全无法想起父亲有任何同情或安慰她的情况，一次都没有。当她感到脆弱或需要他人的时候，父亲不会有任何表示。不论是童年时还是成年后，她都只能向保姆求助。

这个故事表明，偏爱并非永远不用付出代价。代价之一就是频繁的同胞竞争。

偏爱与同胞竞争

卢西恩·弗洛伊德（Lucien Freud）是一位知名画家，他还是著名心理学家西格蒙德·弗洛伊德的孙子。卢西恩是家中最受宠的次子。众所周知，卢西恩对哥哥和弟弟都有很深的怨恨。弟弟叫克莱门特（一位公众人物，曾任前议员，现为主厨），哥哥叫史蒂芬。在自传中，克莱门特写道，当母亲到育儿室时，"她对我和史蒂芬只有点头示意，却会和卢西恩坐在一起说悄悄话，他们有秘密"。尽管比起其他孩子，母亲对卢西恩更加关爱，但这却没有让他感到高兴。卢西恩对自己的传记作家乔迪·格雷格（Geordie Greig）说，他觉得母亲的关注让自己感到压抑，他年纪已经够大了，可以离开母亲了。

小时候，史蒂芬和卢西恩有时会合伙欺负克莱门特，有时他们的做法甚至有些残忍。在第二次世界大战前，他们在柏林长大，史蒂芬和卢西恩会哄骗弟弟前去和纳粹士兵交谈，询问士兵是否见过猴子。当克莱门特回来后转述说那个士兵没有见过，他们就会给他一面镜子，让他照照自己的样子。这种"残忍"的玩笑似乎是男孩亚文化中常见的一部分。

碰巧我的母亲莉迪亚（娘家姓雅各布斯）是达汀顿礼堂学校的临时老师。1932 年，3 个男孩从纳粹德国逃出来后立刻被送到这里。莉迪亚对卢西恩十分严苛。卢西恩对马十分痴迷（莉迪亚在那个年纪时也一样），有时还会在马厩里和马匹一起睡觉。莉迪亚曾总结过，卢西恩有多么反社会，多么让人讨厌，甚至有一次他试图用生大麦喂马来杀死它。

　　长大后，史蒂芬和克莱门特的关系还算不错。但由于债务问题，卢西恩在很长一段时间里都对史蒂芬很失望。他对克莱门特态度尖刻，声称自己一直瞧不起他，还说克莱门特是个谎话连篇的骗子，并声称："对于我来说，他已经死了。"过去的40年中，他们一句话都没说过。

　　卢西恩和其他两个兄弟之间之所以会产生问题，最重要原因就是两人声称卢西恩是母亲婚外情的产物，而非父亲恩斯特的亲生儿子。卢西恩直到87岁时仍会对这个诋毁愤怒不已。鉴于母亲对卢西恩特别偏爱，其他兄弟会这样认为也可以理解，或者这可能就是真的。即使从外表看，他长得非常像弗洛伊德家族的人。当然了，这可能仅仅是兄弟间的"玩笑"。

　　3个男孩成了完全不同的人。史蒂芬似乎是胸无大志的类型，满足于经营一家独特的小店，店里主要卖门把手。而卢西恩可以说是20世纪最伟大的肖像画家。

　　克莱门特成了一名出色的主厨，而且还是喜剧演员及政治家（据说由于克莱门特接受了爵士称号，所以卢西恩拒绝接受相同的称号）。除了两人都成了名人、3个人都是狂热的赌徒之外，很难再找出其他任何相似之处。卢西恩得到的偏爱造成了同胞竞争，这种憎恨贯穿了他们一生。

　　另一个耐人寻味的例子是珍妮特的童年故事。珍妮特是一名记者，做过多年电视节目主持人，随后还做过制片人及编导。20世纪80年代时，我同她不论在私交还是在工作上都很亲近。珍妮特一直争强好胜，有时甚至会变得非常好斗。虽然她很有趣，也十分有魅力，但作为一名上司，她显得十分专横，要求下属对她迅速服从。珍妮特十分擅长办公室政治，而且通常能大获成功。

在珍妮特的自传中，开篇第一页就是哀悼自己变得和母亲一样了。她问："为什么我会变成她呢？"到了最后，不论是珍妮特还是读者，都没有弄明白原因。事实上，比起母亲，她似乎与父亲更为相像，这是偏爱、性别、出生顺序及与妹妹同胞竞争综合作用的结果。

她的父亲斯坦简直是个恶霸，也是家中的关注中心。她的母亲彻里十分害怕丈夫，有时甚至会遭到斯坦的身体虐待。她变得恭顺消极——认识她的人绝不会用这些词来形容珍妮特。斯坦会让所有人感到自己低人一等，似乎能算作一个"小型独裁者"。他认为，整个家庭都应该遵照自己设定的规则，还要求家人对他绝对服从。当其他人对自己没用时，他会毫不犹豫地抛弃他们。

从很多方面来讲，我认识珍妮特时，她也是如此。他们相似的原因之一就是，珍妮特是第一个孩子。

她唯一的妹妹帕特比她小两岁。父母间的战争似乎也同样在两姐妹间上演。总之，珍妮特受父亲偏爱，因此她在这场婚姻战争中站在父亲一边。

父亲是个十分冷淡的人，也没有任何亲近的朋友。他会带珍妮特去看自己最爱的富勒姆足球俱乐部的比赛和摩托车比赛。父亲一直想要个儿子，因此将珍妮特当作儿子对待，所以她养成了很多典型的男孩式的爱好。圣诞节时，她收到一个洋娃娃，但很快就将娃娃的四肢都扯了下来。当母亲把娃娃修好后，她又再次将娃娃截肢。

之后，她就得到了想要的儿童钢件结构玩具。

尽管掌控式人格来自父亲，但她极度好胜及好支配的性格则是激烈的同胞竞争造成的。珍妮特的胸部十分平坦，妹妹帕特却并非如此，珍妮特对此感到十分恼火。她曾写道："我真他妈的讨厌她。"帕特的性格友好活泼，因此十分受欢迎，珍妮特则把13岁的自己形容为一头不受欢迎的"喜怒无常的牛"。在成长过程中，她俩几乎完全无法忍受对方。

尽管帕特也十分聪慧，但父亲对待珍妮特的方式却像是她才是"聪明的那个"。珍妮特写道，自己"痴迷于在所有项目都获胜，从纸牌到拼写，从数学到英国棒球"。她汇报说，自己在学校时曾因写了一个"凄惨"的、倍受欺压的海边驴子的故事而获得了大奖。没有任何迹象表明，她意识到自己像个迫害别人的生物。或许她是在模仿父亲对母亲的行为，通过欺凌妹妹来摆脱这种感觉。

因为要和帕特共用房间，珍妮特在房间的中间画了一条线，警告帕特说，如果越过这条线她就"死定了"。帕特十分害怕，晚上会将腿绑在床架上，以防睡着时越过那条线。珍妮特用杀人般的目光恐吓妹妹，她写道："那个婊子的胸部竟然发育得比我早，我一定要给她点颜色瞧瞧。"她对妹妹十分嫉妒，以至于曾两次试图杀死她。

有一次在帕特下楼梯时，珍妮特全力推了她一把。幸运的是，最终帕特的头只被撞出了一个伤口。尽管珍妮特因此挨了父亲的打，两周后她又故技重施。

珍妮特怀疑，帕特早就料到了这种后果，因为这次她平稳地从楼梯上滚了下去，落地前还冲珍妮特摆了一个"V"字的胜利手势。那次之后，珍妮特写道："我完全绝望了，我必须要逃离这个家，为什么之前我没想到呢?"

在卢西恩·弗洛伊德及珍妮特的故事中,令人震惊的一点是,偏爱及同胞竞争对兄弟姐妹间的巨大差异产生了很大影响。尽管这些是极端的案例,但我们能从中看出同胞竞争十分普遍。作为父母,我们无可避免地会因为某个孩子的某些特点而对他更加喜爱。在某种程度上来说,由于基因,母女更相似,父亲则是同儿子更相似。父母经常说,自己竭尽全力对所有孩子一视同仁,他们也有可能在实际问题及物质方面成功地做到了这一点,比如会在孩子到一定年纪之后规定就寝时间、零用钱数量等。但精神层面的对待方式通常会超出父母控制。母亲厌恶一个女儿的生活方式时,就会禁不住对另一个和自己生活习惯相同的孩子表示喜爱。性格的一部分就是,对某些事物感到更喜爱,父母也无法避免这一点。童年的一部分就是,我们的出现会伴随强烈的喜爱和厌恶。而人生的一部分就是,在怀孕 8 个月之后不愿意要这个孩子。这让我们在家庭剧中的角色蒙上了污名。

蒙上污名

很多孩子都不是在父母的期盼下出生的,这通常会造成严重的后果。在一项研究中,研究人员在孩子出生一个月后,测试了母亲对婴儿的负面情绪。40 年后再次测试,如果母亲仍有负面情绪,那么她们的孩子在成年后与那些一直受喜爱的孩子相比,情绪变得不稳定的概率要高 18 倍(这意味着他们患精神疾病的概率会翻一番)。

在一项更先进的捷克斯洛伐克研究中,研究人员对 220 位儿童进行了鉴定，这些儿童的母亲曾两次要求流产却被拒绝。如果母亲不想要这个孩子，那么她们采用母乳喂养的可能性就更低。这些孩子到了9岁时，在学校的表现会比较差，不仅没有其他同学勤奋，也更易怒及心存戒备。15岁时，这些孩子的学业表现会更差，据老师称，这些孩子没有其他人勤奋。当询问这些孩子，母亲对自己的态度时，这些孩子称母亲对自己的积极兴趣很少，他们或是感到自己受到忽视，或是觉得母亲管控过强。与此一致的是，随后的大量研究已经表明，如果母亲在怀孕时不想要孩子，那么这些孩子在成年后患严重精神分裂等精神疾病的概率就会比其他孩子高3倍。

一项对172个家庭中5~7岁的兄弟姐妹的研究揭示了负面差别待遇的潜在原因。尽管多数孩子称父母双方对他们的方式不同，然而仅一小部分父母愿意承认自己这样做了——意外吧，意外吧，父母并不愿承认自己有更偏爱的孩子。就算一个孩子声称受到了差别待遇，父母也很少会承认。这有力地表明，父母认为自己是公平的（不难理解），但很可能孩子更加清楚真相。

父母间有很大不同。母亲一方的精神"不适"（比如长期悲痛、绝望、食欲不振、愉快、无精打采及自杀倾向）更能预示差别对待。愤怒的情绪也是如此。但父亲的这些特质却不能预示差别对待，这就表明了母亲的关键作用。这也是我们能够预料的。在多数家庭中，母亲在抚养子女方面的参与度（与孩子一起的时间，及与子女的主动交流）都比父亲更高。在养育子女方面，母亲的责任（比如接送孩子上学和看牙医）更多。仅仅是参与度本身，就会造成母亲对孩子进行差别对待。再加上不适或愤怒，母亲的差别对待很容易变得更严重。

研究表明，混乱的家庭（吵吵闹闹、缺乏规律以及凌乱）中会充斥更多的厌恶感。在这种压力下，任何差别对待的倾向都会变得更难控制，同时情况会进一步恶化。总体而言，单身母亲与其他母亲相比，更可能会对孩子进行差别对待。如果她们有很大怒气，情况会更恶劣。单身母亲承受的压力通常都很大，尤其是在缺乏时间和金钱的情况下。

当我们将所有测量的因素都考虑在内时，会发现它们可以解释差别养育成因的17%。然而，这项研究并没有测量父母的个人经历产生的作用，而这一因素很可能是至关重要的。我们下一章就会看到，后天培养会造成性格特征在代际传递，先天遗传并非原因，这一证据就表明了这一点。家庭生活如同一部电视剧，父母的童年经历就是主要剧作家，而反过来，他们的童年也受到祖父母童年的严重影响，循环往复。

理智地讲，想要做人工流产的父母是少数。大部分情况是由于某个孩子的性别、出生顺序或是他引发了父母始自童年期的某种不满，父母对他产生了轻度厌恶。关于受厌恶孩子的绝佳例子就是佩妮·利奇（Penny Leach），她写了很多育儿方面的书籍。

佩妮是三姐妹中的老二。2003年，我为了写报纸文章曾对她进行采访。她告诉我，比起自己，父亲更偏爱姐姐："我们的关系从没好过。父亲一直对姐姐全心付出，直到他去世那天。对于他来说，姐姐拥有完美女人该具备的所有优点——她确实是个美丽的女性，连我自己都十分喜爱她。如果我是个男孩，或许父亲会更喜欢我。但说真的，他不愿意为第二个女儿费心，尽管几年过去后，对第三个女儿他做得要好很多。"

利奇的父母在她 12 岁那年离婚了。从那时起，她不得不在父母间辗转，还要照顾比她小 7 岁的妹妹。这个妹妹"完全就像我的孩子。我们会被送上火车，到父亲家去，但我们都不乐意。父亲从不是个会亲自照料我们的人，那里也缺乏母亲的角色"，"5 岁的孩子是不会处理这种情况的。如果自己的母亲不在，那么充当别人的母亲是一个不错的选择。我仍然对母亲感到十分愤怒——这实际上可能是我自身愤怒的一种直接投射"。换言之，她感到自己不被父亲喜爱。因此在父亲家中，她通过照料妹妹来处理这种情况（这或许可以被称为"我不好，但希望你好"现象）。

由于不被父亲喜爱，利奇对一些问题表现出了强烈的关注，比如帮助父母从孩子的视角看问题。佩妮的父亲是个独裁者，因此会把成人的观点强加到孩子身上。但母亲是个以孩子为中心的人，当谈到佩妮的问题时，父亲会说"不要让她和你争吵"，母亲则会回应"如果她不争吵，那她怎么会进步"。

她回忆道："妈妈是我的人生之光，是我生命中最最最特殊的人。准确来说，她并不放纵我们，她是一个非常具有奉献精神、聪慧又温暖的人。"写书时她很可能更认同以孩子为中心的理念，这也是在与父亲争论时母亲的看法。

愤怒的烈焰仍在燃烧。当别人问她，是否考虑一下吉娜·福特（Gina Fort）的建议，让母亲在白天每 2~3 小时给年幼的孩子喂一次奶，以此来让母亲晚上睡个好觉时，她回应道："如果人们在伊拉克的监狱中不断叫醒某个人，我们会称之为虐待。对婴儿来说，好的照料方式就是回应他们。如果你不让婴儿自己在感到饿了之后主动跟大人要食物，并感受吃饱了带来的满足感，那这种方式就不是好的照料方式。"

由于在家中的位置及自己的性别，利奇不被父亲喜爱，这对她今后主张的儿童养育理论，以及她对这些理论的热情产生了影响。在我和吉娜·福特的谈话中，情况也是相同。吉娜是影响力极大的《满足小婴儿》(Contented Little Baby Book)一书的作者，她和利奇接受了同一系列报纸的采访。

不论你认为福特是邪恶的大撒旦还是现代父母的救世主，几乎没有父母对她的观点持中立态度。与批评者的观点相反，吉娜强调，自己的方法绝不是让婴儿挨饿或一直哭泣。她还补充说，自己的这套方法是将婴儿的需要放在首位。她写作的目的是尝试将一些例行的程序应用到父母和孩子的生活中去。两天里，我们通过电话交谈了几小时，一起探讨这些观点的起源。

54年前，吉娜出生于苏格兰东南的一个农场，母亲是一位单身母亲，而她是家中独女。吉娜就是作为独生子女可能受到哪些影响的典型例子，这种情况可能导致了她的受害者化。尽管父母会将信仰、美德及病态倾注在家中长子长女身上，但弟弟妹妹的降生意味着这一影响会逐渐减弱。而独生子女会增加父母的影响强度，这就是出生顺序的极端影响。

福特的父亲在她出生后不久就离开了家，她的家里没什么钱。因为太穷，即使是工薪阶层在她们看来都很"上流"。好在农场是个迷你社会，她并非仅靠母亲一人养育，附近还有其他亲属。因此福特回想起过去时，感受到的都是满满的爱，也不觉得压力很大。尽管如此，母亲的情况却并不好。生产后，母亲因抑郁症住院治疗了两三个月，福特在一岁之前有很长一段时间都不在母亲身边。福特伤心地回忆道，母亲此后一直遭受着抑郁症折磨，并需要一直服用镇静剂。

有些书籍奉劝父母训练孩子单独睡觉，或许福特被这些作者吓到了，因为她本人直到 11 岁还和母亲一起睡。后来母亲再婚了，福特便不得不单独睡，现在回想起来这事，她还是十分沮丧。

她很快联想到自己失眠的事——对于一个产科护士来说，这点倒很有用。由于一直在母亲的床上入睡，她从没学会自己单独睡觉。

你不必成为西格蒙德·弗洛伊德那样的大心理学家，就能从福特的这段经历推算出，她想帮助我们和孩子分离开来，帮助他们规律睡眠，并设定清楚的"界限"。原因就是她自己从没有过高质量睡眠，所以希望其他孩子能有这个机会，同时避免他们在成年后患上睡眠障碍。

毫无疑问，福特最大的身份认同是和"自己"这个孩子。她很喜爱小婴儿，对他们十分着迷。如果有人认为孩子们很无聊，她会觉得完全难以理解。然而，她和那些母亲的认同感更强，这或许可以追溯到她自己母亲的问题。

多项研究表明，如果母亲患有抑郁症，孩子通常会变得"超级善解人意"。对于母亲拉长的脸和坏脾气，他们总是试图弄懂真正问题并努力让母亲开心。如果福特小时候对母亲的感情是这样的，我们就完全可以理解她对那些患精神病的母亲表现出的极大关心。她也希望自己的书能保护她们——她有可能成了社会工作或治疗方面的专家，而这些书恰好是她表达自己感受的移情方式。

很多人指责她的书鼓励母亲不管孩子，让他们一直哭，哭累了就会自己入睡。而她的反驳也表明她可能更加专注父母的困境而非那些婴儿的境况。她坚持认为在几个晚上短暂地哭上一段时间不会对婴儿造成任何永久性伤害。而如果哭泣的孩子分散了父母的注意力，则会导致父母筋疲力尽，从而造成夫妻没有时间单独相处。她认为当下的高离婚率就是上述观点的证据。

当我告诉她，她的书可能就是在无意识地为自己的母亲提供一种预防抑郁症的方法（以及父亲在她出生后不久就离家出走）时，她承认了。然而，同时她也认为自己对这些母亲的关心可能体现了一种对爱、"归隐"和霍华德·休斯（Howard Hughes）式自我的需求。吉娜希望有另一个吉娜来照顾自己，作为助产护士，她时常给别人提供的帮助，她希望自己也能得到这样的帮助。但最重要的是，她给了那些母亲从未有过的经历。她照顾那些母亲并希望自己幼年时能有这样一个人照顾自己。

对于自己"过分娇惯子女"的母亲遭受的痛苦，福特感到了强烈的身份认同，或许这就导致了她在规劝现代母亲时，几乎是用一种咄咄逼人的口吻。她认为这些建议能使她们免于精神崩溃，并认为掌控人生是一件再好不过的事，而这些办法就能让这些母亲得以控制自己的人生。

她与那些以孩子为中心的专家——比如利奇，之间存在着差异，而差异的核心就是：反对者说，福特将母亲的需求放到统治地位，远远超过了孩子的需要，这是以丧失孩子精神健康为代价的。而福特对这种说法表示反对，并认定自己的例行方法在本质上是对母亲混乱养育的解毒良药。她认为，母亲其实想要别人告诉自己该如何去做。

有趣的是，如果福特不是家中独女而是第二个孩子，那她写出现在这些书的可能性就非常低。由于在家中的位置，她遭受了大量痛苦。

不论这场争论谁对谁错，利奇和福特的故事都说明了造成同胞差异的原因。她们都受过不同程度的虐待，而虐待细节的不同造成她们对母亲职责持有截然不同的观点。不同的虐待方式为长大后加入家庭剧中的孩子设立了背景，造成同胞竞争的关键原因，也会影响孩子在家中的角色。最大的影响则是直接导致他们的情绪消极。

在那些成功人士的例子中，有趣的一点是，他们志向的根源明显可以追溯到自己家族的历史中。那些认为天赋是先天的观点，实际上是错误的。不论志向还是成功的满足感都是后天培养的，这些我们会在第七章中谈到。

到目前为止，这本书最令人震惊的结果就是它解释了性格特征在家族中世代相传的原因。父母通过各种特殊的方式对待孩子，造成不同的言传、身教及身份认同作用，通过特定方式来虐待或关爱孩子。在某些情况下，这些行为模式已在家族中相传数代。这就导致了一个惊人结论的产生，这种结论对现代人类心理进化观点进行了强烈的驳斥，坚持认为基因并非性格特征在代际相传的原因，后天养育的模式才是主要原因。

到底该如何做？三条建议

一、梳理出自己在家庭剧中的角色

试着写出自己觉得自己在家中所扮演的角色——数学成绩好不好，是否擅长体育，受父母偏爱还是冷待，等等。一个有趣的附加方案是，测试其他兄弟姐妹，可能的话还有父母，询问他们对于你的角色的看法如何。不必太过严肃，只需要问他们："我一直在思考自己是什么样的孩子，在家中别人如何看待我。你认为我的角色是什么样的——是聪明的那个？笨拙的那个？还是迟到/早到/懒惰/勤奋的那个？"

同时，确定其他兄弟姐妹在家中的角色也是十分有价值的。一旦确定自己的角色及他们的角色，你就能自己找点乐子了。下次全家团聚时，如果他人认定你为某种特定角色，你就努力扮演相反的角色。举例来说，圣诞节到了，你们齐聚父母家，如果大家认为你健谈、好争辩，那你就试着保持安静不争辩。如果你本是懒惰的那个，那这次你就抢着洗碗打扫。

这件事的神奇之处就在于，不论是否已经做出改变，家庭都会继续将你的固有角色加之于你。实际上，回家后，人们通常会恢复原状。掌控欲和攻击性极强的总裁，在面对父母和兄弟姐妹时可能会变得安静顺从。如果试图打破这种固有模式，结果却故态复萌，你也完全不必感到惊讶。

作为锻炼，强迫自己用一种与原本性格相反的方式能算作一种治疗。举例来说，如果你害羞或外向，感受相反的性格能让你获得全新的体验。探索相反性格的开端，可以算作是寻找全新自我的萌芽。

二、出生顺序、性别和其他因素是怎样对你在家庭剧中的角色产生影响的？

确定自己的角色后，下一步就是分析这种情况的成因。

或许你一直是家中比较懒散那个，或许你年龄最小，哥哥姐姐既令人生畏又爱出风头。你如果胆敢挑战聪慧、擅长运动或有魅力的兄弟姐妹，很快就会被击败。因此你的应对方式就是，培养自己放松、不争抢的形象。

事情可能就是如此简单，但在通常情况下，父母的形象也会投射到你身上，这通常基于他们自己的经历。或许父母中的一个在祖父母的家中也扮演相同角色，这也会影响到你。作为家中最小的孩子，你很难获得父母的关注，因此要通过扮演那样的角色来巴结他们。

作为最小的孩子，实际上你也的确会受到忽视：父母忙于开车送哥哥姐姐参加数学辅导班、芭蕾舞课及足球训练，因此5岁前你就不得不当个小尾巴，永远跟在他们身后，精神上完全被忽略。

同时，另一个原因可能是，父母已经用尽属于自己的，可以加在孩子身上的特征。或许他们渴望一个学业出色的孩子，而年龄最大的孩子已经抢占了这一定位。在大家族中，你是第4或第5个孩子的话，父母就没有剩余特征能给你了。

研究出生顺序、性别、同胞竞争、偏爱、污名化是如何在你这个特定例子中产生影响的，你会得到非常有价值的结果。对于上一章中我们描述的幼年问题来说，这些自助行为操作起来也许比较困难，因为你可能很难回想起来。但你能从亲属那里获得一些信息，通过拼凑这些故事，便能从固有的模式中脱离出来。

我们需要牢记的是，现在发生的很多事可能都是受上代生活事件影响的。这一点我们在下一章也会探讨。一个令人震惊的领悟是：负面性格特征（懒惰、坏脾气、工作狂）是从上代那里传下来的，就如同皇位继承一样无情。

三、未竟理想的正面作用

尽管这本书的大部分内容都在关注父母对子女的投射所产生的负面影响,在这里需要说明的是,对于我们来说,父母对我们授予身份是极其重要的。

在接受儿童临床心理学培训时,被分配给我的第一位患者令我终生难忘。这个 12 岁的女孩,从幼年起就在育儿机构长大。她从来没有面部表情。在治疗过程中,她也从没对任何事表现出任何热情。毫无疑问,部分原因是我年轻没经验,或许她认为我只是一群瞎掺和的心理专家中新来的一个,因此没有任何想参与的意思。但从她的话中,我能清楚地看出她一直都在受忽视,没有一个成年人对她的出现表现出过兴趣,也从不对她的成就表现出喜悦,不论成就大小。

这种情况从她出生起就有了。唐纳德·温尼科特的名言"其实世界上根本就没有什么婴儿"的说法是正确无比的。他的意思是,除非有人对婴儿提供正面有回应的照料,否则他们无法成为有强烈自我意识的人。只有在这种敏感程度下,婴儿才能够感受到"这是我的嘴在喝奶,是我自己的肚子在从饥饿到饱腹"。但这位患者从没有类似的经历。

这位患者也表明了约翰·鲍尔比的主张,对于儿童而言,关爱就如同维生素。没有了爱,婴儿甚至可能会死去。从存在主义的层面来讲,这位患者实际上已经死了。

从婴儿期到童年早期和中期,我们需要父母对我们的选择和行为表现出满意,但不仅如此,我们还需要他们对我们抱有期望。无论我们多么抗拒或是适应或是接受他们,如果不是父母的期望让我们知道自己应该成为什么样的人,我们就会茫然不知所措。

第 六 章

当年的父母可能和我们一样

时至今日，我仍能清晰地回忆起那次在朋友家吃晚饭时的情景。那天我有幸结识了一位神经－精神病医生，作为英国顶尖脑功能障碍治疗医院的高级专家，他曾接受过大脑运行原理方面的专业训练。他认为，像其他疾病一样，"精神病"也可以通过物理疗法治愈。"既然精神分裂在家族中世代相传（属于家族遗传病），那么它一定是一种遗传特性。"他以绝对医学权威的论调缓缓沉吟道。呜呼哀哉，恐怕现今仍有很多精神病学专家持有相似论点。

当我反驳他说，精神分裂症的世代相传并非由基因造成，而是受到后天父母对子女养育的影响时，这位专家迷惑不已。实际上，他过了好一会儿才真正明白我的意思。他最终恍然大悟，并告诉我说，他承认自己从未考虑过这种观点，他的老师也从未和他解释过这种可能。医生在接受专业培训时，通常被灌输的观点都是精神疾病是由生物遗传导致的，从而导致他们明显忽视了那些能说明环境因素才是精神疾病成因的广泛证据。当然，如果你了解医学行业和医药企业进行研究时存在的束缚，这一结果就不会让你感到惊奇了。就精神分裂症来说，尽管人们早已就虐待是精神分裂症的主要成因这一事实达成共识，然而目前针对生物因素和药物治疗的研究仍然比针对环境因素及其相应疗法的研究多出 45 倍左右。同时，医药企业与医疗行业紧密相关甚至早有勾结，它们利用医药企业的财力，大力宣传自己的生化论调。同时超过40%的精神健康类网站都靠医药企业出资运营，而这在很大程度上对公众造成了系统误导。这些网站声称精神疾病同其他疾病相同，然而却无法被彻底治愈，只能（通过药物或者暂时转变思维方式）对病情进行控制，因为这些精神疾病注定会伴随患者一生。

大多数性格特征会在家族中世代相传，诸如性格内向、羞涩、高智商以及一些精神疾病，关于这一点我和那位精神病专家都表示认同。然而，正如第四章开篇所言，尽管遗传对它们的影响与我们通常认为的并非完全一致，但是在这方面家庭成员之间的相似程度仍比非家庭成员间高。有一级亲属患抑郁症的人比那些一级亲属没有患病的人的患病风险高出3倍。而对于焦虑症来说，这取决于不同患病种类。最终的患病风险会上升4~6倍。高智商会在家族中世代相传，个性特征则较少如此。某种特征具有家族共有性虽然是事实，却完全无法揭示其成因：这种特征代代相传既有可能是先天遗传造成的，也有可能是后天培养造成的。

精神分裂症可能属于家族遗传病，然而它的一大成因——性虐待也同样如此。如果一个人的母亲患有精神分裂症，那么这个人患病的概率就比那些没有患病亲属的人高出约9倍。（然而，有趣的是，如果患有精神分裂的亲属是父亲而非母亲，则患病概率会缩小一半。这是因为在养育子女方面，母亲比父亲花费的时间明显更多）。一个针对59项研究的调查报告发现，被确诊患有精神病的女性中约47%曾遭受性侵犯。报告同时显示，如果是近亲作案，则受害人的精神病症状更为明显。同时，近亲多次性侵犯造成的伤害最为严重。如果现在可以确定性侵犯是造成精神分裂的一项重要原因，那么我们就同样可以确定这种虐待行为是在家族中世代相传的：如果一个人的兄弟曾犯有性犯罪，那么这个人犯这种罪的概率比其他人高出5倍。

然而，性虐待并非精神分裂症的唯一成因。调查报告显示，在童年期，任何因素导致精神分裂的可能性都比其他时期高出2~3倍。有趣的是，在这一时期，导致精神分裂的最大诱因并非性虐待，而是精神因素，诸如父母管控过严、他人侵扰、敌对行为以及受害者化。而虐待造成的影响与受虐程度相关这一事实也清楚地表明：受虐待次数越多，程度越严重，患病风险就越大——这是一个很普遍的事实。遭受3种不同虐待的人比未受虐待者患病风险高18倍；如果受虐种类达到5种或者更多，那么这一数字甚至会达到193倍之多。遭受某种虐待的程度越严重，受害人患病风险就越高：遭受重度虐待的儿童在成年时期患精神疾病的概率是遭受轻度虐待的儿童的48倍。

类似证据表明，在其他严重精神疾病方面，童年期遭受虐待带来的影响也具有普遍性，例如双相情感障碍（极度情绪波动）以及人格障碍（狂躁情绪以及我-我-我的自恋症）。与那些没有患病的人相比，童年期遭受过虐待的情况在抑郁症和焦虑症患者中也十分普遍。

同样地，基因遗传观点也无法解释为何高智商会在家族中世代相传。尽管双胞胎研究的结果表明基因具有关键作用，而且这一说法早已被广泛宣传，但是迄今为止人们仍没有发现具有关键作用的特定基因。2013年英国媒体大肆宣称，个体16岁时的智力测试结果用基因理论是完全可以解释的，但这一说法是错误的。它是以最近频频遭受质疑的双胞胎研究（见附注2）为根据的，而非对基因本身的研究。

一百多年来，优生学家坚持认为低收入者的智商也较低，因为遗传基因使他们祖先的地位不断下降，直至跌入社会底层。我们已经知道决定能力大小的基因并不存在。研究同时表明，在低收入家庭长大与智商较低这两者具有因果关系，而非相关关系：低收入家庭藏书量较少，因此无法充分激发人的认知能力，而一定水平的认知能力是人在智力测试中取得高分的必要条件；然而当低收入家庭的子女接受额外帮助并提升了自身能力时，其智力测试分数的提升情况则十分显著。实际上，造成个体低智商进而从事低收入工作的原因并非基因，而是后天培养。

然而，人们很少关注这一事实：低收入家庭的儿童如果在很小的时候就被中产阶级家庭领养，那么他们长大后的智商分数会比自己的亲生父母平均高出18分以上。个体早期受到的精神伤害很难修复，但激发智力的潜能却完全有可能。

事实上，一项研究表明，在母亲有海洛因毒瘾的情况下，如果她们的孩子在一出生或者出生不久就被更加稳定的中产阶级家庭领养，那么这些孩子的心智能力就比一直跟随有毒瘾的亲生母亲生活的孩子明显更高，能达到领养家庭阶级的水平。而由具有毒瘾的母亲抚养长大的孩子比其他孩子能力低的原因之一就是他们无法集中注意力。同时，他们之中将近一半的人都可能患有注意缺陷多动障碍，这是母亲注意力不足以及母体化学物质遗传造成的。因为母亲一旦沾染海洛因毒瘾，就无法照看婴幼儿并满足其需要。

性格特征在一定程度上也会在家族中世代相传。然而，如果人类基因组计划的发现是可信的,那么基因就并非其成因。媒体对明尼苏达州的双胞胎分开抚养研究进行了大量报道,这一研究错误地宣称,性格特征的遗传性极大(见附录3)。而对另一项在科罗拉多州开展的更可信的实验,媒体却几乎没有进行过报道。

这项研究以469名被收养者为研究对象,平均而言,这些研究对象在出生后29天就被收养了。(不同于明尼苏达州研究中许多研究对象,在这项研究中,亲生父母几乎没机会对研究对象产生任何影响。)在研究中,亲生父母在孩子出生后不久就接受了详细测量。这些孩子在9~16岁间接受了性格特征的测试,测试结果显示亲生父母与子女在性格特征方面没有显著相关。这说明,性格特征不具有可遗传性。

如果精神疾病、智商及性格特征确实会在家族中世代相传,同时其产生原因并非基因,那么本书第一章、第四章、第五章中说明的传递机制就显得至关重要了。尽管很可能还有其他尚未被发现的生理机制(就像我儿子的运球方式那样),但很明显,性格特征之所以会在代际传递,很大程度上是学习(言传、身教和身份认同)、虐待和关爱造成的。

性格特征如何在家族中传递

20世纪初,有一位母亲认为新生女儿十分丑陋。为了不让访客看到(同时不让自己看到),她常在婴儿脸上罩上头巾。这位母亲出身贫寒,虽然嫁给了一位中上层阶级的男士,但是很怕遭到别人羞辱。到了女儿大一点的时候,母亲不停地跟她说,她肯定嫁不出去。

还在日记中抱怨:"我到底做错了什么,才会生出这么一个在社会上失败又讨人厌的女儿?"几十年过去了,女儿年老后,是这样描写自己的:"悲哀的是,我承认自己一直生活在幻想世界里,完全无法接受事实。"她一生都未摘下过面纱。

对于这个孩子,所谓的丑陋(仅是早产体重过轻罢了)是母亲自我缺陷及在社会上没有吸引力的折射。这就是父母将自己厌恶的感情以"我很好,而你不是"的模式倾泻到孩子身上的例子,将自己在社会方面的不理想转换成了孩子的生理缺陷。

20世纪40年代,上文的女儿也成了一位母亲。她曾写道,自己的一个女儿"非常难对付。她会大喊大叫直到得到想要的东西。从出生到长大,一直既吵闹又难管"。在她笔下,自己好像是受到了女儿的折磨和压迫。她认为问题"在于"这个女儿。

20世纪70年代,那个"难应付"的女儿也生下了一个女儿。她抱怨女儿有多么贪得无厌,总是不停地尖叫吵闹,从小到大一直都十分"难对付"。同外祖母和母亲一样,她认为问题"在于"女儿,而不是自己与女儿的相处方式。

2013年,这个女儿也成了一位母亲,她发了邮件给我,谈到了自己7岁的女儿。这个孩子情绪多变,经常发怒。穿什么衣服、吃什么东西、什么时候去上学、要不要去上学都能激怒她。这些情绪爆发的例子会使人联想到她母亲幼时的样子:面红耳赤、大吵大闹甚至胡乱拍打。女孩压迫自己的母亲,告诉她应该站在哪,从车后座攻击她,甚至拒绝走路上学。

一家4代母亲都受到女儿的折磨,其中3位甚至算得上被压迫。这种模式在母系一支流传下来。而这种流传机制又是如何运作的呢?

在人类基因组计划得出研究结果前，人们可能都会认为案例中的女儿出生时携带同一种基因密码，而这导致她们变得难以相处。这种说法看似挺有道理，因为特定的DNA序列会导致某种化学物质释放。不论这些女孩受到何种照料，她们都会变得难相处。如同天生携有某种基因序列的人会患上罕见的基因疾病，比如亨廷顿舞蹈病或唐氏综合征（已被证实过的疾病），难相处的情况也是一样。绝大多数基因学家之前的预测就是如此，然而这一模型已被证实是虚假的，现在几乎没人会支持这种理论。实际上，现在所有科学家都不相信特定基因能够决定智商、性格或是这个例子中涉及的儿童的行为问题。

然而，仍有人相信两者兼有的模式，即先天遗传和后天培养的结合。这些女儿可能都遗传了一些基因，这些基因导致她们更容易变得难相处。但是只有当这些同父母的不良养育相结合才会导致最终后果。然而，这些孩子也会在那些特别体贴的照料中获益更多。在这种模式中，只有基因或父母的不良养育都不会导致这种后果，两者兼有才会如此。

有一种基因会与5-羟色胺（会对攻击行为及抑郁造成影响）结合在一起。对证据的回顾表明，特定基因变异似乎能增强由父母虐待造成的伤害或是积极照料带来的良好结果。然而，这种结论遭到了许多驳斥，因为多项研究都没有再次得出这种结论。尽管研究仍会发现基因带来的一定影响，但都远不如虐待的影响大。其他"候选基因"的情况也是如此。关于特定基因同虐待结合会导致个体在面对攻击时表现得脆弱这一假设，我们再次进行了相同的研究，却没有得到相同的结果。

人们尽管对造成难相处行为的基因变异理论有很多的质疑，但对父母养育的关键作用却一致认同。大量从儿童童年期持续至其成年期的跟踪调查表明，童年期的不良养育是行为问题的主要成因，例如不服从和攻击。第一个例子表明，缺乏回应的早期照料会造成儿童更加缺乏安全感，同时无法控制自身情绪，容易反应过度。他们会更加恐惧，然后通过愤怒来处理威胁。不论孩子多大，缺乏来自父母的体贴照料都会使他们的攻击性变强，产生同样效果的还有父母的敌对及攻击行为。研究还表明，难相处型儿童的父母更可能通过"高压"教育的方式来控制他们。这些父母会通过强迫的方式让孩子服从，而不是温和的方式。

他们不停地"唠叨"，从温和一些的说法——像是"不许这么做"，"我说了不许这么做"，"都告诉你了不许这么做了"，语气逐渐加重直到尖声喊叫。到了一定程度，还极可能演变为身体暴力，而这一点被证明是造成童年攻击及成年暴力行为的直接原因，与基因无关。同样，父母养育的规则很可能前后不一：儿女做出相同的行为后，有时会受到惩罚，而有时却会受到褒奖。

总而言之，事实不容争辩，攻击型及破坏型的孩子都曾受到父母的无意训练。问题的核心在于，父母在教育孩子时会完全丧失控制，变得面红耳赤、情绪失控，如同幼童或小孩。我们中的多数人甚至是所有人，在年幼时都有过相同经历（就我自己来说，当时是因为买了一件T恤衫），对于一些父母来说这种情况会变成一种惯常的事，而且越来越频繁。这种唠叨开始干扰每次交流，孩子开始习惯这种状况，几乎不需要其他条件就能让孩子或父母进入敌对状态。他们甚至能预测这些情况，仅仅一个字或一种表情就足以激发敌对行为。问题就在于，父母越来越无法保持成年人的状态，诸如冷静理性、保持不偏不倚的态度等。

惊讶吗？惊讶吗？父母的表现如此糟糕的原因是他们自己的父母就无法实施"权威性"的成人式教育。面对幼儿及儿童的正常自我表达，由于他们自己曾是父母坏脾气及怒气的受害者（祖父母自己的经历也一样，可以一直追溯到几代之前），因而表现得十分糟糕。这一情况部分是因为身教，部分是身份认同，还有一部分是父母失控尖叫对儿童产生的创伤。

这种在代际间相传的"愤怒攻击"可由上面几个母亲的例子来说明，几个母亲随后都写下了自己的经历。她们全都认为女儿难相处的个性是女孩自身的缺陷，却没意识到这种后果的成因。在最后三位母亲的例子中，她们都感觉受到了女儿的压迫。她们小时候受过虐待，现在感觉女儿也在虐待自己。没错，她们的女儿确实有些难以相处。但这些母亲无法明白的是，正是她们自己唠叨、攻击及身体虐待等行为激发了女儿这些行为。女儿如同小时候的她们，长大后也会虐待自己的女儿，就像她们现在一样。

以最后一个母亲为例，她后来成了我的患者，我称她为艾米。我第一次询问她，自己的童年是什么样的时候，她回答说"糟透了"，甚至还大哭了起来。当她还是婴儿的时候，母亲就无法适应她的需求，这种情况在代际一直传递。艾米是个难管的孩子，她爱哭，母亲觉得她贪得无厌。这为之后的相处制造了一种不安的模式。

母亲易怒、爱挑剔，在艾米很小的时候就会打艾米。在艾米练小提琴时，仅因为意见不同，母亲就会用琴弓打她。外出购物时，她们就买裙子还是裤子产生争论，母亲也会打她，甚至会当着外人的面羞辱她。

比暴力更糟的是，只要和母亲在一起，她就感觉"如履薄冰"。母亲是个暴躁易怒的人。一次，因为艾米没有打包好行李，母亲就突然大发脾气，还在地板上像个孩子一样滚来滚去。卫生问题、食物选择等一系列问题都会引发争吵。艾米对音乐的选择则是个特别的导火索，母亲只接受古典音乐，而对于艾米喜爱阿巴合唱团（Abba）的事，母亲就大加嘲讽甚至明令禁止。

周六清晨，母亲会走到卧室中央，将所有衣服物品扔出来堆成一堆，要求艾米马上整理好。在制造了一团糟后，母亲会责怪孩子不整洁。母亲会将内心的混乱转换为频繁找艾米的麻烦。

母亲的这种行为，实质上就是亲密恐怖主义的一种。这种情况会出现在配偶虐待者身上，同时也会出现在这类父母中。这种情况包括，使用任何家庭及社会方面的方法向受害者灌输恐惧感，通过狂怒及身体暴力的恐吓来完成。这种亲密恐怖主义在代际相传，源自第一代母亲或她的先人。

艾米的母亲有时非常残忍，会当众嘲讽她。在艾米难过时，母亲都会讽刺说："看啊，艾米又在大惊小怪了。"这是暗示别人，艾米的哭泣只是故意让人同情的伎俩，她将真实的难过贬低为表演。

母亲是个完美主义者，年轻时体育十分出色。她将自己不可能完成的标准施加在艾米身上。艾米被剥夺了很多自主权利，这只是其中的一项：母亲从不将她视为一个有权利拥有不同观点的个体，不会把她当成一个独立的个体去尊重她。

在艾米的记忆中，母亲一生中只有一次为自己的这些行为表示歉意，而且只是用暗示的方式，给艾米买了个礼物，没有说任何道歉的话。母亲是那种从不承认错误的人，认为世界必然有对错之分，没有灰色的中间地带。

艾米被描述为一个有缺陷的孩子，一个有问题的人。她会一边坐在台阶上听母亲对一件事的争论，一边害怕她真会被宣称为有病，被强行抓走送到精神病院。父亲也会专心聆听（他也一直受到恐吓，被迫服从妻子的极权主义统治）。长大一点后，在她读莱昂内尔·施赖弗（Lionel Shriver）的书《我们需要谈谈凯文》（*We Need To Talk About Kevin*）时，母亲暗示说艾米就像书中描述的那个男孩一样，是个疯狂而危险的孩子，这让艾米感到极其愤怒。这也导致艾米对自己和母亲身份的认知产生了极大混乱。实际上，母亲才是吓人的那个。

即使到现在，按理说她们都已经成年了，然而一旦艾米对母亲说这样的话，就会招来母亲愤怒幼稚的回应。这就让艾米身处一种两难境地：一方面，如果她同意母亲的观点，那么她就是错估了自己，就要接受母亲的观点，认为自己是一个精神紊乱的人——尽管明显母亲才是有问题的那个；另一方面，如果她不同意母亲的观点，就会受到母亲激烈言辞的冲击。进退维谷的境地就是艾米童年的遭遇。

上文中所有母亲的日记都显示出相似的经历，一系列虐待式的"我很好，而你不是"的模式在家族中代际相传，通常连细节都完全相同。通过我们的共同努力，艾米能够停止这种精神虐待了，而最大的挑战则是相信那些难以置信的事实：母亲真的虐待过她，而这确实不是她的错，她也并没有固有缺陷，能为那些虐待行为找到正当理由。渐渐地，艾米能在一段很长的时间里不再相信母亲对自己的描述了。然而，她开始担忧我是否认为她疯了或有问题，担心我会叫那些白衣人（指精神病医生或精神病治疗工作者）来抓走她。我推荐她看一档名为《黑道家族》（The Sopranos）的电视剧，剧中的儿子托尼也十分费力才能接受母亲为满足自身需要会不惜一切代价，即使是牺牲儿子托尼。

从治疗开始时，艾米就明白自己的童年是不幸的，这一情况有些特殊。后代斯德哥尔摩综合征通常会导致我们对虐待自己的父母无比忠诚。然而，对于她来说，相信自己受虐的事实还是非常困难的。随着时间的流逝，由于和我之间产生了不同于她和母亲的关系，她渐渐开始感觉到一种安全感，并将这称为一种"温情效应"。

更重要的是，由于我们的共同治疗，她在很大程度上停止了对自己女儿的愤怒攻击。她对女儿实施了爱的炸弹的方案（见第四章中的三条建议部分），并停止每天对女儿发脾气。

接下来一年中，女儿的愤怒攻击不管是在数量方面还是在强度方面都减少了。尽管有些时候仍会故态复萌，看起来像是没有任何改变，但症状总是在逐渐减弱。在一些关键的方面，女儿产生了质的进步，举例来说，她第一次享受同龄人陪伴，而且在学校表现出色。

这个女儿就有了真正的机会，当自己有了女儿后，她就可以通过一种良性的养育方式来向后代传递积极特征。父母积极和消极的养育模式在代际传播的证据十分确凿。这同本章开始时讲述的神经精神病学家的观点正相反——心理特征在代际传播的原因并非基因而是养育模式。

父母养育造成性格特征的代际传递

迄今为止，有至少 10 项研究可以证明，诸如愤怒攻击这类难对付的行为，都是通过养育在代际相传的。如同在艾米的家族中，传递机制就是残酷的父母养育，而非基因。这些研究考察了一系列儿童接受的养育方式，随后探究这些养育方式是否会导致下一代人表现出难相处的行为。举例来说，一项研究表明，如果母亲对孩子的态度愤怒而具有攻击性，那么孩子会变得和父母一样。如果这种方式现在不存在，那么在下一代中也不太可能出现。

研究发现，其他性格特征的代际传播也是父母养育方式造成的，与基因没有任何关系。举例来说，在第二次世界大战期间，是否会受纳粹迫害不可能是由基因决定的。在大屠杀的幸存者的两代后人身上，我们仍能看到心理创伤的痕迹，而传播的方法就在父母的养育方式中。大屠杀 50 年后，由于先人的创伤，幸存者的后代及他们的子女在精神上仍存在不安感。大多数幸存者都患有创伤后应激障碍，这无可避免地对他们教育子女的方式产生了影响，而且意味着他们在与子女的相处中会有更多的精神虐待及忽视。反过来，这会影响这些孩子长大后为人父母的方式。

退伍军人及他们的子女身上也有同样的问题。特别是，父母患有创伤后应激障碍及相关问题会导致子女极其痛苦。而父母没有患上创伤后应激障碍的话，子女的苦恼情绪则会大幅减少。

一个大屠杀幸存者的女儿与我取得了联系并解释她受到了怎样的影响。幸存者，也就是她母亲收藏了大量大屠杀的藏书和影像资料。在兄弟姐妹五人还很小的到时候，母亲就让他们看这些资料。母亲患有创伤后应激障碍，因此很容易大发脾气。晚上母亲会梦游甚至叫醒孩子，和他们说话时就像自己仍在集中营一样。有时她会幻想自己是集中营的看守之一，并且恐吓他们。尽管孩子之中有一人因父亲偏爱得以保持精神健康，但其他兄弟姐妹长大后，都患有精神衰弱。

如果父母在精神上存在安全感缺失（恋爱中害怕遭到拒绝或被抛弃，迷茫以及感情短路），痛苦的情绪就会在代际相传。举例来说，一些父母具有我们通常称为"未克服"的情感模式：如果询问他们的童年状况，他们只有部分记忆片段、创伤片段及失去感，他们现在仍无法正确地感受或思考这些内容，但是他们明白这些感觉一直存在。有这样父母的孩子，80%都有"混乱"的情感模式，他们处理各种关系的方式都十分混乱。他们有时感觉受到拒绝，有时感觉受到抛弃，常常感到迷茫不堪，精神似乎已经漂远了。通常，童年时期混乱的情感模式会导致一种未解决的成人模式，然后导致他们的子女八成都有混乱的情感模式。

同时，父母对自己童年所受照料方式的重复及反应也能够通过动物研究证明。举例来说，猴子受到的早期照料能精准预测这只猴子成年后的样子，包括猴子的脑化学物质。

如果恒河猴自出生时就同母亲分开，和年龄相同的猴子一起被养育直到6个月大，那么与被母亲带大的猴子相比，这些猴子就更容易害怕陌生人及不熟悉的经历。它们在猴子的等级社会中处于最底层，而那些更具有安全感和社会自信、由母亲抚养长大的猴子则在等级社会的最顶层。

在早期照料中，变异即便没有那么极端也会产生巨大影响。如果一组猴子出生后14周内，短暂地被带离母亲身边，它们就和完全没受过母亲照料的小猴子一样完全缺乏安全感。测试结果表明,到了4岁大时,它们的脑化学物质仍然在减少。

总而言之,养育模式是由母亲传给女儿的。比起被母亲养大的猴子,那些和同伙一起长大的猴子,在成为母亲后更可能忽视或虐待自己的后代,继续虐待的循环。

年幼时期受养育的情况,可以预测这只猴子随后会成为怎样的母亲。猴子与它母亲的接触情况,能够准确预测它给予女儿的接触总量。同样的情况也发生在了老鼠身上:母鼠幼时被自己的母亲舔舐得越多,它也会更多地舔舐自己的孩子。

有观点认为,母亲养育机制的代际相似性仅仅是基因遗传导致的,但这种观点已经被证实是错误的。人们选定一只小母猴,将它受到接触的总量和它母亲对所有女儿接触的平均量进行比较。随后观察这只小母猴对它自己子女的教养方式,便发现和姐妹们一起受到的平均照料不同。独特照料才能决定日后个体对子女的教养模式,而非基因遗传。

另外一种理论认为,母亲忽视婴儿的原因是基因造成的婴儿难相处的个性。但这种说法被一项称为高度反应式幼猴的研究所反驳——这些幼猴难以管教的原因是,它们会对很轻的声音或很小的动作反应过度,或许这是由于母亲在怀孕或生产时遇到了麻烦。

这些猴子被分成两组,一组被普通母猴抚养,另一组被特别的母猴精心照料抚养长大。受到特别照料的幼猴尽管在出生时反应过度,但长大后它们的社交性甚至比由普通母猴抚养的正常猴子更强。换言之,良好的养育影响力很大,能将难相处的幼猴变成表现突出的成年猴子。

此外，这些猴子长大后有了自己的幼猴，会完全模仿自己幼年接受的培育方式对子女进行培养，无论是接受普通照料的那组猴子，还是接受精心养育的那组，也无论他们最初是否反应过度。这些猴子的情况基本上也适用于人类。

简单但非常重要的一点是：如果希望婴儿幼儿长大后，成为有安全感、心理健康的成年人，成为养育型的父母，就要给他们持续的关爱照料。关于这一点，我们在第四章中已经做过更加详细的介绍。在上百项研究中，一项以超过1 700名儿童为研究对象的，针对受虐儿童生长发育状况的研究表明，后天培养的作用至关重要。研究人员对处于婴儿期的研究对象进行测量，结果显示，研究对象中85%的人出现了神经损伤，同时极有可能出现行为问题及语言障碍——这些研究对象是研究者特别挑选出来的，因为他们有可能很难养育。在研究对象一岁半及三岁时进行的跟踪调查显示，他们受到母亲或其他养育者的关爱照料越多，克服最初损伤的可能性就越大。

在至少两年的时间里，传言一直是这样的：婴儿的脾气会决定他们获得什么样的照料，而不是反过来。但这项研究清楚地表明，环境对婴儿的作用决定了结果如何，环境才是关键因素。平和的母亲总是能够安抚坏脾气的孩子。如果我们考虑到人在婴儿期是多么无力，这一点就并不让人惊讶了，然而这种错误说法现在仍然甚嚣尘上。

荷兰的一位研究专家丁夫娜·范·登·博姆（Dymphna Van den Boom）对这一说法进行了无情的批判，这一案例十分经典。她开始这项研究的原因是，她曾是一个问题儿童的老师，那时她相信是婴儿难相处的本性造成了后期的问题。

为了验证这一点，她挑选了100名婴儿。这些婴儿出生后的性格预示着他们以后更有可能产生情绪方面的不安全感。他们在出生后不久就接受了测试，结果显示他们非常急躁易怒，比起那些笑眯眯、性格温和的婴儿更难应付。如果这种易怒急躁的性格是一种基因特性，那么他们无论受到哪种方式的养育，在一年后都会变得缺乏安全感。

在婴儿6~9个月大时，其中50名婴儿的母亲接受了辅导课程，使她们对孩子的照料更加体贴、回应性更强。在接受帮助前，由于婴儿情绪低落、忽视父母，这些母亲已经变得十分沮丧了。丁夫娜为不同的问题制定不同的解决方案，教导母亲应该如何抚慰婴儿，鼓励她们陪孩子玩耍，同时帮助她们同孩子拉近关系。

同时，另50名母亲和婴儿没有接受任何额外帮助。一年后，这些婴儿在一岁时分别接受了测试，结果对比十分明显。在没有接受帮助的一组中，72%的孩子会缺失安全感，而在接受帮助的一组中，只有32%的孩子身上会出现同样的状况。而在对两组孩子的养育过程中，存在的唯一不同就是辅导课程。因此这件事能够说明，即使面对最难以应付的儿童，母亲也可以想办法扭转局面。

最近的研究也体现了相同的观点。总体而言，那些出生时体重较轻的儿童，到了上学的年纪之后，患上注意缺陷多动障碍的概率会更高。同卵双胞胎出生时的体重基本上是不同的。在出生时体重每低1磅（约0.45千克），长大后患注意缺陷多动障碍的概率就会明显增长，这证明注意缺陷多动障碍的成因是出生时的低体重而非基因。但是，如果母亲在孩子幼年时期表现得十分体贴，那么孩子患注意缺陷多动障碍的概率就会大大降低。另一项研究发现，如果母亲在孕期过量饮酒，那么通常来说孩子的智商就更可能比较低，但如果母亲情绪敏感而且对孩子进行心智激励，那么孩子的智商可能就不会那么低。

最重要的是，证据表明母亲极可能用自己受到过的养育方式来照顾自己的孩子。举例来说，在一项以180位母亲为研究对象的研究中，受过虐待的母亲中有70%会对自己的孩子进行虐待或者采取无回应式照料。

结果就是，研究人员在这些孩子19岁时进行检查，得到的结果是，受过虐待的儿童中90%都被确诊患有至少一种精神疾病。对比来说，受过良好照料的孩子中只有一个被确诊患病。而受过虐待的母亲中，有30%的人没有继续这种虐待模式。这种模式被打破的原因是什么？

人类拥有复杂的语言，这使得我们能够使用思想观念形成自我意识。由于这种能力，我们能够有意识地控制自己及环境，达到一个比猴子高得多的水平。作为父母，我们可以选择和自己受到的照料方式相反的方式。总体而言，人类倾向于遵从被强加于自身的那种培养方式，然而，部分人会采取相反的方式，或在某些情况下创造一种同自己经历不同的方式，这种方式既非重复也非对抗。

对于所有人来说，想要打破父母的那种养育方式十分困难。一个著名的例子是女演员米娅·法罗，她是伍迪·艾伦的前妻。米娅是家里8个孩子中的第5个。19岁那年，她表达了对大家庭的失望，她说："孩子需要爱与感情，而大家庭能给他们的远远不够。"25岁那年，米娅初次生子（双胞胎），后来很快又生下一个儿子。现在她能给自己的孩子中等大小的家庭，也就是她一直想要却没能得到的那种。然而，一年内她就收养了两个越南的婴儿。随后12年中，她又生下一个孩子并收养了6个孩子，成为12个孩子的母亲。这时她说："大家庭的好处很多。我想复制自己的童年生活环境。"或许她改变了主意，或许在人生轨迹中她忘记了自己曾经的失落。因此，她将这种经历强加在了12个孩子身上。

当然了，代际传播的性格特征并非只有虐待和其他消极后果。关爱、明智教导和同情的支持同样会在代际相传。有力的证据表明，如果父母幼年时受到了回应式照料，他们自己也会成为回应式的父母。

多项研究表明，孩子小时候受到的照料方式会伴随他们一直到他们成为父母。父母将回应式的照料方式传递给自己的孩子，就如同将痛苦传递下去一样。一项极生动的研究以200名孩子为研究对象，研究时间从他们3岁开始一直持续到成年，并通过录像记录父母同年幼孩子沟通、互动时的场面。不论在幼儿期、童年中期或青少年期，如果孩子受到了体贴激励式的照料，那么他们成为父母后就更有可能会采取同样类型的方式。类似研究也表明，父亲的积极养育方式会使儿子在成为父亲后采取相同的方式。

没有人的童年完美无缺，我们受到的照料中不仅有负面的恶魔，还有正面的天使，这些特征会一直伴随我们，直到我们成为父母。在父母照料孩子时，天使和恶魔会不断博弈，而最终结果则取决他们各自的力量。一些证据清楚地表明，如果父母无意识地动用大量积极经历，那么天使获胜的机会比较大。然而，一些受过严重虐待的父母也会极其疼爱子女，并将这作为一种补偿。通过给予婴幼儿自己从未得到的关爱，他们能够与之产生身份认同，并疗愈自己的伤口。

在那些极有可能不会对孩子表现出体贴和温柔的母亲样本之中，我们发现她们之中只有区区 30% 不打算虐待孩子。与那些打算虐待孩子的母亲相比，这些不打算虐待孩子的母亲在小时候通常有一个能够在情感上提供支持并且不虐待她们的成人相伴。同时她们很可能接受了大量治疗，与伴侣和谐的关系也有一定的帮助，这些因素（小时候有能提供支持的备选照料者，接受治疗或有相爱的伴侣）对于那些有美好童年的父母来说，也能降低他们虐待子女的可能性。相爱的伴侣尤其能起到作用。在孩子难管教的情况下，体贴的伴侣能增强父母控制情绪的能力，因为他们提供了一个可选择的正面榜样。同时，父母也能调整自身并适应孩子，让孩子充满耐心、理解力，而非缺乏理解，感到悲伤和愤怒。

通过本章，我们完全有理由认为父母养育是性格特征在代际相传的主要原因。下一章我们会讨论父母投射，而非基因，是成功的基础。这也显示出父母传递的培养方式能够决定成功者的内心是痛苦的还是健康的。

到底该如何做？三条建议

一、找出自己家族的代际模式

我在电视台工作时，曾为一部电视剧提供建议。不同于 BBC 的节目《你认为自己是谁？》（*Who Do You Think You Are?*）让家谱学家追溯名人的先人，我提议探索"为什么你会成为现在的自己"。那些诸如你的高祖父是否在布尔战争（Boer War）中遭受苦难，或是在爱尔兰马铃薯饥荒时几乎被饿死的引发名人流泪的细枝末节，不过是在家族中传递的心理特征。

找到家族模式的方法就是，记录父亲和母亲在10岁时的状况。他们是如何被照料的？照料方式如何？他们身处何种困境？你不得不试着想象他们父母的状况，他们的父母受到的照料方式如何。用同情代替责难会对你产生极大的帮助。

搜索相关记录时，探索所有可能的信息来源。那些了解他们小时候的故事又仍在人世的亲属是丰富的信息来源。他们写给父母的信件，或是其他文字资料，比如回忆录，都很可能极有价值。同样地，家庭照片也会给我们很多信息——怒容或是边说"茄子"边咬牙切齿地假笑。

当然，如果父母尚在人世，他们本身才是最能揭露真相的潜在目击者。然而，这从不是一件易事。原因很多，比如父母对孩子讲述自己童年经历时，常会扭曲事实。一些父母非常有所保留，一些父母会过度分享扭曲的故事，另一些会美化事实，这是因为持久的后代斯德哥尔摩综合征让他们害怕真相。在通常情况下，与对孩子讲述相比，他们对朋友讲述时要更诚实。因此，父母最亲近的朋友可能是一座宝藏。

个人考古工作是一项非常吸引人的工作，但工作的目的是帮你确定负面模式以便最终战胜他们。一个感人的案例就是亚历山大·沃（Alexander Waugh），他是作家奥伯龙（Auberon）的儿子，同时也是著名的小说家伊夫林（Evelyn）的孙子。在以此为主题的书中，亚历山大向我们展示了，父亲对儿子的残暴态度是如何在代际相传的。在一部动人的纪录片中，他含蓄地向我们展示了，自己对儿子采取体贴的方式来打破这种恶性循环。纪录片一开始，亚历山大就说过："理解男人做父亲的方式对于了解他年幼时受到的培养方式非常有用。"通过考察父系祖先，他向儿子解释了他为何会成为现在这样的人。

或许，如果你能揭开家族历史上代际相传的虐待特征，你也能如此。

二、拥抱养育者的温情（天使曾来过）

正面心理能够激发你推销员式的积极一面——颠倒黑白，不论事实是正面的，还是负面的，都将坏事称为好事。这种方法叫作医疗橡皮膏。更重要的是，确认先人传递下来的积极面的根源。

举例来说，就我而言，我的母亲有位塔斯马尼亚的保姆。这位保姆一直和她住在一起，直到母亲30岁出头步入婚姻的殿堂为止。我还记得曾多次和母亲到养老院看望这位保姆，她去世的时候，母亲表现得非常悲伤。这与自己父母去世时她的反应形成了强烈反差。

在母亲14岁那年，她的父亲死于自杀。我曾经问她当时有多难过，她回答说："实际上，我对父亲并不十分了解。当时我在寄宿学校读书，有人到学校通知我这件事。我不记得自己特别难过。"这位保姆给予她（无论如何都）能够用温和的方式对待我们的能力。就我父亲而言，他的父亲是一个真正的学者，勤奋好学，他还将这个特质传递了下来。

当然了，我们身上的积极特质并非都来自先人，其中一些直接来自父母的关爱、智慧及活泼好动。我的父母很推崇活泼好动的个性，这种做法是他们为打破自己过去经历所做的一种尝试。然而，我们必须承认，在很大程度上，我们是先人优点的直接载体。

三、父母－成年人－孩子，改变代际纪录的最好建议

由艾瑞克·伯恩（Eric Berne）提出的交互分析指出，任何时候我们都处于三种不同的基本模式：

父母：这种模式下，你会模仿父母的行为。

成年人：在这种模式下，相对来说你能将自己与情绪分割开，用客观角度看待自己所处的情况。

孩子：在这种模式下，你受到幼时相似经历的控制，尽管已长大成人，却仍会重温当时的场景。

不同于其他任何一种单独模式，我发现患者能够迅速联系上述模式并运用它解决问题。当然，父母或孩子的模式并非在任何情况下都是"错误"的，实际上，在成长过程中，只要积极一面的天使在发挥作用，他们通常都是温和积极的。但是，我们大多数人都能明白，一旦出现问题，成年人的模式是非常有用的。

如果你想要找到一种与先人不同的方式和孩子相处，那这种成年人模式就显得尤为重要。举例来说，所有父母都会面临同样的情况：就是父母认为某些事对孩子有好处，应该做，而孩子却拒绝，甚至可能表现出违抗或顽固地脱身。我们很容易变得沮丧然后生气发怒，或者开始反击，或是变得消极麻木。或许我们会恢复之前的孩子模式，面红耳赤大发脾气；或许我们会选择父母模式，要么强迫要么放纵。我们如果处于成年人模式，就能对孩子的情绪进行评估，

从而保持冷静。又或许会试图找办法培养他们的自我兴趣，让他们追求我们盼望他们追求的目标。如果孩子们能找到自己的方式来决心完成作业，或学会如厕，或独自睡觉，那就是最理想的结果。

在一天中的任何时刻你都可以探索自己所处的模式。举例来说，现在此刻，你的模式是哪一种？也许你觉得这篇说明文枯燥乏味，也许你的成年人模式对我写的内容不买账，也许你认为有道理，也许因为孩子或父母状态模式的激发你对此有强烈的感情回应。

以上文中的那个觉得女儿很难管教的艾米为例。在实施爱的炸弹方案期间及随后一段时间里，每当她试图改变同女儿的交流模式，来避免重复那种"我很好，而你不是"的模式时，她发现激活成年人模式很有帮助。当她发现自己要发脾气或开始唠叨的时候，她就会转换为成年人模式来阻止这种情况发生。

摆脱宿命的战争是一场持续一生的奋斗历程。帕特里克·梅尔罗斯（Melrose）系列五部曲的作者爱德华·圣·奥宾（Edward St Aubyn）通过这部作品深刻地探索了这一主题。梅尔罗斯曾经受到父亲的性虐待，而母亲对他严重忽视。这部小说唤醒了他的童年，他也开始探索童年经历带来的严重后果，包括海洛因成瘾、对其他人的残忍态度（尤其是女性）、可怕的绝望情绪及混乱感。然而，书中同样描述了他是如何在这种混乱的经历中抓住微小的意志力，并将这些行为逐条列出的。这部小说的主人公的情绪逐渐稳定下来。故事最后，他发现自己能够运用成年人模式做出真正的选择。

他最终获得成功的原因之一就是，他深刻理解了创伤的代际本质。他弄清楚了父母遭受的可怕往事，并通过这些让自己不再重蹈覆辙，尤其是在他自己成为一位父亲的情况下。尽管这本书绝非一本自救书籍，但它为我们提供了一种模式，我们得以发现过去，并创造未来。将好的独特的东西传递给后代，这事的决定权在我们而非基因。

正如我在前言中提到的那样，我们常常希望通过改善物质条件为孩子提供更加富足的生活，而政客则对我们的这种心理大加利用。如果我们能够明白这一点，就知道一旦物质生活的基本需求得到满足，那么比起为子孙后代留下房产、股票、股份这些物质层面的东西，将爱传递下去才更加重要。

第 七 章

"天才"必然不快乐吗?

很多父母会因为孩子表现出色而感到欣慰，但他们常常错误地认为这种出色的能力是与生俱来的。然而，没有人能生而如此，无一例外。拥有能力或缺乏能力，是幼年受到的照料及我们在家庭剧中的角色综合作用的结果，而这些因素本身也会受到代际相传特征的强烈影响。没有人天生聪慧或愚蠢，没有固有的思维敏捷和出色的抽象思维能力，也没有人先天对成功有动力。成功人士的DNA与普通人相比从来没有任何明显不同。

将问题归结于儿童的基因和大脑，就会将人们的注意力从创造出这些情况的家庭及孕育了这些家庭的社会上转移开。将近1/4的英国儿童还没有在普通中等教育考试（GCSE）中获得5个A到C的成绩[1]，就离开了学校。这与基因没有任何关系，而与他们多数都成长在低收入家庭这一事实密切相关。现在我们已经能够清楚地看出，智力测试的分数实际上就是特权的代言人，而非先天心智能力的代表：5岁时，社会顶层的儿童从父母那里获得的积极反馈要比工人阶级的儿童的高5倍半（相对于消极反馈）。

对于低收入家庭的孩子来说，父母或他人给他们的读书机会更少，父母教授他们数学的机会也更少，从父母那里得到的学业压力

---

[1] 指完成初中会考，取得学历——编者注

也更少。这是他们进入公立学校之前的情况，而公立学校与私立学校相比，对学生的期望值更低。相比英国，斯堪的纳维亚半岛国家的教育要好得多。有一项事实可以完美解释这一点，即在这些国家，低收入家庭的数量要少得多。举例来说，丹麦只有6%的低收入家庭。1979年玛格丽特·撒切尔当选首相时，英国低收入家庭儿童的比例为19%；而在她的任期内，这一数字到1981年变成了31%。唉，这一数字从那时起就一直保持不变。

实际上，根本没有什么所谓的天才儿童。和认为很多儿童天生有遗传精神病的假说一样，认为儿童天生聪慧的说法也形成了一种产业。专家错误地认为，儿童拥有完全脱离个性及深层动机的认知能力。实际上，能力或多或少来源于无意识的动机，而这是由独特的后天养育造成的。

实际上，智力超群并不代表以后一定能获得突出成就。几十年前，美国心理学家刘易斯·推孟（Lewis Terman）发现了1 500名"异常优秀"的高智商者，他们的智商都在150及以上（普通智商为100，因此这是个很高的分数），并对他们进行跟踪调查，直到80岁。然而，他们之中并没有艺术天才，也没有诺贝尔奖获得者。尽管在智力测试中，他们的得分超过了普通的美国人，但这种优越完全没有体现在社会阶级上。最令人震惊的是，在推孟的研究对象中，有5%的人智商超过180，而他们在事业上的成就几乎不比智商150的人高出多少。

在本章中，我会重点讲述成功人士的故事。在这些故事中，那些决定我们能力的力量被凸显了出来。这项原则适用于失败表现，也适用于成功表现，正如本书探讨的所有性格特征一样，关于能力的研究证实：我们与父母同胞之间的相似之处和不同之处主要是由后天培养而非先天遗传造成。

能力养成

多项研究已经证实，能力与大量正确练习有关。糟糕的表现和出色的表现同样适用于这种规律，比如我的高尔夫水准和泰格·伍兹（Tiger Woods）的高尔夫水准。通常，在不同领域中，包括国际象棋、高尔夫和小提琴等，想达到出色水平，需要一万个小时的练习。最经典的例证就是，顶尖的职业小提琴家（独奏家）完成了一万个小时的练习，优秀的小提琴家（管弦乐团小提琴手）完成了八千个小时的练习，而音乐老师通常需要完成四千个小时的练习。在得出以上结论的那项研究发现，任何一个优秀的小提琴家或音乐教师的练习时间都没有达到一万小时，而所有顶尖小提琴家（那些独奏家）的练习时间都能达到一万小时。

无一例外，所有天才似乎都是长时间练习的产物，而非生来如此。此外，更重要的一点是，人们对天才的评价过高。这些人多数不会一直拥有出色的表现，而多数成功人士并非天才。尽管天才的说法非常令人震惊，也十分吸人眼球，然而他们并非像媒体所说的那样，是一种天生的奇异现象。一些观点认为，天才是一种实物，一种出生时就存在在大脑里的能力，现在它们已经完全丧失了权威。

即便"熟"确实能生巧，也并不意味着任何练习都有帮助，关键在于不断地寻找改善方法（被称为"刻意训练"）。这种方法需要我们发现缺陷并加以改正，不断努力以求做到更好。研究表明，这种方法能影响大脑不同部位的体积及形态。一个著名的例子就是对伦敦计程车司机的研究。由于对不同街道名称的长时间学习和了解，在这些研究对象的大脑中，与认知地图部分相关的脑区的体积都有所增大。其他研究表明，顶尖小提琴家的神经元中髓鞘的含量更高，而这能够增加精神信号的传输速度。这一点是训练造成的，而非基因的缘故。

而最有效的做法之一就是连续几小时的不断训练：其他队员早就回家了，而大卫·贝克汉姆（David Beckham）还是会不停练习来提高任意球技术。威廉姆斯姐妹——塞雷娜（Serena Williams）和维纳斯（Venus Williams）在童年的所有假期里都会不停练习网球（早上8点到下午3点，天天如此，从不间断），而这时很多同伴早已回家看电视或游泳去了。我会因打高尔夫时的一个好球而喜悦，但是无数坏球也不会让我太过沮丧，然而一个出色的高尔夫球手却致力于每次都做到完美。据说你能在重大高尔夫或网球赛事中发现这一点：即使已经赢得比赛，胜者还是会因为一杆没有打好而惩罚自己。

众多例子都表明，他们在很小的时候就开始了这些训练，众多当红作家都曾在自己的作品中特别提到了这一事实，但是都无法理解这种行为的真正意义。他们只是将这些作为证据扔给我们，告诉我们训练的时长和种类。但对于三个关键问题，人们一直采取忽视或回避态度，它们是：

- 为何一些人能完成一万小时的训练，而其他人却无法完成？
- 对于那些完成一万小时训练的人来说，是什么因素导致了最终的成败？

● 对于那些完成一万小时训练并获得成功的人来说，是什么造成了一些人精神痛苦，而另一些却精神健康？

读者或许会对最后一个问题表现出很大兴趣，不论是站在父母的角度，还是站在自己的角度。而所有问题的答案其实就在第二章描述的早期养育的细节中——学习（言传、身教、身份认同）、虐待及关爱。除了言传这一点，剩下的因素几乎全被专家忽视了。目前为止，在谈到这些问题时，专家会将差异归结为：成功者认为能力是固定的而非可变的，而差异就源于他们对这种说法的相信程度。如同第一章第二条建议及附录4中说到的那样，认为能力是一种基因宿命的想法无疑会限制自己的能力。如果告诉孩子、学生、老师或父母，他们的能力并非固定不变的，则能大幅度提高他们的表现。然而，这种做法无法回答我的问题。

我们以勤奋的莫扎特为例，这也是那些关于成功的书籍中经常用到的例子。我使用这一事例，是为了表明单纯的大量训练会带来水平的提高，但它还有更多启发性作用。莫扎特从5岁起就开始作曲，6岁时就为贵族表演。他的父亲是一位有名的作曲家、演奏家，同时掌控欲十足，从莫扎特3岁起就开始训练他。然而，没有人讨论过的是，父亲将莫扎特当作实现自己未竟梦想的工具，而没有选择他的姐姐；也没有人探究过父亲高压强迫及掌控欲极强的固执表现的本质；同时也没人提过姐姐的天赋。

姐姐叫南内利（Nanneri），她也曾受过培育，年纪很小就成就惊人，成了出色的钢琴家和小提琴家。然而，家庭角色及社会观念（对于女性来说，绝不存在平等的机会）起到的作用十分关键。她是长女，而且被当作实验用的小白鼠，因此她的音乐才能的开发程度没有达到莫扎特那样。6岁前，莫扎特的练习时间已经达到3 500小时。所以莫扎特成了史上最有名的天才之一，而姐姐没有，这完全是性别的缘故。至于莫扎特的父亲，他受虔诚而强烈的宗教热忱的驱使，需要一个儿子来产生身份认同，以期将他培养成天才。然而，对这一问题，人们也没有继续探索。记录这一事件的作者只是简单地指出，就像莫扎特家的孩子一样，铃木教学法（Suzuki method）完全能够制造天才，大量的时间加上正确的练习，就能使儿童精通某种技能。而家庭政治使人们更偏爱男孩而不是女孩，这一点却被人们忽略了。

另一个生动的例证则是波尔加家族的传奇故事。故事有趣的原因之一就是，对于后天培养比先天遗传更重要的例子来说，这个例子早已是老生常谈，但另外一个重要问题却常常被人们忽略。这个问题能够初步说明成功者中的悲伤者与精神健康者的关键差异，也就是我在上文提过的第三点问题。

拉兹罗·波尔加（Laszlo Polgar）是一位匈牙利教育心理学家，20世纪60年代，他写了一系列科学论文，探讨练习可以制造成功这一观点的有效性。在当时美苏冷战、英国推行铁幕政策的背景下，像其他人一样，他通过写信的方式同其他国家的朋友交流，通过一个笔友，拉兹罗结识了一名叫克拉拉的乌克兰姑娘。他向克拉拉解释了自己的观点，也就是认为卓越的成就是可以通过后天养成的。克拉拉为拉兹罗及其观点所倾倒。他们决定共同生育孩子，并将孩子培养成象棋大师。选择这种游戏的原因是其拥有不容置疑又客观的衡量标准，能够衡量成功与否。

波尔加是一位数学专家，这无疑对他实施这项计划起到了帮助；然而他并不算出色，因此不能说是他将这种出色的认知模式通过基因遗传给了孩子（而且也没有这种基因）。他仅仅将象棋当作一种业余爱好，而妻子从来不玩象棋。拉兹罗阅读了大量关于如何教授象棋的书籍，然后准备开始实施自己的独特实验。

幸运的是，克拉拉生下了3个女儿。之前世上从来没有女性国际象棋大师，而且人们普遍认为，在象棋这项活动中，女性的大脑在运行方面天生就没有男性出色。如果他能培养出一位女性国际象棋大师，那就显得更有说服力，因为世界国际象棋的管理方禁止女性参加顶级锦标赛。

然而，在波尔加家族的故事中，最有趣的还是这种技能的后天养成方式。从培养大女儿时开始，父亲就很小心地将象棋塑造成一种好玩的活动，将象棋变成一种戏剧性的输赢幻想。大女儿5岁时就对此很感兴趣，练习时间也已超过几百小时。她参加了当地举办的面向不同年龄段儿童的象棋赛，并把比赛当作玩耍，连赢10场，造成了巨大的轰动。同时，她的两个妹妹也对象棋十分着迷，在她们5岁开始接受正式训练之前，父亲只会让她们感受棋子，并把它们当作玩具对待。

最近一次的采访中提到，她们3个全都将下象棋当作自己热爱的一件事，而非一项家务活。她们不会无所事事地玩大富翁、打篮球或到当地泳池消磨时光，而是把下象棋当作消遣。

果然不出所料，1991年，大女儿成为第一位女性国际象棋大师。尽管二女儿没有达到这种成就，但在一次锦标赛中，她对战男性国际象棋大师并连赢10场，这种战绩在国际象棋史上也能排进前5名。

令人惊叹的是，最小的妹妹年仅 15 岁时就成了国际象棋大师，同时也是有史以来最年轻的一位国际象棋大师（不论男女）——她成了有史以来最优秀的女性象棋棋手。

父亲在孩子出生前就宣称想要将他们培养成国际象棋大师，这一点众人皆知。然而，不论他还是妻子都不擅长象棋。因此，这个故事可以证明，在象棋的出色表现这一点上，相比先天遗传，后天培养拥有压倒性的力量。这一点人们很难反驳。然而谈到如何使成功者精神健康而非痛苦沮丧这一点时，事情变得更为有趣。

父亲十分明白，如果他们不强迫孩子下棋，结果就会是积极的。他明白年幼的儿童需要享受幻想的游戏，他们还能因此养成一种自我决定及想象力。因此，3 个女儿似乎全部成长为知足且心理平衡的人，而非为成功不择手段的人。实际上，完全没必要用虎妈式教育（Tiger-Mothering）来培养出色的成功者。

2011 年，蔡美儿（Amy Chua）女士的书使虎妈式教育这一术语吸引了全世界目光。她认为，严厉的中国式教学方法比温和的美国式方法更好。在坦承对待女儿的态度让人感到非常羞辱且具有较强攻击性这一事实上，她表现得惊人的坦率。举例来说，她称其中一个女儿为"垃圾"，这也是蔡美儿的父亲称呼她的方式（一种代际特征）。另一次，她描写了自己如何强迫不情愿的女儿学很难的钢琴曲。蔡女士说道："我将露露的娃娃屋拖到了车上，告诉她如果她明天前还没办法把'小白驴'弹到完美，我就会把娃娃屋拆开，捐给基督教救世军。露露问我：'我以为你会到救世军那里，为什么你还没走？'我就会威胁她，不许她吃午饭、晚饭，不给她买圣诞节、光明节礼物，2 年、3 年甚至 4 年都不给她办生日派对。如果她还是一直弹错,我就会对她说,她是故意陷入狂乱状态的,因为她暗地里害怕自己做不到。我会告诉她别再犯懒、懦弱、任性又可悲了。"蔡女士和女儿在晚餐时间还不停地练习,她不让女儿离开钢琴,不让她喝水,甚至不许她上厕所。最后,女儿终于学会了这首曲子。据蔡女士描述,女儿喜气洋洋,想要一直弹下去。

尽管这类强迫行为能够产生奇才,但同时也是潜在的精神毒药。对比显而易见,波尔加家族的动态就是对这些故事最好的注释。

在波尔加家中的大女儿成为首位女性国际象棋大师后,项目组织者不得不修改比赛规则。一位荷兰亿万富翁提出,要付钱给父亲拉兹罗,让他收养3个发展中国家的男孩,以验证这项实验能被复制。拉兹罗对此很感兴趣,但是妻子却拒绝了。她温和而淡泊名利,认为观点已被验证,再次实践只是单纯地耗费心力。

她给了3个女儿充实又安稳的幼年和童年。她们参加世界顶级国际象棋赛时承受着巨大的压力,而母亲就是她们最有力的支持。她不会强迫孩子。和丈夫一样,在开展实验时,她完全明白儿童应该享受单纯的快乐时光,因此给孩子们的照料满是关爱。这也是3个女儿精神健康的根源。

波尔加家族绝对是一个新鲜的个例,在现在流行的成功学书籍中,要么完全忽略上述事实,要么无意中表现出这样的观点:绝大多数成功者都经历过逆境。最有力的一项证据就是,如果对所有领域进行研究,就会发现1/3的成功者在14岁前都遭受过父母离世的打击。美国总统、英国首相及众多成功企业家以及其他领域的成功人士的例子都印证了这一点。

在英国和美国百科全书里列举的最有地位的600个人中,有1/3

的人都在幼年时丧父。如果在丧父前后，他们曾经历某些特定的养育，这样的经历会驱使他们努力与命运抗争，掌控自己的人生。在一些情况下，这会导致独裁者的产生（例如拿破仑、希特勒或胡志明），他们不信任其他人而且会消灭所有可能成为对手的人。而在其他情况下，则会产生很多伟大的科学家（比如达尔文）或艺术家（比如保罗·麦卡特尼）。

各类成功者都更可能患上精神疾病，大量证据都能表明这一点。在美国，首席执行官患精神变态的概率比普通大众高3倍。在英国，与精神病院病人相比，首席执行官更可能患上某种特定的人格障碍（比如自恋型人格障碍）。在表演艺术方面，一项研究将有创意的表演者同没有创意的表演者进行对比，结果表明：滑稽演员在4项负面性格特征方面的得分比其他人高得多，特别是内向型兴趣缺失（抑郁症的一种，该病患者无法感受到乐趣，包括回避与他人亲近）。研究者指出，幽默与精神分裂症或双相情感障碍的思维观念的形成条件十分相似：它们都需要速度极快的创造性思维并在事物间建立起新颖的联系。在另外3种性格特征上，演员同样会得到相当高的分数，然而在内向型兴趣缺失上却没有异常反应。与其他行业的人相比，滑稽演员和演员在这些特质上获得高分的可能性要高得多。

喜剧中小丑之泪（悲伤）的陈词滥调似乎是事情的真相。20世纪80年代，我采访了两档连续剧中年轻的喜剧演员，（部分采访可登录我的网站http://www.selfishcapitalist.com/index.php/tv/ go to room 113观看），他们中有很多人后来都成了世界闻名的喜剧演员，然而让我震惊的是，他们在童年时期往往都有过极其痛苦的遭遇。

在能反抗之前，罗彼·考特拉尼（Robbie Coltrane）就一直受到父亲的暴力虐待。史蒂芬·弗莱（Stephen Fry）的父亲一直残忍地贬低他的智商和人格。鲁比·怀克思（Ruby Wax）的母亲患有严重的癔症及强迫症，也几乎将她逼疯。朱莉·沃尔特斯（Julie Walters）5岁时就发现父亲死在椅子上。其他的例子还有很多，只有本·埃尔顿（Ben Elton）的例子没有太过极端。

这项研究的重点就是，它显示出特定职业与特定病状之间的联系：喜剧行业和抑郁症。而在分析结果时，人们完全没有提到的一点就是它们所蕴含的更深刻的内涵：我们展现出的特定方式就是我们童年时所受的照料方式。

我们知道，儿童天马行空的叙述方式能反映出他们受到的特定养育方式。受身体虐待的儿童编造的故事与受性虐待的儿童不同，而受性虐待的儿童编造的故事又与受忽视的儿童不同，儿童编造的故事的内容反映出他们受到的实际养育。成人的症状也是如此：现在有一系列研究表明特定的童年逆境同特定的成人精神病症状有关联。举例来说，性虐待与幻听相关，而反复、忽视的养育方式与妄想症相关。

简而言之，十分清楚的一点就是，童年虐待不仅是造成精神疾病的主要原因，还是多数出色成就的成因。除了波尔加家族这种个案，其他情况似乎都是童年虐待的一种表达方式。泰格·伍兹的悲剧就能够充分说明这一点，这一例子十分贴切，在这章剩下的部分里，我会对这一案例进行重点阐述。

泰格的故事不单能表现出虎妈式教育的成就，也能生动地说明家庭性格特征在代际遗传的本质，在泰格这一案例中，它表现为对成功的渴望。对这一点我会进行详细阐述，以此探索众多成功者绝望痛苦的原因。同时，我还会解释自控能力是如何在普通人和成功人士身上发挥作用的。

泰格·伍兹人生的起落

2009年，媒体曝光了泰格·伍兹的多次婚外情，以及同几十名女性的性关系。他的公众形象向来毫无瑕疵，因此所有人都感到颇为震惊。他不得不多次发表公开声明，承认自己的错误。同时，他多年来麻烦不断的事实也被曝光了。而这些问题的根源就是他的家庭教养。

泰格的父母

泰格的父亲厄尔生于1932年，当时正值经济大萧条中期，而他是家里6个孩子中最小的一个。厄尔的父亲——迈尔斯在厄尔出生时已经60岁了，和前妻一起抚养过5个孩子。他是个严厉的、惩罚式的父亲，通过做石匠苦苦维持生计。

厄尔的母亲莫得比父亲年轻20岁。她认为教育对孩子的发展至关重要。他们结婚的条件之一就是迈尔斯必须承诺让所有孩子接受教育。她鼓励孩子，让他们坚信自己不比任何人差，但令他们印象最深刻的是，自己必须通过加倍努力来战胜肤色带来的歧视。除了学业压力，孩子们还必须帮家里干活。厄尔的任务是打扫鸡舍、喂鸡、等鸡长大了再进行屠宰。

从很小的时候开始，厄尔就对棒球感兴趣。迈尔斯发现了儿子的这种潜力后，就安排他到当地黑人联盟球队——堪萨斯城君主队当球童。这样做的目的是显而易见的，父亲对厄尔说："你长大后一定要在球队打球。"

在厄尔11岁那年，父亲突然去世，母亲称他为新的一家之主。然而仅两年后，她也突然去世。由于尚可以勉力自给自足，厄尔咬紧牙关苦苦支撑，幸运的是，姑姑搬到家中照顾他。父母双亡更加坚定了厄尔想要成功的决心。在他出生的时代，黑人爬到社会顶层的可能性比之前有所提高，因此我们不难理解他的迅速成功。尽管厄尔的成就很高，但他的儿子却成了这种成功的代际中转人。

晚年时期，每次说到自己和儿子的经历，厄尔总会夸大吹嘘。但他的成就确实也很突出。他是第一位也是唯一一位"七大"棒球大联盟的非裔美国球员，尽管由于是个黑人，他要面对观众的疯狂辱骂，但他仍表现出色。不久后，厄尔在19岁那年，收到堪萨斯城君主队黑人职业队的邀请合同。但是按照母亲的命令，他必须完成学业，因此他拒绝了这个邀请。而体育生涯就成了他的一个未竟梦想，而泰格则成了他实现这一梦想的工具。

大学毕业之后，厄尔很快结了婚并加入了军队。随后10年间，他一直在世界各地服役，其中有几次到了越南。他成了3个孩子的父亲，由于自己的职业是军人，孩子小时候的大部分时间里他都不在孩子身边。他同第一任妻子的婚姻关系很快就终结了。

厄尔继续追求自己的事业。35岁那年，他晋级为绿色贝雷帽（指美国陆军特种部队成员）。他经历了传说中的艰苦训练，那种训练类似英国皇家特种空勤团训练。1968年，厄尔驻扎泰国，他拥有了一个非裔美国人在那个时代几乎完全不可能掌控的权力，负责10万名士兵的业余活动。也是由于自己的地位，他第一次注意到了他的第二任妻子，也就是泰格的母亲——库提达。

厄尔·伍兹第一次走进她的办公室的时候，24岁的库提达体型小巧却充满自信，魅力惊人。她出生于一个有名的富有家族，她的父亲是一位建筑师，还拥有自己的锡矿。这种自信有时会从决断悄然变为攻击：库提达是一个固执己见而且意识独立的人。照常理来说，她会嫁给一位泰国统治阶级贵族，但她决定同一个外国人结婚，而且是一个黑人。

5岁时父母离婚后，她被送到寄宿学校，直到10岁。离开学校时，她的父母双方都已重建了新的家庭，继父继母都十分排斥她。她被两个家庭踢来踢去，度过了孤独痛苦的童年，不得不万事靠自己。她信仰佛教以寻求慰藉。

因为家人的忽视，爱上厄尔之后，她已经没有理由留在泰国了。现在她已经成为一名自信美丽的女性，厄尔简直为她神魂颠倒，回到美国几个月之后他们就结婚了，也就是在1969年。

高尔夫球天才的养成

厄尔不愿再当父亲了，但库提达坚持要孩子。1975年泰格出生后，医生告诉库提达，她无法再生育了。因此所有沉重的期望就都落在了他们唯一的孩子肩上。

厄尔不得不自我吹嘘，以克服童年的不幸经历带来的消极感受。他是个无情、易怒而世俗的实用主义者，还伴有自吹自擂及深深的不安。除了让儿子成为最大赢家，其他任何事都没法让他感到满足。他觉得自己没有对第一次婚姻的3个孩子尽到做父亲的职责。现在已经43岁的他，下决心尽最大努力当个好父亲。

对于库提达来说，泰格是她这辈子唯一的孩子。她强硬严厉，和厄尔一样崇尚实用主义，由于童年不幸和受到的伤害，她同丈夫一样，明白地告诉儿子他必须成功。她对泰格的期望同厄尔的母亲莫德惊人地相似：在追求体育事业前，泰格必须完成良好的教育。两位母亲对待孩子的方式都不像对待爱玩的儿童，她们认为成功才是最重要的事。

父母几乎从不流露情感，也从不拥抱对方，就连爱也是有条件的。有一种无私的利他主义观点认为，儿童形成坚定的人格可能是由于缺乏父母的爱，而这种爱使个体日后保持精神健康成为可能。

在泰格还没机会展示自己的才能之前，厄尔就认为自己是独特天才的代理人。他将泰格说成是天选之子。他的一些言论听起来似乎是说，他认为自己是约瑟夫，库提达是圣母玛丽，而泰格就是圣婴耶稣。然而，比起约瑟夫，厄尔更认为自己是上帝。厄尔说，自泰格出生那天起，他就感觉这个孩子是与众不同的：这个孩子一定会成为"世界上最伟大的人"。这体现了厄尔强烈的自恋情节及自认为万能的妄想。他将自己受伤及屈辱的感觉投射到孩子身上，以此摆脱自己的消极感觉。然而，没有任何一个孩子的表现能预示他会成为"世界上最伟大的人"。

天选之子泰格刚从医院到家时，父母就坐下来严肃又无情地探讨了该如何抚养他。双方都表示愿意牺牲自己的生活，认为孩子是最重要的。他们不请保姆也不请临时照看者，不论何时两人之中都必须有一个照看孩子。厄尔希望和儿子成为最好的朋友，作为一个自恋狂，他十分孤独。就库提达来说，她希望孩子成为有抱负又掌握成功的方法的人。她的这种渴望对泰格的高尔夫球杀手本能产生了关键影响，但她有时会因为厄尔越发自负的宣言而感到迷茫。但泰格后来在提到自己的高尔夫球杀手本能时，认为这要归功于母亲而非父亲。

据说，泰格9个月大时，会坐在婴儿高脚椅上看父亲将高尔夫球打到水杯里。厄尔坚持说，儿子看自己打球时表现出了强烈的兴趣。在泰格一岁生日前，厄尔将迷你高尔夫球球杆放到他手中，他就能够完美地模仿父亲挥球杆的动作。他两岁半时令人震惊的挥杆视频现在仍存在于 YouTube 上，这是他在美国电视节目麦克·道格拉斯秀（Mike Douglas Show）上的表演。多年担任军队宣传官的经历，使厄尔得以实施了第一个媒体妙计。

在泰格很小的时候，父亲就开始训练他应对媒体。他告诉泰格，除了提问问到的内容，其他的永远不要多说。

父亲问泰格他多大了，如果他回答说"3岁，12月份的时候我就要4岁了"，厄尔就会说"这不是我问的问题"。后来，泰格在应对媒体时的吝啬几乎算得上臭名昭著：隐晦打太极，单调重复一个答案。

泰格3岁时，初次在当地课程中用48杆打完了前9洞（在这里为不懂高尔夫球的读者解释一下，对成年人来说，超过18洞是最基础的水平，对于初学者来说，24洞则是一个障碍）。我重复一遍，这是他在3岁的时候的水平。任何打过高尔夫球的人都明白，不论从生理上还是心理上来说，这几乎完全不可思议。他挥杆的动作如此流畅完美，几乎像个职业球员。4岁时，他就成了一家高尔夫杂志短篇文章的主角，5岁时他做客美国广播电视台的网络节目《这真是太不可思议了！》。他的成就是完全有理由的——睡觉之外的大部分时间都在练习（高尔夫球）近穴击球，切削击球；他还在房子的四周练习，而非仅在车库。实际上，泰格满满地完成了一万小时的练习时间。

一些人或许认为，这只是一个男孩对自己基因遗传得到的超人技能进行训练的一种自然结果。我们可以肯定这种说法是错误的。事实上，泰格是在回应父亲的决心，也就是培养出世界上最出色的高尔夫球手。这一点与拉兹罗·波尔加及其女儿十分相似，只不过厄尔这么做的驱动因素是金钱名誉，而非科学好奇心，而且他采取的方式是冷酷的胁迫，而非玩乐和关爱。泰格的技巧是无情而精心算计好的培养的产物，而非基因造成的，这一点可以由泰格父母双方都并非出色的高尔夫球球手这一事实推理出来。

7岁那年，泰格在当地课程上练习推杆入洞，父亲厄尔用口袋里的零钱发出碰撞的声音，这让泰格分心。他请父亲保持安静。但下次厄尔又会大声咳嗽。这些行为会一直上演，厄尔说，泰格必须学会在打球时忘记周围的一切。随后他解释说："我想让他的精神变得坚韧。我知道这种举动很让人生气，但扰乱他总是件很好玩的事。"说最后这句话时，他还咧嘴而笑。在厄尔的训练方式中，有种残酷虐待式的成分，而在波尔加家族的训练中则完全没有。

不论是父亲还是儿子都一直坚持认为这种训练的出发点是爱，很有趣，而且紧密联系了父子之间的关系。尽管里面有一些事实因素，然而，厄尔的首要动机是要培养一个名利双收的世界级高尔夫球球手，同时也让厄尔自己名利双收——这是自恋狂的首要关注点。

泰格在一些事情上毫无选择的余地，这在一定程度上能够通过11岁时厄尔引进的为期6个月的"特殊训练"展现出来。厄尔承认

"这种训练很残忍,他运用了战犯审问技巧以及心理恐吓胁迫——而且永不停息,还有很多其他的东西"。由于自己在美国陆军特种部队训练时被粗暴残忍地对待过,同时还有他严厉苛刻的成长方式以及他遇到的很多种族歧视的经历,他会用一种充满恶意、残酷带刺的话,毫不留情地取笑嘲讽泰格。尽管他也会鼓励儿子,但这种鼓励几近洗脑和折磨,有很大的欺压成分。后来,就连泰格本人都会说这种经历让他感觉"挫败"和"无价值"。这些只是冰山一角,但由于后代斯德哥尔摩综合征,泰格一直极力保护父亲,非常不愿暴露自己情绪方面的过多细节。

厄尔后来宣称,是泰格自己要求采取新兵训练营的方式的,而且他也十分享受。泰格自己也坚持这种说法,但是他承认曾因受挫而哭泣。厄尔坚持说,自己从来没让泰格认为爱是建立在成功的基础上的,但这就恰恰是事实。厄尔一直是公关舆论导向专家,他精明地意识到只要他以某种巧妙的方式主动讲出来,就能够把外界的批评变成一种恰到好处的批评,而且消除它的负面影响。泰格想要的只是打高尔夫球,厄尔把这当作是打高尔夫球的冲动是源自于儿子的一种证据。然而,真正的原因则是,泰格想获得父亲的认可和喜爱。

后来,每次推球入洞失败后,泰格都很生气,父亲坚称自己的角色是帮孩子认识到这并不是世界末日。然而这其实是由于早期儿子犯错时父亲对他使用过极端心理战术。从一开始,如果泰格表现不好,那么父亲就会生气。

面对完美主义且表现出色的孩子,父母通常都会强调是孩子自己给自己施加了压力。小到 5 岁的幼童也是如此:孩子可能疯狂加班加点工作到很晚，只为做到更好。然而这种说法忽略了一个事实：孩子只有或多或少受过强迫时才会如此看待完美，这通常从出生就开始了，因为这是他们得到父母真正笑容或爱的拥抱的唯一方式。孩子长大一点后会变得苛求完美，父母就会对自己和他人说："我希望他们不要给自己那么大的压力，可这是天生的。"他们可能从没意识到自己在这件事中发挥的作用。

报纸错误地报道称，完美主义是基因造成的。然而事实正相反，完美主义的成因是父母直升机式的培养方式。父母会对孩子过度掌控，通常他们会表达自己的完美主义，将巨大的压力施加给孩子，迫使他们完成不可能完成的目标。这样的教育方式会导致饮食障碍和许多其他问题，包括焦虑症、抑郁症、孤寂感、强迫症、感觉自己虚假、自杀倾向及皮质醇失调。基于家族性及国家文化的爱与温暖能减少过度管控造成的影响。在一项研究中，来自英国和意大利的家庭被当作范本进行对比。意大利的母亲尽管过度管控的程度更大，但也更加体贴。这是对过度管控的补偿，与那些没有受到过父母过度管控的孩子相比，这些孩子患焦虑症的概率也没有增加。而库提达对泰格缺乏体贴照料，这可能就是后期问题产生的关键因素。

适应良好的完美主义和适应不良的完美主义还是有很大差异的。在适应良好的类别中，个体做到最好就足够了。这符合波尔加家族三姐妹的例子，却不符合泰格的例子。在适应不良的类别中，人们完全无法原谅自己的不完美表现，这种行为会导致不良影响（人们已经针对这种现象在运动员中做过专门测试了）。而这就是泰格的感觉和表现，在球场上他的言行都清楚地表明了这一点，但波尔加姐妹在比赛时却不会如此。

从很小的时候开始，泰格就面临着完美主义带来的压力。不论是作业、家务活还是尊敬长辈都一样，他如果没有达到预期的高标准，就会被迫接受惩罚。泰格经常挨巴掌，现在这被认为是一种体罚。同厄尔的母亲一样，库提达认为孩子不打不成才。泰格很害怕母亲。他必须做一个好孩子，懂礼貌、教养好还要干净整洁，否则就会挨打，受到冷冰冰的嫌弃，以及父母的不认可。

库提达管理体制的一部分就是，每天晚上要进行佛教禅修。在压力繁重的一天后，这或许能帮泰格平静下来，但它又是另一个强迫性要求——泰格并没有其他选择。他长大独立后立刻就放弃了禅修，这个事实完全可以证明泰格以前每晚做禅修是被强迫的。库提达认为，佛教能让她大彻大悟，而这是泰格一直怀疑的一点：她对于完美的执着一点都不比丈夫少。如同上文所说，泰格将自己超常的竞争动机归因于母亲而非父亲。

在泰格的青少年时期，厄尔会陪他到球场参加锦标赛，如果泰格没打好，父亲有时会安慰他，而母亲就不会轻易原谅他。她年轻时一直是个好斗、好争辩、好胜心极强的女性。陪儿子参加比赛时，她脸上的表情一直是全神贯注，由于紧张而紧皱着的。除非泰格表现完美，否则她从不满意。在球场上，她几乎从来不笑，而厄尔则常会微笑，当然部分原因是他享受他人的关注，在为他们表演。

泰格的崛起

厄尔专门培养记者来报道泰格的高尔夫球壮举，因为他不断地打破纪录。泰格第一次打败父亲是在 11 岁的时候，当时他得了 71 分（这就是高尔夫球的标准杆——优秀的球手在球场打完全部 18 洞应该完成的击球数量）。泰格从13岁开始就赢得了青少年世界锦标赛的冠军。他共参加了6次比赛，连续4年赢得冠军。1991年，15岁的泰格获得了美国青少年业余锦标赛冠军，也是有史以来年龄最小的冠军（这项比赛的年龄限制是18岁），还被评选为年度青少年球员。由于厄尔的训练，他接受访问时会用一种空洞、品牌式的语调说："我想要成为高尔夫球界的迈克尔·杰克逊。"

泰格在18岁时成为美国有史以来最年轻的业余冠军赛冠军（美国最优秀的成人业余选手）。比赛时，他炫示的打法是我们接下来要说的问题的一个标志。在最后一轮刚开始时，他还落后6个球，最后却两杆胜利。

进入斯坦福大学学习商业，是他迈向成为自己的品牌经纪人的第一步。他学习经济的原因是"想要管理自己的钱"。从那时起，他日后能够成为职业高尔夫球球员，赚取百万美金便毫无疑问。

此前，泰格刚刚签署了一份报酬为6 000万的广告代言合同。在泰格开始职业生涯前，厄尔总结了自己对他的期待，他这样说："没人能够明白这个孩子对高尔夫球运动的影响，同时还有对整个世界的影响。他是上帝派到这个世界上的，拥有自己的使命，这不仅仅指高尔夫。"这种狂热的、救世主式的比喻几乎算得上是一种妄想。然而，泰格将成为种族关系的榜样，这个观点根本就很滑稽可笑，但在一定程度上来讲，这又是宣传的诡计。想要改变美国根深蒂固的种族歧视，除了泰格的成功之外，还需要其他很多很多。然而泰格并非是受到了这一点的激励，他只是想取悦父母而已。

泰格的第一次重大胜利是1997年赢得奥古斯塔大师赛冠军，这让他蜚声国际。在泰格参加这次比赛之前，只有4位黑人高尔夫球球员受到邀请参加这项权威预备赛事。泰格压倒性的胜利看起来似乎真的只能用高尔夫球神之子来解释了。

比赛结束时，他领先第二名12杆，泰格的自信、风度及精湛的球技都是前所未有的，同时他也是有史以来最年轻的冠军。"我们成功了，爸爸"，与父亲拥抱时，他在父亲耳边低声说。泰格表达"我们"的方式，几乎像是说胜利不属于他自己而是他体内的那个父亲。事实上，他似乎是在说"你成功了，爸爸"，尽管这种说法忽略了母亲的贡献，但或许这就是厄尔潜意识里的想法。

泰格·伍兹的名字迅速成为全球品牌，就像公认的球王贝利、戴安娜王妃及妖男大卫·鲍伊一样。而这就是泰格所谓的市场营销人物的创作巅峰。这些人将自己视作商品，他们的价值是由自己的成功、畅销及他人认可决定的。他们区分自己和他人的方式就是在他人的眼中拥有成就，而非自己是谁。他们关注的是自己拥有什么而非自己是什么。人形消费品就是能够被购买和销售的商品，就像一辆汽车、一栋房子或一家公司。伍兹这一品牌被很多公司经营着。

对这类人的研究表明，他们的观点十分传统，过分注重和他人进行比较、更容易妒忌而且从不感到满足，极易发怒、焦虑及抑郁。他们想要控制自己的情绪。作为"名人市场"上的商品，他们十分努力想将自己作为优良的"套装"贩卖出去，给人的印象是快乐爽朗、明智、可靠又勤奋。对于一些人来说，他人关爱是建立在成功的基础上的，比如泰格，他们更容易成为市场营销人物，许多成功人士也是一样。

而这种观点的创始人，艾瑞克·弗洛姆（Erich Fromm），将美国描述为一个市场营销型社会。消费者必须对自己及自己的所有物永远感到不满足，才能不断地消费。对于他们来说，工作必然在生活中占中心地位，这才能满足他们永不知足的消费欲望及随之而来的地位。他们没有任何深刻的感受或信念，广告带来的标准化品味取代了所有深刻理解。泰格和厄尔就沉浸在这种思维方式中，而泰格也成为通过广告控制我们价值观的偶像之一。

父亲认为泰格这一品牌是（字面上，同时还有象征意义上）一种商品，并对其进行了市场营销。这种营销从泰格在麦克·道格拉斯秀亮相就开始了。黑人天才儿童高尔夫球手泰格这种概念被精心策划，包括他的成就本身。但这并非欺诈：泰格真的就是一个高尔夫球天才。他的父母创造出了一种人类绩优股产品，而那些真正的绩优股公司都排着队想要同他合作。高尔夫球器材和服装公司想要将泰格的品牌运用到自己的商品上，以此给消费者一种感觉：如果购买这种商品就能够同一个高尔夫球奇迹有所联系。一些广告用一种模糊的魔术手段来宣传，如果消费者们使用"他的"球杆穿"他的"衣服，那么他们就能够沾染泰格的高超技艺。

不经营高尔夫球产品的企业，则想要运用他的品牌效应来增强自身的品牌效应。泰格年轻、英俊、白手起家又有非凡成就，这会为其他企业带来好处。作为一个无可挑剔的非裔美国人，泰格能够为这些公司带来可靠、公信力大的形象，表明他们没有任何偏见。通过微妙细微的暗示，他们表达出这样一种理念：如果他们支持有色人种，那么他们看起来似乎就是支持其他弱势群体的，例如女性。因此埃森哲咨询公司，一家从事商业咨询以及人力管理的国际企业（发挥"人力资源"），可以通过使用泰格这一品牌来给人一种他们支持成功卓越的成就（不论种族、性别或是宗教）的印象。

不论对这些公司还是对泰格来说，投资都产生了丰厚的回报。随后的 12 年间，泰格赢得了 13 场重大赛事，获得了 10 亿美元的个人资产。他在佛罗里达州、加利福尼亚州各购买了两处房产，他在迪拜买了一处房产，还为妻子在瑞典购买了一处房产。其中一处价值 3 800 万美元，另一处耗资 2 300 万美元，而游艇则花费了 2 200 万美元。泰格的市场营销人物形象创造了巨大的职业和物质成功。然而在这种外观及品牌背后，仍然存在着一个真正的人——特定的童年经历及家庭动态结构为他设置好了轨道，他走上了轨道设置好的方向，而这却早已埋下了精神崩溃及职业毁灭的种子。

泰格的坠落

1997 年，泰格第一次赢得重大赛事时，厄尔就已经 65 岁了，而且已经接受了心脏搭桥手术。父亲一直密切关注泰格的职业生涯，他也是泰格重要的激励因素。父亲每天都会抽两包香烟（泰格对此深恶痛绝），饮食一直以垃圾食品为主。2006 年，他患上了癌症和心脏衰弱。他的死带给泰格的不只是失去亲人的失落感——泰格根本无法接受这个事实。从媒体的报道和泰格自发的声明来看，泰格已经接受了父亲的死。泰格说他失去了"最好的朋友和最好的榜样"。然而，在内心深处，泰格根本无法接受这一事实。泰格在一个太过年幼的年纪就被父亲"绑架"，这种绑架太过彻底，因此没有了厄尔就没有了泰格。

病态的哀悼会通过两种形式表现出来。一种是完全压抑死亡的事实，完全否认这件事的发生，因此丧亲的人不会流泪或难过，会继续自己的生活，装作什么都没有发生过的样子。通常，这个人在以后会有一次剧烈反应，产生几乎等同崩溃的情绪，这通常发生在一些特殊纪念日，比如忌日。而另一种形式，也就是泰格的表现形式，就是装作亲人仍活着的样子。在锦标赛比赛期间，每当泰格感到有压力，人们都会看到他悄悄对父亲说话。尽管从理智上讲，泰格知道父亲早已去世，但在另一种层面，他仍觉得父亲还活着。厄尔活着的时候，坚持说自己和儿子能通过心电感应交流，而现在泰格称自己仍旧能听到父亲的声音。通过心理战及胁迫恐吓，厄尔对自己儿子的控制太过彻底，似乎像一种灵魂附身。厄尔仍旧在泰格身上存活着，上帝仍旧通过儿子存在于世间。厄尔在幼年丧亲时，或许也没有好好地进行过哀悼，因此泰格无法消化父亲的死亡的事实。

泰格身边的人说，父亲去世两年后泰格仍表现得极其痛苦，对父亲的死仍完全无法接受。泰格变得易怒和有强迫性。他说父亲是自己最坚强的榜样。最为明显的一点也在慢慢涌现：疯狂滥交。

在性这一方面，泰格最初经历了一段比较困难的时期。青少年早期，他是一个只会打高尔夫球的呆子，老土而且让人过目即忘，绝不是那些受欢迎的男孩子之一。但16岁时，他就是高尔夫球界冉冉升起的巨星（尽管多数同龄人并不清楚），作为一个被用于市场营销的角色，他决定改头换面。泰格将厚厚的眼镜换成了隐形眼镜，剪短头发，买了非常新潮的衣服，变成一个身高1.82米的英俊年轻人。他是一个羞涩、安静又内敛的年轻人，他的风度和温柔语气对一些女孩来说有致命的吸引力。最初，他仅仅会做她们最好的朋友。

他发觉自己需要一个高水平的女朋友，作为自己吸引力的象征。如果他身旁有这样一件尤物，那么其他女孩也会很想得到他。为了达到这一目的，他开始同一名叫作迪娜的拉拉队队长约会，这是他之后的一长串长腿金发女朋友中的第一个。对他来说，这样一个值得炫耀的战利品似乎比任何亲密关系都更重要。他和迪娜在一起，直到18岁时被斯坦福大学录取。在父亲的建议下他结束了这段关系。

在斯坦福大学，泰格很快变得非常有名，这也增添了他的魅力。这时的他同其他高调的男学生很像，在各种派对、一夜情之间徘徊，纵情作乐，过去的羞涩内向被父亲那种神气十足及自信满满的态度所取代。泰格是一个英俊而文雅的年轻人，这轻易地吸引了女孩们的注意。21岁时，他闻名全球，也开始了滥交。这种现象在那些年少成名的人中间十分普遍。

然而一个关键的因素就是，他最大的榜样一直没有变。厄尔一生都是个花花公子。在泰格年轻的时候，这个事实让他非常沮丧。他的第一个女朋友曾说过，泰格有次打电话给她，哭诉父亲发生了外遇。但长大后，父亲和儿子间达成了一种无言的协议：双方默认出轨和滥交都是可以接受的。事实上，厄尔对儿子出众的性能力感到十分自豪。同时因为泰格的名气，厄尔自己也能受益，更多的女性因为泰格是他儿子的缘故而和他发生关系。

泰格的性滥交行为被公关团队保护得很好，媒体无法得知。然而，如果想要这种品牌效应得以增强，用于市场营销的人物形象还需要一个妻子的形象以及自己的孩子。这种漫无目的的性行为让泰格感到不满足。在交往了几十个金发长腿女朋友后，他需要一些能满足精神需要的东西。2001年，泰格开始努力寻觅一个妻子，而艾琳·诺德格林（Elin Nordegren）是一个合适的联姻对象，尽管从很多方面来看，两个人不太契合。

她是瑞典人，父亲是一位知名记者，母亲是一名政治家。因为一时冲动,她从心理学专业退学,开始做高尔夫球球员杰斯帕·帕尼维克家的保姆。尽管她还当过模特,但她和泰格完全是两种人。研究结果表明,如同很多斯堪的纳维亚半岛国家的居民一样,与美国人相比,她不太爱夸耀自己,也没有兴趣暴露在闪光灯下。初识泰格时,她有男朋友。他在瑞典,是一名铲车司机,他也不愿意炫耀财富或虚张声势。泰格第一次邀请她时,她拒绝了,因为感觉泰格不是自己喜欢的类型。

  面对这种迟疑,泰格并未放弃还产生了更大的兴趣。在美国,几乎没有不愿和他上床的女性,因此泰格将她视作挑战。第五次邀请的时候,她终于同意了约会,希望这样能阻止他没完没了的电话骚扰。但是,这时她已同男友分手,而且他们第一次约会时,泰格的温和友善让她感到十分震惊。晚餐和电影的内容很常规,但他们却过得很愉快。之前,她一直认为泰格会选择更昂贵的方式来引起她的注意。不过,泰格一直都是个精明的生意人,他非常明白消费者的偏好。然而,她没有沉浸于这段感情,因为她对泰格的风流花心早有耳闻,同时明白像泰格这样的一流高尔夫球球员都有大批追求者。首先她一定要确保泰格不会背叛她。如果他背叛了她,她就会离开他。

  几次约会后,他们之间的差异渐渐变得不重要了。她很喜欢晚上待在家里,此时的他们行为得当,礼貌真实,不用担心外部俗世。在市场营销手段的塑造下,泰格看起来是个羞涩内向的人,经常很粗鲁,攻击性强(在比赛中失误时,他会明显地咒骂"他妈的",这已经被媒体和公众接受,他们把这当作泰格还是个人类的标记),并决心统治高尔夫球界。但是她也很享受和泰格一起时尖刻的幽默,并发掘自己好斗爱吵闹的一面，他们在一起玩电子游戏和乒乓球时都是如此。

或许，关键因素就是父母在她6岁那年就离婚了，从此她就在父母之间辗转，如同泰格的母亲那样。这种不安全感意味着她会为泰格的浪漫举动所倾倒，不仅是那些昂贵的礼物，还有那些小便条及其他亲密的爱的表现。在很多方面，她都和泰格的母亲十分相似，都是有自己的价值观又正直的女性。然而在童年时期，她们的父母就离婚了。因此她们都很愿意离开家园，并和迷人的美国男性开始一段全新的人生。事实上，大量证据表明，在选择伴侣时，我们会被父母中与自己性别不同的一方的性格所吸引，因此泰格被那些和母亲在某些特点、经历上相似的女性所吸引，这种现象并不反常。

第一项能证明这一点的研究是在1980年于夏威夷展开的，这里存在很多种族间婚姻。研究对象为1000名出身混血家庭的男性和女性。其中2/3的人第一次婚姻对象的种族是与父母中与自己性别不同的一方的种族相同的。举例来说，如果你是一名女性，父亲是一个有色人种，那么有2/3概率，你会与一名和父亲肤色相同的男性结婚，男性选择妻子的情况也是相同。

这一研究的高明之处就在于，这些人都是离婚后再婚的。果然不出所料，有2/3的情况是，他们的第二个伴侣的种族也是同父母中与自己性别不同的一方种族相同，而非和自己性别相同的一方种族相同。这个有力的证据证明了父母的长相对我们与谁同居有影响（同时，这或许也表明了我们不肯吃一堑长一智的事实）。

后续研究表明，我们在选择伴侣时，更倾向于选择头发及眼睛颜色与父母中和我们性别相反的一方相同的人，同时还有相同的气味。这种情况适用的特征可能会十分明显，例如与我们性别相反的父母一方的长相，以及隐晦的特征，例如他们是否抽烟。然而这要扩展到我们在感情上同他们是否亲近。在一项关于 49 位女性的研究中，研究人员要求她们描绘父亲面部准确的维度（两眼间距、鼻子大小等等）。随后，研究人员将 15 名男性的脸展示给这些女性。如果父亲同自己的关系是正面的，那么她们选择的照片极可能类似自己父亲的面部维度。一项特别有力的研究以被领养的女孩为研究对象，结果显示只有她们同自己的养父关系亲近的时候，她们最终才会同一个和父亲相像的男性结婚。这一点就能够证明，择偶偏好是由于后天培养造成的，与先天遗传没有任何关系。

华丽的婚礼办完后，泰格很快就开始继续自己的风流韵事及一夜情，这些事是从婚后多久开始发生的我们尚不清楚，然而从某个时刻开始，他又开始继续之前的生活。认识泰格的人发觉到的奇怪的一点就是，泰格坚持说自己有多么深爱艾琳，尽管他就当着他们的面和其他女孩调情。他似乎认为，那个刚刚对艾琳宣誓称会对她忠诚直到死亡的泰格，与那个不断偷偷追求刺激的泰格完全没有联系。结婚一年后，他曾说过："我很喜欢慢慢变老，很想拥有一段感情，两个人不断改变，关系更亲近。"说这番话的时候，泰格或许也没有自相矛盾的意识。从幼年时期开始，泰格就十分习惯双面生活。他要向父母展示的外观——那种乖男孩的虚假自我同他的内心世界是两条平行线。他看到父亲用一种潇洒自如的方式向母亲撒谎。更实际地说，他根本不害怕事情败露。公关团队会维护自己的形象，公关团队身后还有律师团支撑。而且不论如何，这样做对所有人都有很大的经济利益——公司、媒体，如果他的形象能够干净完美。

在成为一个父亲之前，他说过："要是只有一个孩子的话，我宁可一个也不要。"这是他罕见地当众以一种隐晦的方式承认自己的童年并不完美，也表明他不得不担负父母的全部期望这一事实。2006年，他的第一个孩子出生，而这完全没有改变他拈花惹草的行为，可父亲的死却对他产生了影响，他对性的渴求也变得更加疯狂。他开始在距离自己家只有10分钟路程的酒吧泡妞，还在自己的婚床上和她们上床。他的行为越来越大胆。在第二个孩子出生后，他说："实在是太幸运了，我热爱自己父亲和丈夫的身份。这就是我。"但他还是会炫耀自己的性滥交行为，像一个亡命之徒一样寻求下一个猎物。然而一场车祸即将发生。2009年11月27日晚上，一场车祸昭示着他的坠落开始了。

泰格光着脚跑出家门，爬上了自己黑色的凯迪拉克汽车。一路加速，直到失去了控制撞到了一棵树上。后续调查显示，他的脑部没有任何受伤的迹象，但他似乎一直处于一种半昏迷状态：对提问毫无回应，眼球一直朝上转。

在此一周前，《国家询问者》（National Enquirer）杂志报道了泰格的一次风流韵事，还曝光了清晰的细节。泰格的公关团队并未担心这个问题，因为这份杂志的报道通常都会被认为是虚假的。然而，这次车祸引发了全球关注。短时间内，泰格发给洛杉矶一位鸡尾酒女服务生的语音邮件就在网络上广泛传播，并很快进入主流媒体。这位女服务生有600条有关短信，而事件的闸门就此打开。几十位女性都宣称自己同泰格发生过性关系。很短一段时间里，泰格这个品牌就变得臭名昭著。他成了世界上最出名的性瘾患者。

成名男士的风流韵事非常常见，对此人们觉得不足为奇。不论是迈克尔·道格拉斯（Michael Douglas）还是罗素·布兰德（Russell Brand）拈花惹草的事，我们都早有耳闻，不算什么新闻。关于名人滥交现象的一种观点就是，这只是机会的问题。即使是建筑物上的雄性滴水兽，一旦成名，也会吸引更多女性。实际上，有证据证明，女性同地位较高（富有）的男性上床时会有更多高潮。对于随便发生关系这件事，发生在男性身上的概率比女性更高。在一项著名的研究中，一个迷人的年轻男性和一个迷人的年轻女性都在校园里四处询问异性，他们是否能够考虑立刻和自己发生关系。被男性询问的女性中没有一个人同意，然而男学生中有很多人都十分乐意。

　　名声能够提升吸引力，然而那些变得有名的人就性格来说本身很容易滥交。有力的证据表明，他们中很多人在成名之前就已经是自恋狂了，而自恋狂更容易滥交。因为他们更可能有更多精神变态的特征（比如缺乏同情心还有自私）。而且，心理变态者更容易滥交，因此自恋者滥交的可能性就更大。马基雅维利主义者的情况也是一样的：自恋、精神变态及阴险狡诈的马基雅维利主义行为倾向——3种黑暗性格合而为一，更容易使他们实现出色的成就同时变得滥交。泰格就具有很多这样的性格特征。

　　另一个普遍的观点是关于成瘾人格的。冲动性是黑暗性格的一个方面，而这更容易导致滥交。十二步计划项目有效推广了完全禁欲的观点，让很多成瘾者主动努力迈出改变的第一步，尽管对一些人来说，坚持下去有很多困难。这项计划隐晦地支持各种成瘾是可能互相转换的，同时对它持一种基因倾向的观点。

　　事实上，没有证据表明成瘾者的DNA有任何特别之处。DNA让他们比其他人有更高的患病风险这种说法，也是完全没有理论根据的。更准确地说，重要的证据表明，是童年虐待让他们处于更大的风险中。比较不为人知的一个特别的因素就是，对高成就者而言，他们有"自我损耗"（Ego Depletion）问题。

自我克制的利与弊

对于高成就来说，出色的自我控制至关重要。顶级运动员特别是高尔夫球球员都需要这一点。他们必须花大量时间练习技巧，比赛时在表现没有达到预期的情况下，还必须控制自己的情绪。对所有人来说，自我控制能让我们改变自己的反应，以符合内在标准，比如理想、观念、价值或道德标准。人们每天都用自我控制来抵制"不良"冲动。这些冲动或许包括，吃会发胖食物、伤害自己的伴侣、不想工作想玩耍、不正当的性行为或暴力行为，等等。这些举动或许会使人在当时得到快感，但它们会造成长期的不良后果，比如承受惩罚或因违法而不受欢迎。

西格蒙德·弗洛伊德在他著名的《文明及其不满》（Civilization and its Discontents）一书中指出，抑制自身真正欲望的代价就是，欲望会以其他方式表现出来，而且可能十分不理智或让人费解。举个简单的例子，10分钟前，我决定不吃会发胖的食物，而如果此时孩子要求下载一个新的应用程序，我可能会用粗暴的方式回应。如果近期抑制了自我冲动，我就会对满足其他人欲望的观点产生双倍愤怒，即使这个人是我最爱的儿子或女儿。替换被抑制的欲望可能会导致它们变得更加强烈。如果几天前我没有吃蛋糕，那么几天后，参加孩子朋友的生日派对时，如果有人问我吃不吃蛋糕，我很可能会立刻大吃特吃。

超过100项实验（大多是在最近10年内进行的）表明，在产生自我控制行为后，我们更容易变得失控：我们如果一直表现良好，那么接下来就有变坏的风险。这帮助我们解释了一点：为什么自制力高的成功者更容易滥交。而这在某种程度上也解释了法官或政治家在公共场合做出的某些让我们费解的举动。

如果你强迫自己做不愿意的事，运用自律能力控制自己，这就意味着你身体的其他部分会表现出更高的控制权，将你导向"不良"的方向。当我们压抑自己的能力及保持尽职的能力都被耗尽时，我们就有更大的风险屈服于短期的快乐。

举例来说，在一项开创性的实验中，学生们所面临的情况就是，他们一直受巧克力饼干的气味和外观吸引，却被鼓励吃萝卜。在随后的拼图游戏中，那些可以吃饼干的人比不被允许吃饼干的人坚持的时间更长——抑制吃饼干的冲动减少了他们在任务中的持久力。这样的一系列研究之后，控制思维、管理情绪或解决多余冲动等方面也受到研究（比如喝酒、抽烟、吃会发胖食物）。这样的自我控制在不同方面都得到了体现，比如节食者吃饭、超支、激怒后的攻击行为、对于伴侣的不良行为无法表现得体贴、爱撒谎及种族主义。如果人们在实验中选择了喝水而非酒，随后他就会发觉自己更难做到不狂欢畅饮。个体内心越倾向饮酒，随后失去控制的可能就越大。如果人们喜欢粉饰太平，为生活镀金，这也会减少他们之后的自控能力。性冲动也是如此。这些证据都证明，童年虐待让泰格变得自制，而这使他更容易滥交。

这一点很有道理，但按常理来说，自制对成功至关重要。实际上，有良好自控能力的人更容易在学业和事业上取得好成绩，精神也更健康。而有低自控能力的人则正相反：在学校、工作和精神健康方面上都比较失败。这本身似乎就是一个谜团。为什么自控力好的人会因耗尽自我而更加冲动，但他们还是会更成功，精神也更健康？

自控能力是一种有限资源，当这种资源耗尽时，我们就会变得不受控制。一些研究发现，失去自控的人的血糖含量也会降低。在这些研究中，如果在血液循环系统中加入葡萄糖，失去自我的现象就会停止。然而，其他研究还没有发现这种简单的化学关系。这表明其过程可能不仅仅是一种纯身体方面的反应过程。不要通过字面意思理解这种精神力量的能量模式，许多作者提出这只是一种比喻方式。

理查德·瑞恩（Richard Ryan）和同事得出大量证据，证明自主（自我决定）对人类茁壮成长有关键作用。这些证据表明，自主源于童年及随后的生活环境，在这一时期"内在"动机和目标都能够不断发展演化，而不是取悦权威，例如父母、老师、上司（这也就是我们所说的"外在"的动机与目标）。瑞恩用这一模式作为反驳自我丧失的证据。

自我决定模型适用于选择题。作者指出，在以前的自我丧失实验中，没有给实验对象真正的选择权，而是施加压力迫使他们进行单一选择。果真不出所料，当我们给实验对象真正的选择权，让他们进行自我决定时，就不存在自我丧失的问题了。举例来说，如果让学生写论文时，允许他们自行选择是支持还是反对中学的心理教育情况，那么情况也是如此。真正反对这种观点的人可以反对，而不反对的人，也可以表达自己的观点。与之相反，另一组学生被指示应该选择哪种观点,他们之中果然有人出现了自我丧失的情况。如果学生能够自主选择观点,那么事情就不会如此。

受外部因素驱动的活动,比如追求金钱或服从权威,就需要更多自我控制,同时相比那些能够自由选择的人,他们会产生更多的自我丧失。有人做过这样 3 项实验,在第一项中,研究人员付给学生钱,要求他们在观看喜剧电影时不可以笑,或仅仅是付钱让他们参与看电影。那些被要求忍住不笑的学生自我丧失的程度更严重。在第二项实验中,研究人员付给参与者钱让他们描述自己完美的一天,而且尽量少用"填充词"比如"嗯"(需要自我控制)。一组研究对象被告知他们只有在使用少于 15 个填充词时才会得到报酬,而另一组尽管也被要求尽量少使用填充词,但不论表现如何都会得到报酬。被威胁可能无法得到报酬的实验对象自我损耗更多,他们的自主意识更低。第三项实验同第二项大体相同,只是多了另外一组研究对象,他们只被要求描述一下自己完美的一天,完全没有提到让他们减少避免使用填充词,因此没有任何外部压力。不出所料,他们的自主丧失最少,反过来也能使自我丧失程度最低。总结来说就是:"相比受内部因素决定的自我控制,受外部因素决定的自我控制会导致更多的自我丧失……问题就是,似乎即使是最小的情感变化都会影响自我丧失的程度。"两项后续研究进一步支持了这项结论。

自我耗损导致泰格坠落

瑞恩的理论能解释泰格难控制的性行为。从表面上看——在球场上,他似乎是自控力惊人、能够掌控自己命运的人,而在其他情况下，他却几乎没有任何自制力。惊人的高尔夫球自制力是母亲对他的精神虐待加上父亲的游戏人间和霸道行为给他带来的恐惧造成的，这从他还十分年幼时就开始了。

严重的自我丧失导致了泰格高风险的性行为——在父亲去世后，他采取的行为的风险越来越高。他似乎把这当作一种恢复平衡的方式。但我们并不排除其他因素的作用。泰格蜚声全球、相貌英俊又十分富有，因此能轻易得到众多女性的青睐。泰格的市场营销形象让他感到十分空虚，因此想用性来填补。然而，自我丧失可能也扮演了十分重要的角色。

对于泰格的市场营销形象来说，性成瘾的曝光对品牌造成了灾难性的损害。短暂协商后，一些公司做出了回应。有些高尔夫球器材公司决定仍支持泰格，因为这符合他们的利益，但想利用泰格的形象提高声誉的公司却放弃了他。比如埃森哲咨询公司，直白地声明希望"人物—产品"定位符合自己公司的需要，声称泰格在球场上的成就象征着公司的广告中商业成功的概念。但现在，对于公司广告来说，"泰格已经不再是合适的代言人了"，他们以一种伪善的态度为泰格和他的家庭送上美好的祝愿。然而，真正的意思就是不想再同泰格有任何牵连，泰格必须自谋生路了。

在公开声明中，泰格最初不愿意承认自己是一个滥交的人。然而，在一家专门治疗性滥交的诊所接受治疗后，泰格打造了一种全新的市场营销品牌，就是忏悔者的形象。泰格（或是他的公关人员）完成了一场悔过演说，让人十分信服："过去，我认为自己能够逃避惩罚。因为一直以来都在拼命工作，我以为应该享受身边的诱惑。我曾认为自己是有资格这样做的"，"因为财富和名声，我不用费劲就能够得到这些……现在,我也能够决定重新开始自己的正直人生了"。正直是一个积极正面的词语。过去,泰格一直都是"不"正直的,他过着多重分散的性生活。在遭遇车祸时,他的精神似乎已经接近失常,完全丧失条理性。将一个有名的比喻夸大一点说就是:他早已把理智丢出了车子,根本没看到交通灯的变化。

从幼年开始,泰格就开始了极端的自我分界。他要坚持自己真正想要的,在自己了解的范围内,将它同父母的期望分开。年幼时产生的虚假自我(我的父亲将它定义为未成熟自我发展)对泰格了解自己真正要的是什么造成了影响。父亲"绑架"了泰格,将他当作实现自恋的工具。母亲用殴打和怒视回应他的反抗,勒令他表现完美。可怜的泰格就不得不在可以的时候寻求自己真正的快乐。如同很多名人一样,这种快乐源于顺从的年轻女性带来的崇拜以及自我掌控(大多数职业运动员不会选择毒品)。双面生活看起来似乎是非常自然的。在丈夫、父亲及浪子几个身份之间转换,泰格并未感到矛盾。

然而,妻子艾琳无法原谅泰格的行为。尽管她从一开始就明白泰格每年有9个月出门在外参加高尔夫球巡回赛,然而泰格不忠的事实(通常都不只是一夜情)让她完全无法忍受。艾琳自己就是离异家庭的孩子,现在她自己也要经历同样的事。然而父亲厄尔没有让母亲库提达发现自己的另一面,尽管母亲很可能早已怀疑,但对于天选之子泰格来说,他完全无法做到保密。

离婚财产协议中,艾琳得到了约一亿美元。伍兹公司必须损失净资产的10%来为泰格的不忠买单。尽管失去一些赞助商,但泰格仍能从高尔夫球器材厂家获得源源不断的资金。这件事发生后,尽管他的球技仍然出色,随后几年在美国巡回赛事中也多次赢得第一,但他仍需要赢得另外一项重大赛事。

跌落神坛前，33 岁的泰格已获得 14 项重大赛事的冠军，人们毫不怀疑他能够超过杰克·尼克劳斯（Jack Nicklaus）18 项赛事冠军的神话。从 2008 年起，泰格就没有在重大比赛中获胜过了，一次都没有。泰格似乎变成了另一个人。他的自恋和全能感也很少表现出来了。泰格同父亲的内在联系也发生了改变，过去泰格会与父亲探讨问题，向父亲寻求指导。但他现在已经是孤身一人了。没有父亲在身边，泰格就失去了额外的驱动因素——那几乎是神圣的干预手段，使得泰格早期的表现几近完美，比如 1997 年的第一次大师赛。

成功者的心理健康与心理病态

现在占统治地位的心理疾病模型认为这是一种基因宿命，无法被治愈，只能被控制。英国国家卫生署提出的主要控制手段就是药物治疗及认知行为疗法。正如第一章第二条建议中所说的，认知行为疗法阻止患者思考自身问题的童年原因。即使证据让人十分信服，但医学及心理构建机构却一直对造成精神疾病的主要成因就是童年虐待这一事实彻底忽视。

人们相信精神疾病是基因造成的，需要通过药物及认知行为疗法控制，这种说法的传播途径之一就是公众人物。在托尼·布莱尔（Tony Blair）卸任时，他的社交圈子中有很多主要的领导人物都公开宣称自己患有抑郁症。他的公关人员，阿拉斯泰尔·坎贝尔（Alastair Campbell）公开了自己对抗抑郁症的经历，同时坦承自己一直通过服用抗抑郁药物来控制病情。支持工党的喜剧演员史蒂芬·弗雷制作了两集 BBC 纪录片,承认自己被确诊患有双相情感障碍,并介绍了该疾病的基因成因。喜剧演员罗里·布莱穆勒(Rory Bremner),另一位工党支持者,在 BBC 广播 4 频道的纪录片中讲述了自己患有注意缺陷多动障碍的痛苦遭遇。

媒体不停报道这样的故事,最终满足了制药公司及主流精神疾病控制供应商的需求,比如认知行为疗法的医生。这些故事暗示,你要笑对这些疾病并忍受它们。服用药物、接受认知行为疗法并且坚强起来。

从媒体报道的事件中,人们其实学不到任何正确经验。两个例子让人尤其沮丧,一个是橄榄球明星乔尼·威尔金森(Jonny Wilkinson),另外一个是英格兰板球运动员马库斯·特雷斯柯西克(Marcus Trescothick)。

特雷斯柯西克的自传读起来几乎是充满了恶意恐吓的。他患有严重的抑郁症,但似乎并不理解这种疾病的真正成因。他认为自己永远无法被治愈,并开始服用抗抑郁药物,接受认知行为疗法的治疗。他引用了一位心理医生的话来解释这种现象:"抑郁症不是一种心理或精神状态,也不是一种精神疾病。这不是一种形式的发疯,而是一种生理疾病。"在他开始接受认知行为治疗时,医生告诉他:"你太累了,明显能看出你的身体已经发出了警告,告诉你已经够了,必须休息一下。那么到底发生了什么?是你身体上的疲惫导致了精神上的抑郁。"

虽然特雷斯柯西克本人没有意识到这一点,但他的自传里包含了有力的证据,它们指向了事情的真正成因。他的父母都热衷于板球。1971 年他出生了,提到他时,一家当地报纸的文章头条就是"会在1991年加入球队吗？"。文章也引用了父亲的话："我私下盼着这个孩子是个男孩，这样在他长大后，自己就可以鼓励他成为板球球员。"母亲回忆说，在马库斯11个月大时，板球球板就被硬塞给他。两岁大时，一有空闲母亲就给他投球。4岁时，他就在房子里到处击球，即使打碎玻璃父母也不会在意。马库斯6岁时就对朋友说，自己长大后要成为一名板球球手。然而，11岁那年，马库斯离开家同球队一起参加板球巡回赛，这时他患上了严重的焦虑症。他被"吓坏了"。从那时起，每当离开父母或离开家时，他就会变得极其沮丧。

特雷斯柯西克向认知行为治疗师大肆讲述自己患有严重分离焦虑症的经历时，医生并没有试图挖掘故事的含义，也没有考究这与他随后成为职业板球球员后离开妻子、孩子时的焦虑症的联系。

他患有严重的依恋障碍，这一线索真是再明显不过了。问题根源在于他与父母的关系。没有任何迹象表明医生探索了父母在他身上施加了多大的期望，以及这些期盼带来的负担。

书的末尾，特雷斯柯西克大量引用了"亲爱的病友"的信件。通过坦承自己患有抑郁症，他获得了很大的安慰。他同别人讲述了自己的疾病，让他们感觉自己不再孤单。但事实上，他还是十分孤单。最终，他坚信自己患有生理疾病而且无论做什么都没办法治愈。他没有提到的是，在不感到疲惫的很长一段时间之后（也就是治疗师告诉他疾病的原因），他仍旧患有抑郁症。如果考虑到有一种疗法会探索他幼年同父母的关系，甚至还能够治愈他，那么事情就显得太过悲惨了。

乔尼·威尔金森的经历同样让人心痛。起初，他告诉我们，他也无法确定自己的完美主义到底是天生的还是后天的无意识选择。

在 7 岁那年，父亲开车带他去打橄榄球的路上，他会假装晕车。只要一想到比赛结果可能不好，他的内心就充满了恐惧和绝望。在训练的时候，他的一切都十分正常，然而，因为害怕导致的心跳过快，使他每到比赛就起得很早。他告诉父母自己没法参加比赛了，哀求父母告诉教练。每场比赛都是一样的情况。然而不光在橄榄球这方面如此，在上学的问题也是一样。每天早上他都会哭着找母亲，希望避开任何失败，就连拼写考试中一个字母位置出错都会让他陷入极度恐慌。

当我们了解了他的童年后——惊讶吧，惊讶吧，我们的发现同上文提到的完美主义的一系列证据完全吻合。他的父亲是一名橄榄球运动员，而威尔金森十分渴望取悦父亲。这是一个悲伤的故事。幼年时期，他在一家地方电台讲述了自己一次比赛获胜的经历。他忘记提到赢得比赛应该归功于父亲，此后的几个月里，他一直十分自责，给电台写了无数封信，请求他们再给自己一次机会。同特雷斯柯西克一样，事实证明，离开家就会让他变得没有安全感。他在夜间会失眠，躺在床上时感觉"我需要父亲"。尽管威尔金森的小毛病似乎是强迫症和完美主义造成的（还有少量自私自利的因素），然而一些可能成因也受到了明显忽视。所有心理医生都没有考虑他的童年经历对现在的病情的影响，就对他进行了治疗。在最初的说法中，他对问题有一些自己的看法：认为自己的完美主义不是基因宿命，也不是自我选择。但他的提问没有说到问题的关键。丢失的一点是他不得不表现完美，而这是为了扮演好自己在家庭剧中的角色。如同特雷斯柯西克一样，在书的最后，他陷入绝望，认为不论是理解问题还是改变自己，都没有任何希望了。

总结

在本章开头，我提出了三个问题，这些问题通常会被忽略：

- 为何一些人能完成一万小时的训练，而其他人却无法完成？
- 对于那些完成并取得成功万小时训练的人来说，是什么因素导致了最终的成败？
- 对于那些完成一万小时训练并取得成功的人来说，是什么造成了一些人精神痛苦，而另一些却精神健康？

在泰格和波尔加家族的故事中，有一些关于这些问题的有力线索。

第一个问题的答案就是，在几乎所有的案例中，那些练习时间超过一万小时的人都受到了大量来自家庭的影响，父母对这个孩子付出了很多——只对这个特定的孩子，而非他的兄弟姐妹。还记得莫扎特和他的姐姐吗？

第二个问题的答案就是，在家庭中，各项因素的特殊组合，导致了心理和生理特征的恰当融合。以泰格为例，他的父亲是一个奸诈狡猾的人，一直控制着儿子；而母亲则是一个无情的监工。他们成功地让泰格成为精英中的精英。不论是由于受到强迫还是鼓励，幸存者都会在独特的家庭动力结构中学会处理强大的压力。

对于第三个问题，我们能够看出，威尔金森和特雷斯柯西克就是成功者最终以悲剧收场的最好例子。尽管在两个例子中，关于他们所受的养育是如何为他们带来痛苦的，我们都没有得到充足的准确细节，然而，前一章中的科学证据给我们提供了充分的线索，让我们得以推断可能发生了什么。举例来说,威尔金森的完美主义明显是属于适应不良型的——他的最好还是不够好。证据显示,如果父母的关爱是附带条件的,这种情况就会发生。他的极度焦虑表现为强迫性思维模式,很可能是幼年时的不安感导致的。对于特雷斯柯西克来说,情况也几乎相同。离开家时,他表现出强烈的不安感,这是婴幼儿时期受到的养育造成的。

泰格·伍兹与波尔加姐妹的对比十分惊人。波尔加姐妹不论在童年期还是在成年期都把象棋当作一种乐趣,赢得比赛也是一样。同时,她们能获得父母无条件的关爱。与之相反,伍兹从出生起就生活在极权式的家庭中,这种情况的根源就是厄尔·伍兹未竟的梦想。

我们该如何改变现有体系,才能让那些类似伍兹、威尔金森及特雷斯柯西克的人,甚至是数以百万计虽平凡却面临相同问题的人获得他们所需的帮助?有关天才和精神疾病是由基因遗传造成的的谣言仍不断地在人们中传播,那些不幸天才的问题来源于童年养育,这一根源仍然得不到承认和妥善解决。虎妈式教育的相关书籍仍会被不断地宣传,精神痛苦的天才仍会继续产生。

一个社会对错误而有害的观点的传播时间总会有一个极限。就如同被埋葬的童年创伤总会通过某种方式在个体身上表现出来一样,真相最终会被世人所知晓。

到底该如何做?三条建议

一、区分好坏志向,精神健康做仲裁

近年来,人们特别强调快乐,并将这作为一种内在目标,然而

我对此深表反对。快乐是一种短暂的状态，大多来源于物质，比如食物和性。追求快乐是一种危险、徒劳的尝试，是一种空想。

更有意义而现实的则是精神健康的观点，我的一本名为《如何建立精神健康》(*How To Develop Emotional Health*)的书对此进行了叙述。它主要包括6项：

- 活在当下
- 真实性
- 洞察力
- 与他人建立灵活开放的关系
- 好玩好动
- 精力充沛

精神健康是一种状态，在这种状态下个体清楚现在发生的事正在发生。它是第一手的、迅速的，而非只有在事后回想时才明白发生了什么。就如同运动解说员所说的："完全在状态"。

你的感觉是真实的而非虚假的。你对自己的长相很满意，你不想变成其他人，也不会因为其他人不像自己而瞧不起他们。你明白自己的想法和感受，即使有时候你仅仅知道自己不明白什么。

你有自己始终一致的道德准则，它能够让你区分正误。面对困境时你坚韧无比，你的观点很现实，对于自己的判断通常也表现得很明智。你有能力洞察自己的行为。你能够提前发现自己可能要犯的错误并加以避免，或者提前发现自己在某种情况下可能做出不理智的反应而且纠正它。这就赋予了我们灵魂的精华、选择的能力以及因此得来的做出改变的能力。这种自我觉悟就是将我们和动物区分开来的关键点。

在与他人的即时交往中，你能准确判断他们的感觉和想法，能够让自己和他人避免身处受压迫的状态。你不会"干扰发射"也不会"干扰接收"。你不会控制他人，也不会受他人控制。

你的适应性极强，却不会丧失自我。碰到需要一些虚伪的社交或工作场合，你也能够"戴上面具来迎合你碰到的人"。你的真实自我与你向他人展示的样子尽可能地接近，这取决于什么是可行的，什么是不可行的。如果撒谎是必要的，那么你也会那样做。

你活泼又精力充沛，在所有场合展现出的活力都十分惊人，却并不狂乱，也不通过"保持忙碌的状态"来从不良的感觉中转移注意力。你自发而又经常性地试图用一种有趣的方式来解决问题，保留自己那孩子般的亮点，坚信自己要享受生活而非忍受生活。不会因为贫困、缺乏自信、幼稚、博弈式的控制陷入困境。

你可能会不时地受到诸如抑郁、愤怒、恐惧等问题的困扰。你也会犯错。然而，由于精神健康，你更加适应活在当下，同时在自我存在中寻求价值，不论发生了什么都能迅速恢复。

当人们从你身边离开时，他们通常会感到能够更好地生活，更加活跃、爱玩乐。你的精神健康会影响他人。你并非殉道者，却被大家认为是自己社交及职业圈中有力的贡献者。

你遇到过这样的人吗？没有，我同样也没有。所有人都不可能一直保持情绪健康，不论哪个方面。对于大多数人来说，只能在某些方面、某些时候做到。只有极少数人，在很多方面、大部分时候都能够保持精神健康——或许是我们中的 5%~10% 的人。情绪健康是一种我们或多或少能够接近的状态，但并非一种能完全达到的状态，就如同快乐。

当然了，情绪健康的追求以及社会和事业成功之间，一直存在一种永恒的矛盾。在我们生活的社会中，人们往往会认为，获得财富或拥有美貌会带来情绪健康，然而这与我认为的真相相去甚远。

尽管没有任何人针对这一问题进行过研究，但是我怀疑那些传统抱负相对较低的人更有可能情绪健康。那些几十年如一日、一周工作 7 天的人很难拥有健康的精神；过分关注未来、关注博弈结果而非有趣的事的行为，似乎会让情绪健康变为一种奢望。

区分良好和不良志向的最佳办法就是，问问自己这些志向是否能培养出情绪健康。在我们自己的人生和培养孩子的动机和目标时，遇到的挑战就在于，如何将对于情绪健康的追求和对于常规成就的追求平衡起来。而这一困境的最佳解决办法就是，自我决定。如果你和孩子感觉到做事是为了自己，而非为了取悦他人，你们就更可能在实现成功的同时得到健康的情绪。

二、通过自我决定来避免自我丧失

当你感到自己是在自我决定时，就能避免自我丧失的发生。举例来说，当你做的事是你自己想要做，而非为了取悦他人而做的时候。当然，这件事并没有随口说说这么简单。如果你做的事情能够取悦自己，通常也能够取悦他人。

享受自己的周末或假期的一个前提，就是确保孩子也能够享受他们的假期（特别是如果我不这样做，他们会让我的生活变得一团糟）。如果开车接送他们到朋友家去玩会让他们快乐，我会乐于这么做，尽管这样很麻烦。我如果想将这本书变成一本好书，就要不断修改，让它更吸引读者，尽管这件事当时做起来无聊又让人疲惫，尽管我或许必须听听主编或代理商的建议来实现这一目标。

我们是如何确定取悦他人及取悦自己之间的界限的呢？差别的根源就在于父母对我们的养育方式。

这就需要一种强烈的自我感，它最初是由我们幼年时期的需求被满足的程度所创造的。随后，如果父母尊重我们的自主性，我们就能知道自己的想法和感受。同时，我们需要父母对我们的期望。如果他们采用仁慈慷慨的养育方式，而不是试图通过我们来实现他们自己的梦想，他们就给了我们同一性①的基础。

除此之外，我们一直身处现在的自己和将来的自己之间的对抗中。矛盾在于我们的短期和长期期望，我们需要决定是否延迟自己现在的满足感以实现长期的目标。我如果不想将来发胖，那现在最好就不要吃冰激凌。如果孩子想取得好成绩，那么最好以后再看喜欢的电视节目，现在好好做作业。这需要同一性，从而使个体明白自己想成为什么样的人。这一过程中同时还需要自我控制。

如同第四章讨论过的那样，所有婴幼儿都必须学会找到自己的暂停键，而这一点取决于父母的培养。不论是抢其他孩子的玩具，或是快要发脾气，当孩子的自我调节还不够成熟时，这一调节过程就需要成人的回应来作为支撑。然而，自律的问题不会在3岁时就停下来。只要我们感到自己不得不工作、不得不和我们不太喜欢的人一起吃饭，我们就需要自我约束，就如同尽责的变速器想要摩擦却没有油一样，这样做的难点在于：真正掌控这样的经历并使它们

---

① 同一性是心理学术语，指个体将自身动力、能力、信仰和历史进行组织，纳入一个连贯一致的自我形象中——编者注

成为我们自主选择的东西。

认知行为疗法提出,我们能通过心理技巧实现自律,就如同重新搭建架构一样。然而,像这样的说法只是告诉自己做超市收银员这份工作也不全是坏处,有这样那样的优点(能拿到工资、比前一份工作轻松等),然后你就能够改变自己对这份工作的感受——这完全是在胡说八道。

再多的诡辩都无法将不想要的事变成想要的事。我们需要的是同一性,以及对于情绪健康的愿望,以此完美解决我们讨厌的事情。很少有事情是全然负面的。在不颠倒黑白(认知行为疗法)的情况下,如果我们了解自己想要什么,那么不论情况如何,我们都可以发现乐趣。如果同一性和自我意识伴随着情绪健康,那么它们就能够改变最无聊的工作或晚餐。

只要你渴望活下当下,与他人进行双向交流,获得对事情的洞察力,追求有趣、活泼又真实的生活,那你就可能享受任何事物,同时,你对"个人专属时间"的需求和渴望也会得到消解。

三、对孩子设定正确期望

如同我们本章所说,普通的父母不会渴望孩子成为超常的成功者。但这些故事也同样对你适用。不论你是那种"只要孩子有份超市的工作,而且感到快乐,我就满足了"的父母,还是如同厄尔和库提达那样对孩子有极端期望的父母,只要父母将抱负转移到孩子身上,这种机制运行起来就没有任何不同——都是父母通过学习(言传、身教及身份认同)、虐待以及关爱等方式传递给孩子。

孩子需要你对他们抱有期望,否则他们很可能缺乏同一性。在中产阶级家庭中,从表面上看,父母的期望通常可以被归结为:希望孩子自觉地表现良好而且每天快快乐乐,也希望孩子考试成绩"还算不错"。但就深层次来说,我们对于孩子抱有各种潜在的期望。这些期望的根源在于父母对我们的期望,首先就是孩子的性别。

许多母亲由于自己受到的养育的影响,感觉自己还没有充分利用女权主义带来的机会。她们的女儿通常都十分出色。她们可能一方面坚持认为对于儿子来说开心最重要,考试成绩根本无所谓,而另一方面却向女儿巧妙传达一种完全不同的理念。

同样地,老式的性别观念仍存在于父母期望中:即便父亲没有这样说,但他或许认为女儿最终会嫁人生子,儿子却要学会挣钱养家。

代际遗传的特质多数是积极正面的。或许你是个积极向上的人,最终成了一名律师、会计或医生,而这恰好是你父母双方或其中一方的职业。很多例子表明,在养育中,父母会给孩子大量关爱,而你也会拥有满意的人生。

有时这种期望在极大程度上取决于身教,也就是父母的榜样。或许你的父母乐于助人,他们明智的启蒙方式以及对社会的关注,为孩子树立了有力的榜样。因此,你从事帮助他人的工作时,感到最舒服自在。这同样适用于其他领域,不论是家族生意还是商业化行业。

此外,你或许会从事与父母完全相反的职业。或许你是一位职业女性,你的父亲事业完全失败而母亲也"不过"是个家庭主妇。你想要高收入的工作,同时改变世界。

另外,你或许会成为那些由于缺乏成就而感到极度挫败的人。这可能是因为你过去一直在反抗来自父母的压力——很多在学校表现出色的人，步入社会后却没有太大成就，"在学校里名列第一，在人生中惨淡垫底"。

通常情况下，最关键的就是我们在最后一章谈到的代际传递。或许你受到家族传统影响，不必取得超过先人的成就就能过得很开心。然而在这样的时代中，更常见的情况是：个体的自我发展是由学校塑造的，同时在媒体和政治家的影响下，个体的自我期望就是变得杰出。对于男孩来说，最普遍的期望是成为英超联赛球员，而女孩则想要成为明星或模特。

不论细节如何，我们所说的重点就是父母有义务努力分析自己对孩子的期望的根源何在。当我们解决了这一问题，那么最关键的差异就在于，在他们追求自我目标时，父母是不断地对他们施加压力还是让他们快乐地完成。只要父母能够树立情绪健康的榜样，孩子就能够效仿，而这些期望的细节就显得微不足道了。

总 结

傻瓜,都是环境惹的"祸"

在解释孩子为何同父母相像、性格特征为何会在家族世代相传以及同胞间为何会有差异这些问题上，人们曾认为基因发挥的作用很大，而人类基因组计划的研究结果驳斥了这种观点。其中的含义有很多，以下是我选取的五种主要说法。

一、基因无法解释为何富人会富有，穷人会贫穷。如果事实确实如此，那么只要改变社会就能够减少贫穷。如果穷人家的孩子受到正确的父母养育并得到社会的支持，那么他们也能够如同富人家的孩子那样在学校和社会表现出色。

二、基因无法解释为什么有些人能够表现突出而其他人却不行。如果事实如此，那么几乎所有人都能够表现出色。我们需要一种教育体系来实现这种假设并加以实施，就如同芬兰的做法。

三、基因无法解释精神疾病。在本书中，我提供了大量例证以证明早期养育及我们所处的社会能够共同解释这个现象。如果事实如此，改变我们养育子女的方式和我们的社会，我们就能极大程度上根除精神疾病。

四、基因无法解释我们个人的心理。认为存在一种"不良种子"的观念应该被根除。如果事实如此，对于心理特征的基因测试就是一种浪费金钱的行为，同时这一做法的欺诈性应该尽快曝光。不应鼓励那些被收养的孩子去寻找亲生父母——因为他们认为自己的特征遗传自亲生父母，真要这样做，也是希望找到线索，探索出他们现在的样子的成因。同我们所有人一样，他们需要考察那些抚养他们长大的人对他们的养育。基因无法解释性格特征在家族中世代相传的原因。中小学以及大学都应该停止这种教育，不要再让学生继续认为在心理特征相传这一问题中，基因起主导作用。这种认为我们自己繁殖了自私基因的荒诞说法应该尽快被摒弃，我们要用事实取代它——这些特征是通过养育方式传递的。

五、如果基因的作用如此微不足道，我们就需要改变养育孩子及处理成人情绪痛苦的方式。目前，权威心理学派鼓励母亲不管孩子，任由他们哭泣，当他们长成困惑又易怒的幼童时，就让他们独自待在房间自食恶果。在很多情况下，为了急于还清贷款，顺便逃离自己难带的孩子，很多母亲会早早选择重新开始工作。在很多情况下，多数人明知不应该，还是将孩子放到日间托儿所。由于没有了解自己并爱自己的成年人的陪伴，这些孩子的问题会更加严重。约翰·列侬说，从你出生开始，他们就让你感觉自己微不足道，在你身上从来不多花时间，更别提付出所有。

在中产阶级家庭中，父母对于早期教育的痴迷意味着3~6岁的孩子会遭到阅读及算数的围攻，而他们本该享受精彩、丰富的儿童游戏，就像在梦幻之都。对孩子们的多动症及愤怒行为，父母选择让孩子服用哌甲酯（帮助多动儿童安静下来并集中注意力的药物）来治疗，而非在医生的协助下尝试和孩子互动，同时重启他们的情绪调节器。

情况愈演愈烈，对于那些已经关闭自己不再做出反应的人，人们找到了一种治疗自闭症的方法。在注意缺陷多动障碍及自闭症方面，父母被告知孩子的疾病无法被治愈，只能通过严格的治疗流程及药物治疗才能达到控制效果。

正如约翰·列侬所说，他们告诉你高层仍有位置，但想要达到那里，你首先必须学会杀人时面带微笑。孩子们要忍受一种自我丧失的教育体系，这种体系要求他们在考试时机械地涂卡，而非得到学习的热情或质疑现状的能力。在大学里，他们通过酗酒、服用兴奋剂、进行没有感情的性交及对外表、名誉和消费的着迷来治疗自己的痛苦。当他们开始工作时，早已经患上了抑郁症及焦虑症。看病的时候，医生告诉他们这些疾病无法被治愈，他们需要服用抗抑郁药物或接受认知行为疗法来治疗，但这些都没有太大帮助。

事实上，我们应该让父母同孩子相处，同时给予他们关爱，而非进行对父母有利的例行治疗。如果父母双方都要工作，我们就需要一种覆盖英国的全国性的保姆照料体系，而非全国性的日间托儿所体系——提出日托建议的政治家不会让自己的孩子接受日托，因为他们有保姆。为何穷人和中产阶级会选择日托，而精英阶层会选择保姆？（我们能够轻松支付这些——这个主意怎么样？卖掉英国国防部拥有的大片土地的1%就可以了）当成年人感到痛苦时，认知行为疗法和抗抑郁药物都不是解决办法（尽管它们的确能够减轻症状，但多数会产生很多副作用，特别是性欲减弱），我们需要接受长期治疗，找出问题的童年根源，为新的关系提供一个情感平台。我们同样能够负担这些。

唉，我并不认为这些观点能够很快被接受。或许要过几十年甚至几百年，才能让一个社会彻底接受自己最初的信条是完全错误的。想要迅速转变观点的人应该回想一下16世纪时伽利略·伽利雷（Galileo Galilei）的命运，对于他来说，坚持地球绕着太阳转的观点是致命的。

在伽利略的例子中，宗教就是真相的绊脚石；而在现代社会，最主要的障碍是媒体。对于媒体来说，他们越来越不愿或无法研究事情的真相。想让基因观念这一宗教被彻底丢弃还需要时间，尽管基因观念被证明是错误的，罗伯特·普罗明对于遗传学的信念也没有改变。

以精神疾病及基因遗传学为例，近年来，特别是近20年来，受制药企业的严重影响，科学及医学机构成功说服了媒体，让他们相信精神疾病（以及智商和成就）应该被理解为是一种基因遗传宿命。考虑到人类基因组计划在这段时期已经证明了事实刚好相反，这一点显得非常怪异。

一些深受依赖的刊物，比如《英国精神病学期刊》（*British Journal of Psychiatry*），仍会出版并宣传一些极不可靠的观点。一些科学记者，比如英国广播公司的记者汤姆·费尔登（Tom Feilden），一直对研究结果进行歪曲报道。当我们对这些报道进行仔细研究时，就会发现这些报道无法对他们言过其实的断言进行支持。

经历过多次尝试后，我明白了想要改变这种状况是多么困难。举例来说，2013年2月28日，在BBC一档名为《今日》的节目中，主持人萨拉·蒙塔古（Sarah Montague）率先公布了杂志《柳叶刀》（*The Lancet*）的一项最新研究，以此证明5种主要心理疾病"是基因的4个部位发生变异造成的"。当我们要求汤姆对这项研究的含义做出解释时，他说："我认为，这对于整个精神健康领域来说都是个十分重要的时刻，在特定的两个染色体上，少量相同或相似的基因变异或位置在这5种主要疾病的形成过程中起到关键作用，也就是所谓的精神错乱。"

这种观点被证实是对该项研究的曲解。事实上，科学论文揭露，这些变异几乎无法解释任何状况。汤姆关于以上"关键"作用的说法本身就是错误的。这些变异无法解释精神疾病患者和精神健康者之间的任何差别。没错，这些变异在精神病患者中比较普遍，但它们却几乎无法解释发病原因。事实就是，汤姆仅仅是在照搬一些宣传物中的说辞罢了。

3月6日，在BBC节目的《反馈》（*Feedback*）中，我提出了对这一报道的异议，然而节目中没有任何人员愿意露面。

与此同时，如同过去的10年一样，各种科学论文不断被发表，表明基因几乎无法解释任何精神疾病的成因。2013年10月，一项题目为"DNA研究表明童年行为问题没有受到任何基因影响"的有力证据得以发表。考虑到当时采取了一切能采取的研究手段，这项研究十分了不起。

我将这项研究发给《今日》栏目，请求他们报道这篇论文来修正之前的错误报道：所有人类基因组计划的相关研究都表明，特定基因变异对心理特征的发展几乎没有产生任何作用。后来，我收到助理导演多米尼克·格罗夫斯（Dominic Groves）的回应，他写道：

"很抱歉，我们决定停止探索你寄来的这篇文章，而且我还要反复申述，我们强烈反对那些认为我们的报道存在不准确性的偏见和建议。对这一领域新的重要观点及进展，我们会继续探索的。"随后他们就没有做出任何进一步解释了。为何这篇论文能证明基因在自闭症、注意缺陷多动障碍及行为障碍等疾病的形成方面不起任何作用，却不是"新的重要观点"？果真不出所料，这档节目仍进行错误报道，2014年5月29日，节目报道了一种肥胖基因，随后还有大量类似的错误报道。

但我没有气馁，因为医学和科学界最终都不得不公开承认人类基因组计划的正确发现。到了那时，BBC的科学记者及各大报纸都得表示赞同。

同时，如果你仍在看我的这些话，那么我想你已经找到一些有价值的东西了。我的建议大致能总结为三点。

第一，尽最大努力弄清楚你过去的经历对现在造成的影响。不仅是自己受到的养育方式，还要尽力弄明白祖先的养育方式是什么样的。

第二，以此改变同孩子的相处方式，不论他们尚且年幼还是已经长大成人。

第三，要相信如果改变养育子女的方式，我们就能够彻底改变整个社会。将少数人的利益放在后代精神健康之前的体系并非完全无法避免。

这本书的观点中，我认为最重要的一点是：在最发达的国家里，我们痴迷于将财富传给后代，同时在所谓的精英政治的阶段，我们通常会向孩子施加压力让他们在学业方面表现出色，并获取物质和事业方面的成功。然而，一旦基本财富需求得到满足，比如房子和温饱问题，书中提到的其他抱负和渴求就显得没有那么重要了，重要的是：将爱和情绪健康传递给子孙后代。

附 录 1

对遗传性的科学探讨

转载自 *ATTACHMENT: New Directions in Psychotherapy and Relational Psychoanalysis*，第 8 册，2014 年 11 月：pp.281-96

简介

人类基因组计划备择假设是：个体间的基因遗传物质存在显著差异，能解释特定个体与其他个体相比更有可能拥有某种性格特征的原因，而且这一点可以通过对比基因组来证实。举例来说，将一万名重度抑郁症患者和一万名非患病者进行比较。人类基因组计划假定，两组研究对象在某个特定基因[*]、某些特定基因组或基因遗传物质中，存在众多有差异的微小变异。这一点对为何一组患有抑郁症，而另一组则不患病给出了显著性可观（通常要超过20%）的理由（也就是差异）。通过对其他样本进行重复实验，人类基因组计划希望能够得出导致诸如抑郁症这类特征的、在基因层面上成立的原因：基因遗传物质的特定差异被证实直接导致了这些性格特征的群体间显著差异。

人类基因组计划的虚无假设是：在解释为何一个特定个体比其他个体更可能拥有某种性格特征这一点中，基因起到的作用很小，或者可以说基因几乎没有起到任何作用。

很少有人知道除了那些与分子遗传学直接相关的领域，迄今为止，人类基因组计划还没有找到能够解释两组人员在心理方面存在差异的特定基因、基因组或基因遗传物质中的微小变异，也就是说，不论是抑郁症、精神分裂症、焦虑症或其他精神疾病，当然还包括心智能力及个性特征，基因都只能对约1%~5%的差异做出解释（Plomin & Simpson，2013；Wray et al.，2014）。罗伯特·普罗明是这一领域的领军人物之一，他在2014年接受《英国卫报》彼得·威尔比（Peter Wilby，声望极高的《独立报》前编辑）采访时称："我花了15年时间来寻找这样的基因，但现在还没有任何发现。"（Wilby，2014）。

尽管读者可能觉得难以置信，这却是毫无争议的——科学文献中反复申述的一项事实就是：目前为止，不论对哪种心理特质来说，人类基因组计划发现的基因都只能对差异的1%~5%做出解释。这并非是对证据的一种解读，也是被这一领域所有科学家认可的一项事实（Wray et al.，2014）。

争论的焦点在于，人类基因组计划将来能否发现更多相关的基因差异。迄今为止，坦白说，人类基因组计划的研究已经证明，在解释我们的心理特质差异方面，基因几乎不起任何作用。至于人类基因组计划的首席科学家会在何时接受这项虚无假设，已经成了一项有趣的论题。

人类基因组计划的备择假设主要是以双胞胎研究为依据的，其次是领养研究。举例来说，对于重大的心理疾病，例如精神分裂症及双相情感障碍，双胞胎研究发现遗传造成的影响能够达到50%

及以上（Kendler，2001）。同样的还有智力测试的分数（Deary, Johnson & Houlihan，2009）。

面对双胞胎研究及人类基因组计划的研究结果之间存在的巨大差异，研究者并没有简单地接受这项虚无假设，他们将重大的发现定义为"遗传性缺失"。研究者忽视了那些质疑双胞胎研究的科学性的有力理由（James，2005；Joseph，2013），他们获得了大量资金来研究更多样本，以证明这项被假定存在的缺失。随后多项研究（有几百个）持续发现，实际上没有基因能够对个体间心理特质存在的差异做出解释，几乎没有科研人员考虑过遗传基因不是缺失了，而是根本不存在，尽管有一些例外。（e.g.,Sonuga-Barke, 2010）

随着研究遗传基因物质间差异的方法变得更加快速廉价，这些手段能够对越来越多的基因位置进行差异检测。最新的科技能在成千上万个研究对象的基因组中，搜索上百万个不同的基因位置。最重要的是，科学家开始汇集各自的研究结果以扩大样本。

尽管能在某些疾病中发现DNA*序列的某些差异，但这些差异只能解释疾病的极小一部分变异。举例来说，最近一项以15万人为研究对象的研究中，有36 989人被确诊患有精神分裂症（Schizophrenia Working Group of the Psychiatric Genomics Consortium，2014）。这项研究的样本十分庞大。研究发现，精神分裂症患者的DNA序列与非精神分裂症患者相比有108个基因位置不同。然而，总体来说，这只能解释差异的3.4%而已。这项研究最大的一个局限性就是，大量基因的位置没有办法在其他实验中进行重复：一次又一次，研究宣称发现了新的位置，而随后被证明是无法重复的。

值得一提的是，这项研究在 BBC 的《今日》节目中被宣传为"一项重大突破"（BBC《今日》，2014）。从表面上看，这表明精神分裂者和非精神分裂者之间的差异有 96.6% 并非由基因造成，真要说这项研究是一个重大突破，那也是由于它证明了精神分裂症基本上就不是由基因造成的，而这与 BBC 过去宣传的观点完全相反。

在这篇论文中，我首先给大家简单介绍迄今为止人类基因组计划的研究结果中与精神病有关的发现。随后，我会对那些有希望说明基因在引起心理疾病方面起作用的研究领域进行总结。对于人类基因组计划在双胞胎研究中的发现，我也会进行简要说明，同时重新解读与高遗传率相关的研究。在本章末，我会进一步探讨未来能够被人们接受的、人类基因组计划的虚无假设。

人类基因组计划关于精神疾病的研究结果

2000 年，人类基因组计划公布基因图谱。仅仅几年之后，这一领域的领军人物就宣称，他们已经确定，决定心理特征的单一"基因"并不存在。2000 年，在人类基因组计划研究结果即将发表之际，罗伯特·普罗明预测："在短短几年内，心理学就会被行为障碍的相关基因理论充斥"（Plomin & Crabbe, 2000）。过去几十年，普罗明一直在权威科研刊物及学生教科书中预测基因及基因组能够决定特定的精神疾病（以及智商）的产生（Plomin, 1990）。普罗明在精神病学研究院的同事——彼得·麦古芬，同样十分强调基因对精神分裂症的决定性作用。（e.g., Plomin, Owen, & Mcguffin, 1994）

到了 2003 年，人类基因组计划的早期研究发现这样的基因完全不存在。基于这项结论，两人都承认，认为成组"基因"决定普通性格特征的观点是错误的。事实上，个体间心理特征的差异应该是大量微小差异共同作用的结果。只有极其罕见的疾病是由单一基因造成的——孟德尔基因。举例来说，2005 年，普罗明和同事宣称："在儿童心理学及精神病学中发现的普通疾病，很可能是不同但是效应量较小的多个基因导致的。"（Harter et al., 2005）

从此，人们就开始寻找决定某种精神疾病的特定基因。这次，他们放弃寻找基因组，开始寻找大量基因的微小部分。人们认为，微小作用的叠加能够达到双胞胎研究中的相似遗传性。而这项研究使用的方法被称为全基因组关联分析（GWA）研究，是一场非理论性的基因探索之旅。研究者没有从已认定的、能对差异做出解释的特定候选基因进行实验，而是试图寻找在大量人口样本中大量位置的全部差异。2009 年，罗伯特·普罗明开始对全基因组关联分析研究的前景表示十分看好："观念的进步让分子遗传学研究产生了革命性进展：全基因组关联分析……在仅仅一年内，就在基因搜捕方面的文献中占据重要地位 "（Plomin & Davis, 2009）。

在个体的 DNA 双螺旋上，有大约 30 亿个碱基对[*]，其中 99% 是每个人都一样的。而这 1% 的差异就是全基因组关联分析研究的重点。研究特别关注的基因变异的来源，就是单核苷酸多态性（SNP[*]），它能带来核苷酸上的遗传性突变。最初，全基因组关联分析研究定位了成百上千个基因，随后分析了几百万个，以此来研究能否找到与特定精神疾病相关的 SNP。

另一个目标则是拷贝数据变异（CNV*）情况。CNV是指DNA碱基对片段上的复制、交叉及检测。CNV大多不是来自先天遗传，而是独立于遗传基因单独产生的。事实上，CNV分散并存在于我们所有人的DNA周围，其结果最严重的能造成整个基因缺失，但通常情况下不会造成任何可识别的后果。

CNV可能不是识别精神疾病基因遗传性的主要方法，但可能是区别患病和健康基因遗传物质的定位要素。

随着各项技术更加成熟且廉价，研究人员不断整合研究结果，使得研究对象的扩大成为可能，尤其是最近5年。在此过程中，与大量精神疾病相关的SNP及CNV都已被发现（Plomin & Simpson, 2013）。然而，单独来看，这些变异只够解释少量的遗传性。即使将影响全部叠加，它们也几乎说明不了什么。最重要的是，即使在大量样本上进行了投入，全基因组关联分析研究的多基因发现对SNP及CNV来说，仍旧只能对个体间心理特征差异的1%~5%做出解释。（Plomin & Simpson, 2013; Wray et al., 2014）。

精神病学家惊喜地发现，大多数与精神分裂症相关的SNP及CNV也与双相情感障碍相关。而对双相情感障碍患者群体的进一步研究也发现，一些SNP和CNV聚簇也同样存在于自闭症及注意缺陷多动障碍患者体内。有趣的是，尽管已对大量样本进行过研究，全基因组关联分析研究仍没有发现造成单相情感障碍的基因（Major Depressive Disorder Working Group of the Psychiatric GWAs Consortium, 2013）。先把这些聚簇几乎没有为任何心理疾病提供遗传性方面的评估这一关键性事实搁置一旁。尽管这些聚簇被证实不过是这场大型搜捕之旅中的"噪音"（Noise），但有人指出，它们可能削弱了之前互不相关的观念①以及基因是某些疾病的成因的看法，并为《精神障碍的诊断与统计手册》（DSM）的编写提供了基础。

如果所有患多种精神疾病的患者都拥有相同的基因变异，那么认为这些由基因造成的特定"疾病"间互无关联的观点又该如何自处？

事实上，顶尖精神病学家的最新观点称，精神病患者身上没有特殊基因。

> 举例来说，肯尼斯·肯德勒（Kenneth Kendler，或许可以称其为最德高望重的精神病学家）曾宣称，对于在孟德尔遗传基因学中建立精神分裂症的类别模型的尝试已宣告失败。精神分裂症的基因风险存在于所有人类中，因此我们所有人都有患病风险。（Kendler, 2014）

如果以上说法准确，那么人们就很难解释为何特定基因会导致一个人而不是另一个人患上精神分裂。

科学家们争辩说，他们需要更大的研究样本来识别自己认定的核苷酸序列中的大量微小差异，并坚持认为这些差异最终能够组成遗传性缺失。在不久的将来，对于个人来说，全基因组定序操作变得可行，价格也能控制在可承受范围内，因此人们能够确定特定的心理特征与何种序列组合相关，以及发挥何种作用。如果真能这样的话，科学家坚信，当价格足够便宜，检测大量研究样本中全部30亿核苷酸碱基对成为可能时，人们最终就能发现基因真相。目前，他们认为，基因档案聚簇的使命并非是为特定的特质服务，而是倾

---

① 指精神疾病间彼此独立、互不关联的观念——编者注

向于将一系列互相关联的心理特质——多种心理疾病、心智能力及个性特征重叠。在这一新领域，基因学家仍幻想某天所有新生儿都将例行接受全基因组扫描，从而使父母明白该为孩子提供何种成长环境，不论在生理还是心理方面（Plomin & Simpson, 2013, p.1274）。

目前为止，人类基因组计划已证实这种情形基本不可能出现，因为研究无法证明任何形式的特定基因变异与特定心理特征有显著关联（对超过1%~5%的变异做出解释）。他们已经对所有可能位置进行了搜索（基因组中有2%的可编码蛋白质，它们造成了氨基酸新陈代谢）。现在，他们将全部希望放在未来或许可能出现的重大发现上——这是最理想的情况（Maughan & Sonuga-Barke, 2014），或者说已经是他们最后的救命稻草了。

科学家们用来从数据中获取对重大遗传性评估的唯一方法也宣告失败了，他们不再认为任何特定基因与任何特定结果相关。通过传统模型进行的研究不可能产生重要结果，这一事实变得愈加清晰，全基因组复杂性状分析（GCTA）因而得以建立。这项分析在一组研究对象的特定特征中寻找基因平均效果，却没能找到任何特定DNA变异来解释这种现象。运用精密的数学公式，对比一个样本的全部基因变异与另一个样本中的有何差异。通过这种方法，研究者就有可能对精神疾病进行重要的遗传预测（以及其他性格特征，比如个性特征、政治观点及经济行为），但这种方法得到的结果还不到双胞胎研究中的一半（Plomin & Simpson, 2013）。这些研究有待接受重复实验（运用同样的方法在其他研究中重新进行一次），人们曾在一项对于儿童心理的大规模研究中试图对其进行重复，但没有成功（Trzaskowski, Dale, & Plomin, 2013）。同时，人们怀疑用不同数量的人口作为研究样本，即便得到结果也会站不住脚。

由于全基因组复杂性状分析无法说明特定基因变异一定能够造成个体间的差异，因此这一方法就没有任何实际意义，同时也不能作为人类基因组假说的一种主要检测方式。尽管人们试图对其做出解释（Plomin & Simpson，2013），但这项研究得出的遗传性结论是双胞胎研究的一半或更少的情况仍使其值得怀疑。

有趣的是，几乎没有科学家在科学论文的开篇或论证部分使用全基因组复杂性状分析来支持基因是造成精神疾病的重要原因的论点。或许这是因为科学界自己也很清楚，全基因组复杂性状分析会被证明是一项掩人耳目的研究。

基因学家的最后希望是占基因组98%的"黑暗物质"（Johnson et al.,2005）。只有2%的DNA在基因的"编码区"，它们编码蛋白质。在人类基因组计划实施之前，最普遍的观点认为，黑暗物质的"垃圾DNA"对于塑造我们完全不起作用。从人类基因组计划实施时开始，以老鼠和其他哺乳动物为对象的研究都表明，黑暗物质或许会影响DNA到RNA的转录*（Pennisi，2012）。这些研究会对DNA的表达方式产生影响，包括对精神疾病的易感性。迄今为止，仍旧没有任何有力证据能证明这一说法，因此从根本来说它仅为一项假说。

在这一简要回顾中我们能够看出，人类基因组计划的研究结果或许会让一个真正独立的科学家倾向于接受虚无假设：基因变异在解释人类心理中的个体差异中起到的作用很小或者完全不起任何作用。如果全基因组定序研究结果仍只能够对差异的1%~5%做出解释，那么科学家就很难找到机会来避免这一结论。然而，一些科学家仍对以下两个领域抱有希望。

基因—环境交互作用

尽管全基因组关联分析一直是寻找遗传性缺失的主要手段，人们仍试图用很多其他手段来寻找候选基因的"基因—环境"交互作用。特定基因或其不同部位与特定的性格特征息息相关，而基因变异会创造易感性，这种易感性的形成是由环境因素决定的。

其中最有前景的部分似乎就是，5-HTT 基因的特定变异加上童年虐待会使人极易患上抑郁症（Caspi et al., 2003）。

那些在 5-羟色胺转运基因的启动子区有功能多态性的人拥有 1~2 个短等位基因[*]，他们的启动子区的转录效率比那些有 1~2 个长等位基因的人更低。研究发现，那些有 1~2 个短等位基因的人如果在童年时期遭受过虐待或遭遇过刺激性事件，他们就更有可能患上抑郁症。短等位基因与抑郁症的关系是呈线性的：拥有 1 个短等位基因会增加患病风险，而拥有 2 个则风险更高，拥有 1 个长等位基因会降低患病风险，拥有 2 个则风险更低。最令人震惊的是，拥有 2 个长等位基因的人即使曾遭受严重虐待，患抑郁症的风险也不会比那些拥有 2 个长等位基因又没有受过虐待的人高。因此 2 个长等位基因意味着受虐待的程度对患抑郁症的风险不会造成任何影响，一个人要拥有 1~2 个短等位基因才会患有抑郁症。1 个短等位基因加上严重的虐待会使患病风险上升 50%，2 个短等位基因则会使风险翻倍。

这些惊人的研究结果引发了一连串的深入研究，其中一些致力于流行病学方面。

简单来说，这项理论中，我们可以假定患抑郁症的人群比未患病者拥有更多（导致抑郁症）短等位基因的可能性更大。很快，通过对更大样本的研究，人们证实这种说法是错误的（Lasku-Su, 2005; Mendlewicz et al., 2004）。一项研究通过对抑郁症高患病率国家和低患病率国家的国民的短等位基因的存在状况进行比较，得出结论：如果说两者存在差异，那么在抑郁症患病率相对较低的国家，人们更可能拥有短等位基因（Chiao & Blizinsky, 2010）。有趣的是，尽管短等位基因无法导致抑郁症，社会的个人主义或集体主义程度却能对抑郁症产生影响。

然而，反驳的观点认为，这种流行病学研究无法直接论证卡斯皮和同事提出的基因—环境的交互作用（2003）。人们通过14项目前最优秀的研究对这种说法进行检验。结果发现，短等位基因加上压力并不会增加抑郁症患病风险（Risch et al., 2009）。人们尝试对几项基因—环境交互的证据进行重新评估，而非单纯对5-羟色胺转运基因进行重新评估（Belsky et al., 2009）。

评估坚持认为，对于基因变异都应该如此解读：这些变异让人更容易因逆境而悲伤，因顺境而快乐。这是对现有证据更准确的解释。然而，一项针对2000年和2009年间的103项基因—环境研究的回顾得以在2011年最终发表（Duncan & Keller, 2011）。研究发现，对最初研究的复制中只有27%的结果被证明是真实的。由于它们引发了很多人对这些研究有效性的质疑，人们又对基因—环境的交互作用进行了分析（Manuck & McCafferty, 2014; Munafo et al., 2014）。相关辩论仍在继续（Rutter, 2014）。

总体而言，由于很多对于最初研究结果的重复实验都失败了，那些支持基因—环境交互的案例便显得十分无力。更重要的是，对于所有类型的疾病，不论生理方面还是心理方面，在全基因组关联分析中，候选基因多数都没有显示出重要作用（Sinotis, Patsopoulos, Ioannidis, 2010）。一项研究对100项全基因组关联分析进行回顾，最终得出的相关结论却少之又少。

人们重点关注的另一个领域则是表观遗传学。这项理论认为，环境经历会造成化学物质的释放，从而导致某种特定基因激活或抑制。一些证据表明，这种化学物质的模式可能遗传给下一代，尽管多数证据来自非人类哺乳动物实验（Roth, 2014）。

需要强调的是，表观遗传学无法解决遗传性缺失的问题。从本质上说，这是一种机制，环境通过对基因的激活或抑制来引发后果。举例来说，大量事实表明，童年时期受虐并产生心理疾病的成年人都能使关键基因超甲基化（Roth, 2014, p.1281）。甲基是一种能够使基因失去活性的化学基团。

不同于遗传基因学的某些主张，这些并不能支持精神病学是由基因和环境同时造成的论点，也就是"两者兼有"的理论。在遗传基因学的研究中，精神疾病的主要成因是童年虐待或成年后的压力，而非基因变异。因此，这就是关于虐待或压力如何造成精神疾病的问题了。这种机制与逆境造成的关键神经递质或关键激素的差异，从种类上来说没有任何不同。举例来说，个体的皮质醇调节受到逆境的严重影响，也会产生精神问题（e.g., reviewed by Hunter, Minnis, & Wilson, 2011）。

总体来看，基因—环境理论几乎完全无法解决遗传性缺失的问题。没有哪种候选基因明确表现出与童年虐待或压力产生了交互作用并进一步导致了精神疾病。表观遗传学理论也无法解释遗传性缺失。

双胞胎研究中的"遗传性"实际上是共同环境（THISE）

分子遗传学家仍然认为，人类基因组计划可能会通过全基因组定序研究来发现基因变异对精神疾病的重要影响。几年后我们就能够发现他们正确与否，但就目前全基因组关联分析的研究结果而言，他们很可能不会有任何发现。

假如今后没有任何重要发现，人类基因组计划的虚无假设得到了人们的普遍接受，我们该如何解读双胞胎研究的高遗传性结果呢？

双胞胎的多项研究得出结论，一半或更多的重要性格特征，比如智商、重度抑郁症、精神分裂症以及双相情感障碍都是可遗传的。而对于轻度抑郁症、焦虑症及个性特征的遗传性则较低，大概在10%~30%的范围内（James, 2005, Plomin, 1990）。这些双胞胎研究认为，基因是造成个体差异的主要原因，而遗传性缺失的定位就基于这些说法（Plomin & Davis, 2009）。

如果我们接受人类基因组计划的虚无假设，那么就有必要重新评估双胞胎研究的结果。科学家认为，在基因组中直接测量得出的证据比从双胞胎研究中得到的间接证据更可靠。2009年，罗伯特·普罗明写道："基因遗传学的未来属于分子遗传学……"（Plomin & Davis, 2009）如果接受人类基因组计划的虚无假设，那么我们就必须更进一步，怀疑或干脆否定双胞胎研究得出的遗传性，托马斯·布沙尔对双胞胎分开抚养的研究（Bouchard et, al., 1990）就非常让人怀疑。实际上，其研究方法和结论的可靠性都受到了严重质疑（James, 2005, Appendix I）。他和同事应该同意让其他人对研究数据进行详细审查，而布沙尔却拒绝了这种要求（Wright, 1997），从这一领域欺骗性的研究历史来看，这种行为预示着不容乐观的结果（Macintosh，1995）。

通过对遗传性的评估，双胞胎研究被证明是错误的。批评家对于这种结果并不感到意外（James，2005；Joseph，2004，2006）。他们坚持认为这种方法的缺陷会夸大基因的作用，甚至认为这种方法完全就是无效的。同时，对于双胞胎研究方法的近距离观察会带来不同的有趣结果——一个遗传性之外的结果。

双胞胎研究方法是，对比同卵双胞胎与同性别异卵双胞胎在同一种性格特征上的相似度。然而，同卵双胞胎拥有相同的基因组，而异卵双胞胎仅拥有一半相同的分离基因。如果同卵双胞胎的心理特征比异卵双胞胎更加相似，那么这种差异就有可能是基因相似程度决定的。

然而，这就需要一种假设来验证，这种假设被称为同等环境假设（EEA）：同卵和异卵双胞胎受到的父母、照料者及其他重要个体的对待是相同的。如果同卵双胞胎受到的对待更为相似，那么他们性格特征的高相似性就是环境影响造成的，而非基因。违背同等环境假设会导致我们无法将共同环境影响和基因影响分离开来。

正如约瑟芬（2013年）的完整记录，从20世纪60年代开始，大多数科学家都接受了这种观点——同等环境假设实际上是错误的：比起异卵双胞胎，同卵双胞胎受到的对待方式更为相似。这种说法并不让人感到意外，他们外表相同，穿着通常相似而且会有同样的发型等。然而，双胞胎研究人员坚持认为，这种打破同等环境假设的行为并不会导致这种方法失效，原因有二（Joseph，2004，2006，2013）。

首先，他们坚持认为双胞胎心理的基因相似性造成了父母和他人采用相似的方式对待他们,而不仅是生理相似导致的对待方式相似。举例来说,儿童天生的性格是活泼阳光还是抱怨阴郁的,可能会造成他人产生积极或消极的对待方式。人们坚持认为,他们更为相似的心理会导致他们选择更为相似的环境,而这反过来会造成更高的相似度。举例来说,儿童的运动天赋较高或较低,会影响他们在体育活动中的参与度,同时造成差异性结果。

第二,他们坚持认为,尽管同卵双胞胎会受到很多更为相似的对待,然而对于研究与特定性格相关的环境因素来说,这些对待却并不一定更为相似。举例来说,精神分裂患者在童年受过虐待的可能性高出3倍(Varese et al., 2012),但这并不意味着患病的同卵双胞胎同时受到了虐待,因此基因仍可能是导致这种疾病的首要原因。

约瑟夫(2013)提供了令人信服的证据和论点来驳斥这一主张。

一项有力研究表明,如果同卵双胞胎同时患有精神疾病,他们都在童年受虐的可能性就更大(Alemany et al., 2013)。如果两人不同,那么没有受虐的那个患精神病的可能性就大幅下降。研究同时显示,受虐待会直接导致个体患上精神疾病,这丝毫不受基因影响。其他研究也得出了相同的结果。比如波尔及其同事的研究(2008)发现:是同卵双胞胎兄弟中的一个与在5岁以前受虐待的相关系数 $r=0.77$[①];而对于异卵双胞胎兄弟,相关系数 $r=0.41$。对双胞胎姐妹的研究结果与此一致。

这当然并非问题的全部证据,一些研究也是支持同等环境假设的。但如果同等环境假设是错误的,那么其支持的论点也必然是错误的,这就表明之前归结于基因的问题,实际上是共同的环境造成的。

---

① r代表相关系数,r的绝对值越大,相关越强——编者注

造成双胞胎研究结果差异的因素可以分为3种（Plomin, 1990）：共同的环境，环境中共同经历的作用；非共同环境，两者间不同经历的作用；遗传性，基因的作用。运用这种分类方法，双胞胎研究发现，共同因素的作用很小，而非共同因素的作用比预计要大很多（Plomin & Daniels, 1987）。

然而，这种差异分类的方法要求同等环境假设是正确的，或者其支持的论点是正确的。如果这些都是错误的，那么目前大量归结于基因的遗传性问题，实际上都是共同环境造成的。

这就导致了对双胞胎研究的另一种解读：如果在双胞胎研究中发现高"遗传性"，就表明对待方式更为相似。同样地，当发现一种性格特征有低"遗传性"，就表明非共享的环境因素发挥了极大作用。我将这种情况重新定义为"双胞胎研究中的'遗传性'实际上是共同环境"。

从接受人类基因组计划的虚无假设的角度，我们可以做出假设——之前认为是遗传性造成的特征实际是由共同环境造成的。尽管无法运用双胞胎研究来确定基因的微小作用，但考虑到人类基因组计划也发现差异的1%~5%可以用遗传解释，上述假设就显得非常合理。

以精神分裂症为例，通常双胞胎研究会发现至少50%的遗传性——在以上说法中，这一点可以证明。而比起那些较少受"遗传性"影响的特征——比如轻度抑郁症，对于精神分裂症这样的高"遗传性"特征来说，儿童受到造成"遗传性"的负面童年环境因素的影响更多。举例来说，与对照组相比，精神分裂症患者受过虐待的比率要高出3倍（Varese et al., 2012）。瓦雷泽和同事（2012）的总结提出，相比其他虐待，精神虐待最为严重。上述分析提到，比起其他虐待形式，双胞胎更可能同时受到精神虐待，而精神忽视造成的影响也更小。人们还发现同卵双胞胎（任意性别，r=0.53）与异卵双胞胎（r=0.36）相比，更容易同时受到精神虐待。

以上分析表明，当某种性格特征的"遗传性"相对较低时，环境影响的一致性也较低——也就是说，这种特征是由非共同环境因素造成的。考虑到THISE，依恋（Attachment）模式的成因就显得尤其有趣了，因为如果人们通过测量遗传因素来解释双胞胎研究，他们就会发现，大量证据表明童年期依恋模式的遗传性很小，甚至接近于零（Introduction in Fearon et al., 2014）。

除了遗传性，对研究结果的再分析表明，由于可得性（分为回应和可获得，是被认为能够影响依恋模式的环境因素），父母便不会对孩子采取相似的对待方式（Bowlby, 1978）。换言之，在童年期依恋模式方面，双胞胎研究或许能够证明其在很大程度上是非共同环境的产物。

最近的一项双胞胎研究表明，青少年时期的依恋模式遗传性较高，约为40%（Fearon et al., 2014）。对这一发现的再分析表明，相比童年，青少年时期的环境因素更可能同时影响兄弟姐妹的依恋模式。费伦及其同事（2014）将这项研究结果作为论文中遗传性的证据，却完全没有向人类基因组计划在微小遗传性方面的研究成果致谢。随着人们逐渐接受人类基因组计划的虚无假设，以上分析的可能性就更大了，而且费伦及其同事（2014）还提出了一种可能（以对研究的重复为基础），即相比童年，青少年时期共同环境对依恋模式的影响更为关键。其中暗含的一项更有趣的观点就是，与轻度精神疾病相比，共同环境对于重度精神疾病的影响更大，轻度精神疾病则更多是由非共同环境造成的——双胞胎研究发现，重度精神疾病的遗传性比轻度精神疾病更高。这可能说明引起重度精神疾病的环境与引起轻度精神疾病的环境相比，更容易在孩子间共享。

总结

什么样的证据才能被分子基因学家接受，作为接受人类基因组计划虚无假设的基础呢？即使全基因体定序从现有的全基因组关联分析及 SNP、CNV 的研究中得出相似结论，很可能仍有人坚持寻找基因的相关备选方案。

罗伯特·普罗明承认："我花了 15 年时间寻找这些基因，然而至今没有任何发现。"在这篇文章中，采访者彼得·威尔比最后提出了一个问题："如果人们永远都无法找到这些基因，你会怎么办？"普罗明回答说："我仍坚信遗传性是正确无误的。"

从普罗明的回答中，我们就能够看出，要说服行为基因学家（开展双胞胎研究的专家）或分子基因学家，让他们接受人类基因组计划的虚无假设是多么困难。罗伯特·普罗明被公认是一位诚实的人，同时也是这一领域的权威专家。然而他仍宣称，即使无法发现任何相关基因材料，他仍会坚持"遗传性是正确无误的"。普罗明对此的坚持十分耐人寻味，因为从盖然性权衡（Balance of Probabilities）的角度考虑，人们更应当接受人类基因组计划的虚无假设才对。

这是因为没有证据表明虚无假设是错误的，而盖然性权衡可以用来评估虚无假设的可能性。如果在大样本的全基因组定序的研究中，人们仍然无法得出比全基因组关联分析研究及其他研究方法的现有结果更有意义的东西，即使人们暂时无法接受，也有必要严肃考虑这一假说。

同时，人们在撰写双胞胎研究的论文或介绍自己的研究时，仍会忽视人类基因组计划的虚无假设。而且对于人类基因组计划研究结果的报道仍会从一开始就断言，被研究的性格特征是拥有高遗传性的，并且继续引用双胞胎研究的结论。人们应该马上停止这两种行为。

而不论学生处于哪个教育阶段，学校都会教育他们：性格特征具有高度遗传性，却很少甚至完全不提双胞胎研究的缺陷和人类基因组计划的虚无假设。至少从初高中或临床培训开始，老师就应该教育学生对这种观点进行质疑。

如果全基因组定序研究与之前的人类基因组计划得出同样的结论，那么我们就应该开始教育学生：人类基因组计划或许可以证明在性格特征的塑造方面，基因的作用很小。在这种情况下，我们应该教育学生，双胞胎研究的结果并不可靠，而吝啬的奥卡姆剃刀原则（Occam's Razor，即简约之法）则能够将我们引向"实际原因是共同环境"这一解释。

如果人们接受了人类基因组计划的虚无假设，那么这也会给父母、社会及精神疾病治疗师带来重要启示。关键点就是，没有任何精神疾病应该被当作不变的基因宿命。对于我们这些心理治疗师来说，运用亲密关系的疗法来帮助受虐者，就是一种积极的手段。而明白治疗手段是可以改进的，对我们来说也是一种鞭策。

基本分子遗传学术语简明词汇表

等位基因（Allele），是基因的另一种形式，其来源为与某一特定行为型或其他表现型所关联的基因形式。

碱基对（Base Pair）：DNA 的双螺旋结构如同楼梯结构一般，它的每一级台阶就是一个由多种复合化学物质构成的碱基对。

拷贝数据变异（Copy Number Variation, CNV）：是指一段 DNA 碱基对发生复制、插入或缺失的部分。CNV 大多不具遗传性，与遗传自父母的基因有区别，是独立发育的。事实上，所有人的 DNA 周围都存在着 CNV，它们甚至能造成整个基因缺失，但通常情况下这不会产生任何可识别的后果。CNV 不能说明精神疾病来源于基因遗传，然而它们或许能提示决定患精神疾病与否的基因的位置。

脱氧核糖核酸又称去氧核糖核酸（DNA）：包含基因信息的双链分子。

基因（Gene）：为特定结果编码的 DNA 序列。

单核苷酸多态性（SNP）：多态性是指拥有超过一个等位基因。单核苷酸多态性指在碱基对的单个核苷酸上存在基因变异。

转录（Transcription）：发生在 DNA 合成 RNA 时，这个过程会引起身体的特定变化。

参考文献

Alemany, S., Goldberg, X., van Winkel, R., Gastó, C., Peralta, V., &Fañanás, L.（2013）. Childhood adversity and psychosis: examining whether the association is due to genetic confounding using a monozygotic twin differences approach. *European Psychiatry*, 28: 207-12.

Ball, H. A., Arseneault, L., Taylor, A., Maughan, B., Caspi, A., &Moffitt, T. E. (2008). Genetic and environmental influences on victims, bullies and bully-victims in childhood. *Journal of ChildPsychology and Psychiatry*, 49 (1): 104-12.

BBC *Today* programme (2014). 22 July, 2014.

Belsky J., Jonassaint, C., Pluess, M., Stanton, M., Brummett, B., &Williams, R. (2009). Vulnerability genes or plasticity genes? *Molecular Psychiatry*, 14: 746-54.

Bornovalova, M., Brooke, A., Huibregtse, M., Hicks, B. M., Keyes, M.,McGue, M., & Iacono, W. (2013). Tests of a direct effect of childhood abuse on adult borderline personality disorder traits: a longitudinal discordant twin design. *Journal of Abnormal Psychology*, 122 (1): 180-94.

Bouchard, T. J., Lykken, D. T., McGue, M., Segal, N. L., & Tellegen,A. (1990). Sources of human psychological differences: the Minnesota study of twins reared apart. *Science*, 250: 223-28.

Bowlby, J. (1978). *Attachment: Attachment and Loss, Volume One*. London: Penguin.

Caspi, A., Sugden, K., Moffitt, T. E., Taylor, A., Craig, I. W., Harrington, H., McClay, J., Mill, J., Martin, J., Braithwaite, A., & Poulton, R. (2003). Influence of life stress on depression: moderation by a polymorphism in the 5-HTT gene. *Science*, 301: 386-89.

Chiao, J., & Blizinsky, K. D. (2010). Culture-gene coevolution of individualism-collectivism and the serotonin transporter gene. *Proceedings of the Royal Society B*, 277: 529-37.

Deary, I. J., Johnson, W., & Houlihan, I. M. (2009). Genetic foundations of human intelligence. *Human Genetics*, 126: 215-32.

Duncan, L. E., & Keller, M. C. (2011). A critical review of the first 10 years of candidate gene-by-environment interaction research in psychiatry. *American Journal of Psychiatry*, 168: 1041-49.

Fearon, P., Shueli-Goetz, Y., Viding, E., Fonagy, P., & Plomin, R.(2014). Genetic and environmental influences on adolescent attachment. *Journal of Child Psychology and Psychiatry*, 55: 1033-41.

Harter, N., Butcher, L. M., Meaburn, E., Sham, P., Craig, I. W., & Plomin, R. (2005). A behavioral genomic analysis of DNA markers associated with general cognitive ability in 7-year-olds. *Journal of Child Psychology and Psychiatry*, 46: 1087-1107.

Hunter, A. L., Minnis, H., & Wilson, P. (2011). Altered stress responses in children exposed to early adversity: a systematic review of salivary cortisol studies. *Stress*, 14: 614-26.

James, O. W. (2005). *They F*** You Up*. London: Vermilion.

Johnson, J. M., Edwards, S., Shoemaker, D., & Schadt, E. E. (2005). Dark matter in the genome: evidence of widespread transcription detected by microarray tiling experiments. *Trends in Genetics*, 21:93-102.

Joseph, J. (2004). *The Gene Illusion: Genetic Research in Psychiatry and Psychology Under the Microscope*. Ross-on-Wye: PCCS Books.

Joseph, J. (2006). *The Missing Gene: Psychiatry, Heredity and the Fruitless Search for Genes*. New York: Algora.

Joseph, J. (2013). The use of the classical twin method in the social and behavioral sciences: the fallacy continues. *Journal of Mind and Behavior*, 34: 1-40.

Kendler, K. (2001). Twin studies of psychiatric illnesses: an update. *Archives of General Psychiatry*, 58: 1005-14.

Kendler, K. (2014). A joint history of the nature of genetic variation and the nature of schizophrenia. Molecular Psychiatry Available at: www.nature.com/mp/journal/vaop/ncurrent/abs/mp201494a.html (accessed 20 August, 2014).

Lasky-Su, J. A. (2005). Meta-analysis of the association between two polymorphisms in the serotonin transporter gene and affective disorders. *American Journal of Medical Genetics*, 33b: 110-15.

Macintosh, N. J. (1995). *Cyril Burt: Fraud or Framed?* Oxford: Oxford University Press.

Major Depressive Disorder Working Group of the Psychiatric GWAs Consortium, Ripke, S., Wray, N. S., Lewis, C. M., Hamilton, S. P.,Weissman, M.M., & Sullivan, P. F. (2013). A mega-analysis of genomewide association studies for major depressive disorder. *Molecular Psychiatry*, 18: 497-511.

Manuck, S. B., & McCafferty, J. M. (2014). Gene-environment interaction. *Annual Review of Psychology*, 65: 41-70.

Maughan, B., & Sonuga-Barke, E. J. S. (2014). Editorial: Translational genetics of child psychopathology: a distant dream. *Journal of Child Psychology and Psychiatry*, 55 (10): 1065-67.

Mendlewicz, J., Massat, I., Souery, D., Del-Favero, J., Oruc, L., Nöthen, M. M., Blackwood, D., Muir, W., Battersby, S., Lerer,B., Segman, R. H., Kaneva, R., Serretti, A., Lilli, R., Lorenzi, C.,Jakovljevic, M., Ivezic, S., Rietschel, M., Milanova, V., & Van Broeckhoven, C. (2004). Serotonin transporter 5-HTTTPLR polymorphism and affective disorders: no evidence of association in a large European multicenter study. *European Journal of Human Genetics*, 12: 377-82.

Munafo, M. R., Zammit, S., & Flint, J. (2014). Practitioner review: A critical perspective on gene-environment interaction models – what impact should they have on clinical perceptions and practice? *Journal of Child Psychology and Psychiatry*, 55 (10): 1092-1101.

Pennisi, E. (2012). ENCODE project writes eulogy for junk DNA. *Science*, 337: 1159-61.

Plomin, R. (1990). *Nature and Nurture—An Introduction to Behavioural Genetics*. Pacific Grove, CA: Brooks/Cole.

Plomin, R., & Crabbe, J. (2000). DNA. *Psychological Bulletin*, 126: 806-28.

Plomin, R., & Daniels D. (1987). Why are children from the same family so different from each other? *Behaviour and Brain Science*, 10: 1-16.

Plomin, R., & Davis, O. S. P. (2009). The future of genetics in psychology and psychiatry: microarrays, genome-wide association and noncoding RNA. *Journal of Child Psychology and Psychiatry*, 50: 63-71.

Plomin, R., Owen, M. J., & Mcguffin, P. (1994). The genetic basis of complex human behaviors. *Science*, 264: 1733-39.

Plomin, R., & Simpson, M. A. (2013). The future of genomics for developmentalists. *Development and Psychopathology*, 25: 1263-78.

Risch, N., Herrell, R., Lehner, T., Liang, K. Y., Eaves, L., Hoh, J., Griem, A., Kovacs, M., Ott, J., & Merikangas, K. R. (2009). Interaction between the serotonin transporter gene (5-HTTLPR), stressful life events and risk of depression: a meta-analysis. *Journal of the American Medical Association*, 301: 2462-71.

Roth, T. L. (2014). Epigenetic mechanisms in the development of behavior: advances, challenges and future promises of a new field. *Child Development*, 25: 1279-92.

Rutter, M. (2014). Commentary: GxE in child psychiatry and psychology: a broadening of the scope of enquiry as prompted by Munafo et al. (2014). *Journal of Child Psychology and Psychiatry*, 55(10): 1102-04.

Schizophrenia Working Group of the Psychiatric Genomics Consortium (2014). Biological insights from the 108 schizophreniaassociated genetic loci. *Nature*, 511: 421-27.

Siontis, K. C., Patsopoulos, N. A., & Ioannidis, J. P. (2010). Replication of past candidate loci for common diseases and phenotypes in 100 genome-wide association studies. *European Journal of Human Genetics*, 18: 832-37.

Sonuga-Barke, E. J. S. (2010). Editorial: "It's the environment, stupid!" On epigenetics, programming and plasticity in child mental health. *Journal of Child Psychology and Psychiatry*, 51: 113-15.

Trzaskowski, M., Dale, P. S., & Plomin, R. (2013). No genetic influence for childhood behavior problems from DNA analysis. *Journal of the American Academy of Child and Adolescent Psychiatry*, 52: 1048-56.

Varese, F., Smeets, F., Drukker, M., Lieverse, R., Lataster, T., Viechtbauer, W., Read, J., van Os J., & Bentall, R. P. (2012). Childhood adversities increase the risk of psychosis: a meta-analysis of patient-control, prospective and cross-sectional cohort studies. *Schizophrenia Bulletin*, 36: 661-71.

Wilby, P. (2014). Psychologist on a mission to give every child a learning chip. *The Guardian* newspaper, 18 February, 2014, London: *Guardian* newspaper, www.the guardian.com/education/2014/feb/18/psychologist-robert-plomin-says-genes-crucial-education (accessed 6 September, 2014).

Wray, N. R., Lee, S. H., Mehta, D., Vinkhuyzen, A. A., Dudbridge, F., & Middeldorp, C. M. (2014). Research review: polygenic methods and their application to psychiatric traits. *Journal of Child Psychology and Psychiatry*, 55(10): 1068-87.

Wright, L. (1997). *Twins, Genes, Environment and the Mystery of Identity*. London: Weidenfeld & Nicholson.

附 录 2

对双胞胎研究的 7 项质疑

双胞胎研究及收养研究是行为基因学体系的基础。鉴于人类基因组计划的虚无假设,那些认为基因是人类心理差异的成因的论点全部基于这些研究。

双胞胎研究方法将同卵双胞胎与同性别异卵双胞胎的同种性格特征的相似性程度进行对比。同卵双胞胎拥有完全相同的基因组,而异卵双胞胎只拥有一半相同的分离基因。如果同卵双胞胎比异卵双胞胎更加相似,那么这些差异可能就是基因相似度的不同造成的。

一段时期内,这些研究的进展很曲折。心理学家西里尔·伯特(Cyril Burt,被证实在双胞胎实验中捏造研究结果)制造的骗局引发了一系列争议,同时人们对德高望重的精神分裂症研究学者弗朗兹·卡尔曼(Franz Kallman)采用的研究方法也持有极度的怀疑态度(Marshall,1984)。然而,欺诈这一事实并非大家主要的反对理由。实际上,这一领域的众多杰出科学家提出了大量关于研究方法和假设的问题,这些才是反对的焦点所在。

行为基因学家或是完全忽视,或是只会对这些问题做十分简略的参考(Plomin,1997,这本主流教科书几乎完全没有提到这点)。正如杰伊·约瑟夫(Jay Joseph)的详细记录(Joseph,2015)所说,如果人们能够对这些结果进行更多的思考,就能改变对研究结果过分自信的论断，同时对双胞胎及收养研究的有效性及可推广性也更为关注。

问题1：同等环境假设（Baumrind,1993; Joseph, 1998, 2015）

下面要说的问题至关重要。行为基因学家对比同卵双胞胎样本和异卵双胞胎样本来评估遗传性时，提出了一项关键假设：由于他们的生长环境从系统上说没有太大差异，因此在两组样本中发现的不同并非由父母养育、同龄人及老师回应等因素导致，而是由接合性①的差异造成的。

然而，大量证据表明这种假设是错误的。同时，同卵双胞胎和异卵双胞胎受到相同对待方式的可能性也不同（Joseph, 2015）。实际上，同等环境假设已被证明是错误的，人们也早已接受了这一点：同卵双胞胎的生长环境的相似性确实更高。一个简单的例子就是他们的外表。大量研究表明，对个体的反应极大程度上受到身体吸引力的影响。比起外表没有吸引力的人，人们更容易认为外表有吸引力的人更讨喜也更成功（Etcoff, 1999）。由于同卵双胞胎外表完全相同，所以会让其他人对他们的态度产生相同的影响，而异卵双胞胎看起来并不一样，所以会受到不同的对待。后续研究提到，根据人类基因组计划的研究结果，同卵双胞胎比异卵双胞胎更为相似，反映了外表相似性而非基因遗传差异对他人对待方式的影响。

同等环境假设的无效性会导致双胞胎研究对遗传性的评估站不住脚。尽管这一假设无法完全证明双胞胎研究的错误性（然而人类

---

① 受精卵染色体上DNA序列之间的异同——编者注

基因组计划能够证明这一点），却对同病率的研究产生了不可估量的影响，而同病率正是双胞胎研究的核心所在。

问题2：对双胞胎研究及收养研究中的同等环境影响的低估（Stoolmiller,1999；Joseph, 2015）

行为基因学家将环境影响分为共同及非共同影响。共同影响就是所有兄弟姐妹都受到的影响，而非共同影响则是对个体特殊的影响。如果父母一方患有抑郁症，同时将这种病症带来的影响施加给每个孩子，就是共同影响。如果只是对某个孩子如此，则是非共同影响。

行为基因学家通常认为，总的来说双胞胎研究表明共同环境的影响很小。这种观点比双方的主张更有争议。

首先，许多双胞胎研究都无法证实这一主张，反而显示共同环境的影响很重要。

第二，针对发育和病理学对家庭及社会经济地位影响的大量研究，最终也得出了类似的结果。

既然我们了解了人类基因组计划的研究结果，对于双胞胎研究的结果，我便有了不同的解释。（James, 2014）

造成双胞胎研究结果差异的因素可以分为3种（Plomin, 1990）：共同的环境，环境中共同经历的作用；非共同环境，两者间不同经历的作用；遗传性，基因的作用。运用这种分类方法，双胞胎研究发现，共同因素的作用很小，而非共同因素的作用比预计要大很多（Plomin et al., 1987）。

这种方法要求同等环境假设有效，或者其支持论点有效。如果无效，那么之前被认为由基因造成的相似点，实际上就是由共同环境造成的。这就引发了人们对双胞胎研究的不同解释：在双胞胎研究中发现的具有高"遗传性"的特征，实际的产生原因是孩子受到相同的对待方式而非基因。同样地，当遗传性较低时，便意味着大量非共同环境因素造成了影响。我将这种再分析称为"双胞胎研究中的'遗传性'是共同环境"。

鉴于人类基因组计划的虚无假设，我们可以做出假设，之前被认为是基因决定的那些特征，其实基本都是由共同环境造成的。尽管利用双胞胎研究来确定基因的微小作用的构想几乎不可能实现了，但如果我们考虑到人类基因组计划发现只有1%~5%的特质具有遗传性，就有理由假设遗传性极大程度上是由共同环境造成的。

问题3：利用双胞胎样本研究得出的结果的可推广性（Schacter, 1982；Hay & O'Brien, 1987）

基于同卵双胞胎和异卵双胞胎样本研究的一项怀疑就是，这些人是双胞胎的独特事实及特殊的基因来源，是否会使他们身上得出的结论不具有可推广性。

证据显得模棱两可。举例来说，双胞胎研究表明，父母分配给每个孩子的时间必然会减少，两个孩子的语言习得可能会延迟，同时在父母尝试将两者变得不同的过程中，他们会遭遇"身份丧失"（与单生儿相比）。可见，这些研究及其他相似研究对于双胞胎样本及单生儿样本遗传预测性的可推广性是有疑问的，毕竟单生儿更常见。

问题4：从分析双胞胎研究数据中得出运算假设（Wahlstein, 1990, 1994）

在计算遗传度的划分（共享与非共享环境影响之间，加性与非加性效应之间）的时候，双胞胎研究数据的行为遗传学分析需要建立假设。这些假设对遗传和环境之间的交互作用不敏感。

问题5：产前因素对同卵双胞胎的影响（Devlin，1997）

德夫林重新分析了212项双胞胎研究，结果表明子宫内环境对双胞胎间的大量一致性能够做出解释，而这些一致性目前却被认为是基因遗传造成的。

问题6：行为基因遗传学对环境因素缺乏衡量（Baumrind，1993）

几乎所有双胞胎研究及收养研究都存在同样的问题：或是完全不对环境因素的影响进行测量，或是使用被环境学家认为不合适的测量方法。人们普遍认为，如果双胞胎研究中环境因素得到充分考虑和测量，环境因素的影响要比现在基因遗传学家宣称的大得多，从而使不同接合性和环境标准下的样本同病率的结果彼此对立。

问题7：领养研究解释的注意事项（Stoolmiller，1999）

当双胞胎被安排领养时，人们通常会很努力地寻找与他们出生家庭社会经济地位和种族相似的家庭，这种现象被称为"选择安置"。家庭的阶级和种族对儿童的塑造有固定的影响。收养研究测试了亲生父母与被领养后代的相似性，其中一些相似点可能就是选择安置造成的。

从环境角度来看，收养研究更令人担忧的是对比的粗糙性。基因遗传学家认为，亲生父母和被领养后代之间的全部相似之处都是基因造成的，而差异都是环境因素造成的。同时他们还认为，被收养者与养父母之间的相似之处都是环境因素造成的。然而，如果考虑到大量的性格特征，这两项假说都不是毫无问题的。举例来说，一些孩子不想成为养父母的样子——这就是环境造成的影响，而基因遗传学家却不会把原因归结为环境因素。

最终，根本问题在于，基因遗传学家没有考虑过一项固定的事实，那就是被领养本身就会对人的心理产生深远影响。被亲生父母照顾的儿童与被领养的儿童最终会成长为不同的人，相比之下，被领养儿童产生一系列问题的风险更大。

参考文献

Baumrind, D., 1993, 'The average expectable environment is not enough: a response to Scarr', *Child Development*, 64, 1299–1317.

Devlin, B. et al., 1997, 'The heritability of IQ', *Nature*, 388, 468–71.

Etcoff, N., 1999, *The Survival of the Prettiest*, London: Little Brown.

Hay, D.A. and O'Brien, P.J., 1987, 'Early influences on the school social adjustment of twins', *Acta Genetica Medica Gemellol*, 36, 239–48.

James, O.W., 2014, 'Not in Your Genes — Time to Accept the Null Hypothesis of the Human Genome Project?', *Attachment: New Directions in Psychotherapy and Relational Psychoanalysis*, 8, 281–96.

Joseph, J., 1998, 'The equal environments assumption of the classical twin method: a critical analysis', *Journal of Mind and Behaviour*, 19, 325–58.

Joseph, J., 2015, *The Trouble With Twins*, London: Routledge.

Marshall, J.R., 1984, 'The genetics of schizophrenia revisited', *Bulletin of the British Psychological Society*, 37, 177–81.

Plomin, R., 1990, *Nature and Nurture – An Introduction to Behavioural*

Genetics, Pacific Grove: Brooks/Cole.

Plomin, R. et al., 1987, 'Why are children from the same family so different from each other?', *Behaviour and Brain Science*, 10, 1-16.

Plomin, R. et al., 1997, *Behavioural Genetics*, San Francisco: Freeman.

Schacter, F.F. et al., 1982, 'Sibling de-identification and split-parent identification: a family tetrad', in Lamb, M.E. et al., *Sibling Relationships: Their nature and significance across the lifecycle*, NJ: LEA.

Stoolmiller, M., 1999, 'Implications of the restricted range of family environments of heritability and non-shared environment in behaviour-genetic adoption studies', *Psychological Bulletin*, 125, 392-409.

Wahlstein, D., 1990, 'Insensitivity of variance to heredity-environment interaction', *Behaviour and Brain Sciences*, 13, 109-61.

Wahlstein, D., 1994, 'The intelligence of heritability', *Canadian Psychology*, 37, 244-58.

附 录 3

明尼苏达双胞胎分开抚养研究的漏洞

自 1979 年起，托马斯·布沙尔教授和同事便利用媒体力量，邀请来自美国各地的众多从童年期就被分开抚养的双胞胎参与研究。研究过程中，这些双胞胎在位于美国明尼阿波利斯的明尼苏达大学布沙尔教授的办公室里接受了 50 个小时的评估，回答了超过 15000 个问题。如果读者想了解对这项研究的完整评论，我强烈推荐你去阅读杰伊·约瑟夫的学术书籍《双胞胎的问题》(The Trouble With Twins, 2015)。

明尼苏达研究通过报纸文章、书籍及电视纪录片等途径，大肆宣扬基因对行为的作用。多数情况下，报道中素未谋面的双胞胎之间存在着惊人的相似。举例来说，记者劳伦斯·怀特（Wright, 1997, p.45）对其中一对双胞胎进行了报道。两人从一出生就被分开，都喜欢冰咖啡，都曾在 15 岁时从楼梯上摔下来导致脚踝受伤，而 16 岁时，又都在当地的舞会上碰到了后来各自的丈夫，两人都比周围所有人更爱笑，等等。即使布沙尔自己也承认，这些相似之处纯粹是碰巧，然而也没能阻止他和同事不断向媒体透露这些故事，并将这些作为基因遗传学的诡异的证据。

问题的关键在于，布沙尔教授拒绝让评估者对研究数据进行检验。他对劳伦斯·怀特说（Wright, 1997, p.60），他只同意让几个支持自己观点的同事接触这些资料，而不愿将研究数据公之于众，也不愿让论文的原始数据接受检验。考虑到这一领域曾有过欺诈性的研究结果，这种拒绝使研究结果无法令人信服。一些科学家表示在这项研究接受检验之前，他们会一直拒绝承认这项研究结果的有效性。对布沙尔的怀疑还要再加一项，为了开展实验，他得到了纽约先锋基金会130万美金的研究基金，而这个基金会从根本上支持基因优生学，同时也支持种族隔离项目（Wright，1997，p.50）。

发表的结果包含了很多令人担忧和困惑的内容，比如部分数据被删减，一些基本信息也严重缺失。理想情况应该是，双胞胎在出生时就被分开，并被交给抚养方式差异很大的父母抚养。然而，研究并没有提供这些双胞胎被分开时的平均年龄。在许多案例中，这些双胞胎在参与实验前就已经有大量的电话联系了，而这种情况导致他们会说服自己，认为他们之间存在相似性。能够确定的一点是，这些双胞胎在参与研究之前平均已在一起或保持联系两年了，这就掩盖了原本的差异。甚至有一对双胞胎互相接触的时间已有23年了（Joseph，2015，p.106）。

约瑟夫将这项研究的关键缺点总结如下：

- 很多双胞胎直到很晚才被分开，还有不少在同一个家庭中一起长大。这一点非常重要：情况并非公众想象中的那样。在人们的想象中，这些双胞胎从出生起就被分开了。因此它并非一项真正对先天遗传和后天培养所起作用的研究。
- 多数双胞胎都在相似的社会经济及文化环境中长大。这意味着研究无法将先天和后天的影响分离开来。

- 一系列非基因因素使相似更为明显，诸如共同的年龄、性别及其他因素等。这也意味着研究无法将先天和后天的影响分离开来。

- 双胞胎拥有共同的产前（子宫内）环境，同时同卵双胞胎的产前环境比非同卵双胞胎的更为相似。同卵双胞胎的一些相似性更强或许就是由于这个原因，而非相同的基因。

- 双胞胎志愿者在参与研究之前必须知道同胞兄弟姐妹的存在，因此研究存在了偏差，这是研究设计的一项主要缺陷。这就意味着，由于双胞胎们想要找到相似性，与他们有关的研究结果必然会产生偏差。

- 特定的双胞胎样本也存在偏差，人们更倾向选择更为相似的双胞胎，因此他们不具备代表性。

- 双胞胎相似的外表和吸引力水平会引起父母和同龄人相似的对待方式。研究者认为这项因素完全不重要，然而实际上，研究多次证明这项因素会发挥巨大作用。

- 如果双胞胎夸大分开程度及相似度，他们会获得经济或其他奖励，那么他们的说法就并非总是真实可靠的。一些双胞胎通过将自己的生活改编为故事片赚钱。还有的会收到电视台的报酬，参加脱口秀或在纪录片中谈论他们"惊人"的相似之处。同时，还有无数关于这些双胞胎的采访。一些双胞胎承认自己会在研究中撒谎。举例来说，一对被称为"咯咯笑"的双胞胎承认，两个人都曾告诉研究者自己一直想要成为歌剧演唱家，然而事实却并非如此（Joseph，2015，p.119）。

- 研究使用的统计程序包含大量不可靠甚至错误的假设。

- 记录显示，这些研究者在开始工作前，都曾表现出强烈的偏向，他们倾向对数据做出基因遗传角度的解读。这就意味着，能够证明环境因素作用的证据要么受到了忽视，要么遭到了隐瞒。
- 智商和性格测试的使用方面同样存在问题。
- 在一些案例中评估和测试由同一个人开展的话，实验者就会期望出现双胞胎相似的结果。简而言之，实验者可能会鼓励接受实验的双胞胎夸大相似处并弱化差异。

研究的另一个问题就是研究参数。根据双胞胎分开抚养研究，布沙尔会重点关注最可能提供支持基因遗传理论的参数，例如智商；却几乎没有研究心理因素，即便在双胞胎研究结果可信的前提下，它们表现出的遗传性也很少，比如选择伴侣、暴力或依恋模式。难解的一点是，没有人试图评估双胞胎的心理健康情况。

布沙尔以担心违反保密条款为借口拒绝公布详细案例记录。然而，公布全部报告的传统早已有之，也没有出现过任何问题（Farber, 1981），如果布沙尔认为公布是必要的，他也无疑能轻易获得许可。

关于这项研究的事实就是，它十分可疑。人类基因组计划的研究结果表明这些发现是错误的，同时它得出错误结论所采取的方式也需要通过对数据的完全曝光来揭露。

参考文献

Farber, S.L., 1981, *Identical Twins Reared Apart*, New York: Basic Books.

Joseph, J., 2015, *The Trouble With Twins*, London: Routledge.

Wright, L., 1997, *Twins*, London: Weidenfeld and Nicholson.

附 录 4

相信孩子,才可以改变

谨防将自己的后代归类为"小恶魔"

如果你认为自己孩子的属性不可变，是基因遗传决定的宿命，那你就更容易认为自己完全无法控制你们之间的关系。如果母亲认为孩子的属性无法改变，她们就更可能虐待他们。

两项研究表明（Bugenthal 1989，2004），对孩子控制感低的父母更可能将问题归咎于与孩子的消极互动，以及孩子的负面行为。这就导致了更加严厉的对待方式，也会增加体罚出现的可能性，同时这与这类母亲患抑郁症的比率更高的事实也有关联。

这些父母认为孩子的力量比自己强，认为自己是孩子的受害者，完全受孩子的支配。他们认为自己完全无法避免消极后果，而孩子却可以。如果一个婴儿从出生起，就被认为脾气很坏（比如尖刻、暴躁），那么父母就更有可能虐待他们（Bugenthal，2004）。然而，研究表明，父母看待孩子的方式与孩子真正的样子无关：父母控制感的强度在孩子出生前就已经确定了，出生后也不会根据对孩子性情的单独衡量而改变。实际上，有力的证据表明，母亲看待孩子的方式同她们自己的童年经历密切相关（Grusec et al.，1995）。

在后文中我们会讨论一部文献，该文献指出，认为孩子任性、故意表现糟糕，抱有一种"哦，他们简直是小恶魔"的想法，是与虐待式的养育方式及不良后果息息相关的。这样的想法认为，糟糕的表现是基因造成的。反之，也有证据（Himmelstein et al., 1991）表明，父母更可能将孩子的正面属性特征，比如考试成绩好等归功于后天培养而非先天遗传。

研究（Guzell et al., 2004）表明，控制感低的父母倾向于对孩子的心理进行"绝对分类"，给他们贴标签，认为他们的性格特征无法改变，这或许是由于他们认为这些都是基因造成的。在66个一岁婴儿的父母中，低控制感的母亲如果认为孩子难以照料，就可能变得命令性极强。她们很可能在孩子玩耍的时候，对他们进行敦促、提醒、限制、质问或纠正，表现出一种以成人为中心而非孩子为中心的相处方式。命令式的母亲对孩子的需求也不够敏感。

另一项研究也能够表明这一点（Chavira et al., 2000）。研究以149名3~19岁的智力低下儿童为对象，研究表明，大多数母亲不会将孩子的行为问题看作她们的错。然而，父母越是如此认为（怪罪自己的孩子），母亲表现出愤怒失望情绪的可能就越大，甚至会诉诸攻击或苛责行为。

另一项研究（Kiang et al., 2004）表明了母亲做出的这些假设是如何导致她们缺乏对孩子的同情和好奇心的。这项研究以175对母子为样本，调查在孩子出生前母亲对身为人母的成见，以及孩子6个月大时的性情，同时测量了在孩子12~15个月大时母亲的体贴程度，以及孩子21~24个月大时的好奇心。有产前持消极成见的母亲（测量显示控制感低，对成为母亲有一种不切实际的期望，期望的同情感低、预期会使用体罚）更可能在孩子6个月时汇报说孩子脾气坏。这样的母亲在孩子12~15个月大时体贴度更低，而孩子在

21~24个月大时好奇心较弱。反之，如果母亲在孩子12~15个月大时对他们更体贴，他们之后的好奇心会更强。

对634位父母的最终研究（Maniadaki et al., 2005）表明，将不良行为归咎于孩子的任性的父母，更可能采取严厉、虐待的养育方式。研究中，父母会听到一个关于注意缺陷多动障碍的患儿的假设性故事。一半父母听到的主人公是男孩，而另一半是女孩。听到男孩版本的父母，更可能给孩子贴上注意缺陷多动障碍的标签，而更重要的是他们这样做了之后，更可能认为男孩是故意做出难相处行为的，这是孩子任性的表现。如果事实如此，这些父母就会主张采取严厉手段——归咎于任性会增加父母采取专制型教养方式的可能性。

这些证据让父母避免认为孩子的性格特征是先天的、无法改变的。研究建议，父母应该避免认为婴儿或幼儿是故意、成心表现得很糟糕的（基于无法改变的特征），因为你如果这样认为，就可能以一种愤怒的态度反击，也更可能以一种严厉、攻击性强甚至虐待的方式来对待子女。无数研究（James, 2002）证明，正是这种养育方式（而非基因）导致了儿童攻击性强、敌对、暴力及患有注意缺陷多动障碍。

鼓励孩子树立可塑性观点，会使他们的能力提高

不管相信与否，对自身智力是否持可塑造的观点，关系到孩子在学校能否表现好。实际上，已有证据表明，只需要4节课来培养一种可塑造的"我是我自己选择的那样的人"的思维模式（不要与被高估了的"科学"——积极心理学混为一谈），就能大幅度改善他们的表现。

1990年，一项研究（Henderson et al., 1990）表明，如果中学一年级的学生认为自己的能力是可塑造的，他们的成绩就比那些持相反观点的学生提高得更显著。鉴于之前学业成绩的预测力，这一点是正确无误的。

受这一发现的启发，两项对青少年和本科生的研究将理论变为了现实（Good et al., 2003）。他们对研究对象进行教育，让他们认为自己的能力是可塑造而非固定不变的。相比那些没有接受这种指导的对象，受过指导的研究对象的分数发生了大幅度提高，不论他们之前在美国学术能力评估测验（SAT）中的分数如何。

现在需要的就是对更多细节的研究：认为自己能力具有可塑性的孩子是由于这种信念而变得乐观，还是因为他们原本就比较聪明而且乐于尝试？这种模式是否适用于所有孩子，比如那些坐在班级后几排的差生？这两项研究解决了之前的理论问题（Blackwell et al., 2007）。

首先，他们对373名13岁的儿童进行了为期两年的跟踪调查。为了测量这些儿童信念的可塑性或固定性，研究者询问他们对于以下两种观点"你的智力有限，自己能做的很少"和"你永远能极大地改变自己的智力"的意见。随后他们接受动机测试，内容包括：对学习的态度（比如，"如果需要我努力思考，我就会表现得最好"）、对努力付出就会有结果的信心（"如果你不擅长一门科目，努力也不会改变结果"），以及面对失败会感到无助还是积极应对。

果然不出所料，在两年的学习中，持可塑性观点的儿童的数学成绩不断提高。他们比持固定观点的儿童更为成功，因为他们愿意思考，就算失败了也会继续加倍努力而不是感到无助。然而，到底是哪种观念最先出现呢？是努力尝试的动机还是可塑造的信念？

这一次，人们将 91 名 13 岁的儿童作为研究对象，这些孩子大多出生于低收入家庭，而且数学成绩糟糕。人们对他们进行了一年的跟踪调查。其中一半接受了 4 节关于可塑性的课程，而其他人在这段时间学习其他内容。

与之前一样，接受教育的一组更可能接受可塑造的观念，同时这组成员的数学平均成绩也都有提升，而另一组的表现仍旧糟糕。这一年中进步最明显的是那些最初持固定观点、随后接受可塑性观点的孩子——固定观点会对表现造成不良影响。然而最重要的是，事情发生的顺序也十分明确：改变观念，动机发生改变，成绩得以提高。

隐含的内容也很关键：开设 4 节课讲授可塑性观点的好处很大！然而不仅如此，你和你学生的家长都需要构建一种可塑性的观点，这一点也至关重要。

对持有固定观点的教师的研究显示，由于对学生表现的期望不同，他们对待学生的方式很可能也有区别（Lee, 1996）。对于父母来说，研究明确表示，母亲需要避免固定的观点（Pomerantz et al., 2006）。如果母亲对孩子的能力持负面观点，孩子一年后更可能表现糟糕。没错，如果父母拥有固定观点，期望值一直很高，那么孩子仍会表现出色，然而一旦孩子动摇了，就会产生大问题。

将自己或孩子的精神疾病归咎于基因的危害

不论自己、孩子或心理专家，如果认为基因是精神疾病的成因，就会面临多方面的严重后果：如果孩子被确诊患有精神分裂症，持这样观点的父母给他们的帮助就会变少；如果患者自己如此，情况会更糟糕；如果医护人员如此，治疗效果则要差得多。

对于患病儿童的父母来说，关键的一点就是他们同孩子用一种高"表达情绪"（Expressed Emotion，控制、愤怒、谴责反应）的方式来沟通交流。这样的父母更可能将孩子的问题理解为一种疾病——由于受到医学专家激励，他们相信了这一谣言，认为精神分裂症应该被视为一种单纯的生理机能缺陷，与手臂骨折没有任何不同。个体将问题定义为疾病的观点，会增加他们接受基因是问题成因的观点的可能性。如果父母持有这种观点，那么基因观点会导致他们产生更消极的态度和行为。患者的表现会更差，而父母对他们的行为的评价则会更低，对康复的态度也更消极（Read et al., 2013, p.138-9）。

如果专业医护人员对精神疾病的成因持基因观点，就更可能认为患者的精神是不正常的。因此在制定治疗方案时，会更少让患者参与其中。与之相反，如果医护人员或患者持相反观点，他们双方就可能付出更多努力来实现痊愈。患者越不相信自己能够改变，越可能酗酒或抑郁，同时自我管理也会变得更加消极被动，他们会将所有问题都丢给专家去烦恼。

谢天谢地，在多数发达国家中，大多数人都倾向于认为极端精神疾病，比如精神分裂症是诸如"创伤"或"童年受虐"这类的实质性伤害造成的（Read et al., 2006）。然而，制药公司及其药剂师和精神治疗机构都致力于让公众相信这源于一种基因遗传模型。在这一领域，制药公司对事件的推动作用绝对不容小觑。令人担忧的是，对治疗精神疾病药物的功效的研究与制药公司有关联，这些研究由制药公司赞助的比例由1992年的25%上升到了2002年的57%（Kelly et al., 2006）。我们完全可以怀疑其中包含着偏差：同类型的研究中，由制药公司赞助的有78%都得出了积极结论，而其他研究只有48%得出积极结论。

在发展中国家的传统社会中，人们患精神分裂症的可能性要小得多，而且即使患病也更可能痊愈。部分原因就是，在发展中国家，极少会有家庭对患病儿童采取所谓的高"表达情绪"的态度——只有8%的家庭会如此。相比之下，发达国家的家庭中则有54%会采取高"表达情绪"的态度（Read et al., 2013, p.255）。

另一项有趣事的实是，比起西方发达国家，东亚国家的人民很少将性格特征和精神倾向归类为固定非可塑性特征。在东亚，人们更倾向于参考某个人的社会环境（包括家庭背景等）来解释他会成为什么样的人。事实上，在东亚国家，精神疾病的患病率比西方国家的低很多。原因有很多（第三章，James, 2007；第一章，James, 2008；Chiao et al., 2009），而他们较少归因于基因因素就是其中之一。

参考文献

Blackwell, L.S. et al., 2007, 'Implicit theories of intelligence predict intelligence', *Child Development*, 78, 246–63.

Bugenthal, D.B. et al., 1989, 'Perceived control over care giving outcomes: implications for child abuse', *Developmental Psychology*, 25, 532–9.

Bugenthal, D. B. et al., 2004, 'Predicting infant maltreatment in low in come families', *Developmental Psychology*, 40, 234-43.

Chavira, V. et al., 2000, 'Latina mothers' attributions, emotions and reactions to the problem behaviours of their children with developmental disabilities', *Child Development*, 41, 245-52.

Chiao, J.Y. et al., 2009, 'Culture-gene coevolution of individualismcollectivism and the serotonin transporter gene', *Proceedings of the Royal Society B*, February 22, 2010 277: 529-537.

Good, C. et al., 2003, 'Improving adolescents' standardized test performance: An intervention to reduce the effects of stereotype threat', *Journal of Applied Developmental Psychology*, 24, 645-62.

Grusec, J.E. et al., 1995, 'Features and sources of parents' attributions about themselves and their children', in Eisenberg, N., *Social Development* (Review of Personality and Social Psychology, 15, 49-73), Thousand Oaks, CA: Sage.

Guzell, J.R. et al., 2004, 'Parental perceived control over care giving and its relationship to parent-infant interaction', *Child Development*, 75, 134-46.

Henderson, V.L. et al., 1990, in Feldman, S. et al., *At The Threshold: The Developing Adolescent*, MA: Harvard University Press.

Himmelstein, S. et al., 1991, 'An attributional analysis of maternal beliefs about the importance of child-rearing practices', *Child Development*, 62, 301-10.

Kelly, R.E. et al., 2006, 'Relationship between drug company funding and outcomes of clinical psychiatric research', *Psychological Medicine*, 36, 1647-56.

Kiang, L. et al., 2004, 'Maternal preconceptions about parenting predict child temperament, maternal sensitivity and children's empathy', *Developmental Psychology*, 40, 1081-92.

Lee, K., 1996, 'A Study of Teacher Responses Based on Their Conceptions of Intelligence', *Journal of Classroom Interactions*, 31, 1-12.

Mandiaki, K. et al., 2005, 'Parents' causal attributions about attention deficit/hyperactivity disorder: the effect of child and parent sex', *Child: Care Health and Development*, 31, 331-40.

Pomerantz, E. M. et al., 2006, 'The effects of mothers' perceptions of children's competence: The moderating role of mothers' theories of competence', *Developmental Psychology*, 42, 950-61.

Read, J. et al., 2006, 'Prejudice and schizophrenia: a review of the 'mental illness is an illness like any other' approach', *Acta Psychiatrica Scandinavica*, 113, 1-16.

Read, J. et al., 2013, *Models of Madness*, London: Routledge.

致　谢

在此，我要感谢我的编辑——萨曼莎·杰克逊（Samantha Jackson），感谢她帮我校正、编辑这本书。她的批评和建议让我得以更好地从读者的角度看问题。同样还要感谢出版社主编苏珊娜·阿博特（Susanna Abbott），感谢她在最后的编辑阶段耐心地对稿件进行整理编辑。

同样，还要感谢我的经纪人伊莫金·佩勒姆（Imogen Pelham），感谢她的支持和明智的建议，是她指导我写出了最好的作品。和之前一样，这次我仍要感谢吉伦·艾特肯（Gillon Aitken），他给了我莫大的支持和帮助。

尤其感谢苏珊娜·考克斯·约翰逊（Susanna Cox-Johnson），感谢她用心阅读了这本书，为我指出了改正的方向。

我非常感谢保罗和安妮塔·巴姆伯勒（Paul and Anita Bamborough），他们慷慨解囊，为我提供安心工作的地方。但最重要的是，多年来我们关于先天后天的争论，让我得以全面理解问题的各方面。感谢保罗允许我改写并使用他风趣的"这就是诗"一文。

感谢盖伊·谢泼德（Guy Sheperd），他给了我很多法律方面的支持和帮助。

衷心感谢那些允许我匿名讲述他们故事的人。希望他们觉得我没有歪曲故事，而是完整还原了真相。

同样感谢通过邮件参与讨论的那些人，特别是杰伊·约瑟夫（Jay Joseph）、约翰逊·莱瑟姆（Jonathan Latham）、约翰·里德（John Read）以及罗尔·福斯（Roar Fosse），我偶尔也会参与其中，探讨遗传基因学的问题。让我们共同期盼，在不久的将来，人类基因组计划发现的事实能够成为共识。

感谢凯特·怀特（Kate White），《联系：心理疗法和相关心理分析的新方向》（*ATTACHMENT: New Directions in Psychotherapy and Relational Psychoanalysis*）的编辑，感谢她允许我将她的科研论文重写，并放在附录1中。

感谢我的女儿奥利芙和儿子路易斯，感谢他们忍受我花大量时间写作，以及造成的各种不便和麻烦，还要不时忍受我的无视和暴躁脾气。同样地，感谢我的妻子克莱尔，感谢她一直忍受这期间的各种麻烦，同时不断质疑我的假设。和以往一样，她的想象力和洞察力对我产生了巨大的帮助，她对我书中某些无聊内容直言不讳地批评，也让我得以不断改进。

2015年8月于伊德伯里[①]

[①] 即 Idbury，英国牛津郡的一个村庄——编者注

出版后记

为什么我们会在某个时间节点做出与父母一致的选择，为什么我们会像父母一样冷不防地发起脾气，为什么我们甚至会和父母从事相似甚至同样的行业，为什么离开了父母后仍会觉得他们影响着我们的生活？

儿童心理医生、关系精神分析学家奥利弗·詹姆斯对此潜心研究多年，并在本书中进行了深入的探讨，给出了自己的答案。他通过考察、引用前沿研究成果，整理分析个人经历和相关案例，得出结论：心理层面的代际相似性是后天培养造成的。我们会成长为今天这个样子，是受到父母的言传、身教、关爱、虐待及我们与父母的身份认同等因素共同影响的。

先后天之争，学界仍未定论。关于作者在这方面的论述，可能每一位读者都有自己的解读。这本书的价值更多地在于引发我们对教育模式的思考，救赎自己和身边的人，让我们以后过得更幸福。

服务热线：133-6631-2326　188-1142-1266
服务信箱：reader@hinabook.com

后浪出版公司
2018 年 5 月

图书在版编目（CIP）数据

天生非此：家是如何影响我们一生的 /（英）奥利弗·詹姆斯著；贾萱，魏宁译. -- 南昌：江西人民出版社，2018.8

ISBN 978-7-210-10317-2

Ⅰ.①天… Ⅱ.①奥… ②贾… ③魏… Ⅲ.①家庭教育—教育心理学 Ⅳ.①G780

中国版本图书馆CIP数据核字(2018)第060243号

NOT IN YOUR GENES: THE REAL REASONS CHILDREN ARE LIKE THEIR PARENTS
Copyright © Oliver James, 2016
First published as NOT IN YOUR GENES: THE REAL REASONS CHILDREN ARE LIKE THEIR PARENTS
This edition arranged with Ebury Publishing through Big Apple Agency, Inc., Labuan, Malaysia.
Simplified Chinese edition copyright:
2018 Ginkgo（Beijing）Book Co., Ltd.
All rights reserved.

本书中文简体版权归属于银杏树下（北京）图书有限责任公司。

版权登记号：14-2018-0086

天生非此：家是如何影响我们一生的

作者：[英] 奥利弗·詹姆斯　译者：贾萱　魏宁
责任编辑：冯雪松　钱浩　特约编辑：曹可　筹划出版：银杏树下
出版统筹：吴兴元　营销推广：ONEBOOK　装帧制造：墨白空间·陈威伸
出版发行：江西人民出版社　印刷：北京京都六环印刷厂
690毫米×1000毫米　1/16　19印张　字数205千字
2018年8月第1版　2018年8月第1次印刷
ISBN 978-7-210-10317-2
定价：52.00元
赣版权登字 -01-2018-270

后浪出版咨询（北京）有限责任公司 常年法律顾问：北京大成律师事务所
周天晖 copyright@hinabook.com
未经许可，不得以任何方式复制或抄袭本书部分或全部内容
版权所有，侵权必究
如有质量问题，请寄回印厂调换。联系电话：010-64010019